小巨人

与 努 力 的 人 一 起 奔 跑

绩效管理新实战

尹国剑 李志敏 龙里标 著

PERFORMANCE MANAGEMENT

广东经济出版社
·广州·

图书在版编目（CIP）数据

绩效管理新实战 / 尹国剑，李志敏，龙里标著.
广州：广东经济出版社，2025.3. -- ISBN 978-7
-5454-9441-9
Ⅰ. F272.5
中国国家版本馆CIP数据核字第2024A3G922号

责任编辑：刘　燕
责任校对：陈运苗
责任技编：陆俊帆
封面设计：金　刚

绩效管理新实战
JIXIAO GUANLI XINSHIZHAN

| 出 版 人：刘卫平 |
| 出版发行：广东经济出版社（广州市水荫路11号11～12楼） |
| 印　　刷：广州市豪威彩色印务有限公司 |
| 　　　　　（广州市增城区宁西街新和南路4号一楼106房） |

开　本：730毫米×1020毫米　1/16	印　张：16.75
版　次：2025年3月第1版	印　次：2025年3月第1次
书　号：ISBN 978-7-5454-9441-9	字　数：284千字
定　价：79.00元	

发行电话：（020）87393830　　　　编辑邮箱：gdjjcbstg@163.com
广东经济出版社常年法律顾问：胡志海律师　　　法务电话：（020）37603025
如发现印装质量问题，请与本社联系，本社负责调换
版权所有·侵权必究

推荐语 Recommend

《绩效管理新实战》是一本专为企业量身打造的绩效管理实战手册，它聚焦于创新的绩效管理理念和方法，激励员工积极工作，以提升企业整体的运营效率。作者在书中总结了自己多年的企业服务案例，融合绩效管理的理论精华，旨在促进企业管理人员的成长，激发企业的创新活力。对于创业者来说，这本书是不可多得的宝贵资源，它将让绩效管理成为推动企业成长的强劲动力。

——理士国际技术有限公司董事局主席（总裁） 董李

随着公司业务规模的增长和企业人数的增加，我们越来越需要关注"人效"的增长，这个时候绩效管理就成为每一位创业者都必须学习和掌握的基本技能。本书从理论到实践，全面覆盖了绩效管理的各个环节，不仅能够帮助中小企业构建起一套完善的绩效管理体系，还能加深企业管理人员对绩效管理的理解，帮助他们在实际工作中更有效地实施绩效管理，从而提升员工的工作效率。

——深圳市清时捷科技有限公司总经理 黄晓平

《绩效管理新实战》是一本集系统化绩效管理工具与实战智慧于一体的管理指南。作为企业管理者，我深感书中对绩效管理各环节的剖析非常到位，尤其是OKR与KPI等工具的实操讲解让我获益匪浅。阅读本书，我学会了如何更好地将战略目标分解为可执行的行动计划，并激发团队的无限潜能。作者凭借丰富的实战经验，通过大量生动的案例分析，将原本复杂的绩效管理工作变得易于理解和实践。这本书无论是理论阐述还是实际落地方面，都为企业管理者提供了极大的帮助。

——深圳市摩尔机电设备有限公司总经理 陈建华

在激烈的市场竞争中，企业要想提升竞争力并增加利润，必须构建一个科学的绩效管理体系来提高企业效能。本书融合了绩效管理的理论知识、实践方法和成功案例，深入探讨了绩效如何帮助企业经营、实现业绩目标，以及提升管理水平。对企业管理者来说，这本书是极具价值的资源，能够有效地帮助他们提升管理效能。

——深圳百科智云科技有限公司总经理　王云辉

绩效管理，既是一种技术，也是一门艺术。绩效指标的设计和调整要结合实际业务场景和岗位需求，同时还要考虑员工对绩效管理的适应情况。本书系统性强，全面覆盖了从如何将企业战略目标合理分解为部门乃至员工个人的目标，到如何通过绩效辅导提升员工绩效，以及如何召开绩效会议等关键环节。它深入剖析了绩效管理实施过程中可能遇到的难点，为企业提供了一系列实用的解决方案，帮助管理者真正将绩效管理落到实处。

——广州益翔山湖生态农业发展有限公司总经理　林益涵

《绩效管理新实战》是一本全面、系统的绩效管理指南，它以深入浅出的方式阐述了绩效管理的理论知识，并提供了许多实用的绩效管理工具。书中通过分析企业典型案例，揭示了绩效管理失败的常见原因，并针对存在的问题提出了切实可行的解决策略。此外，本书还探讨了企业文化、高层领导的支持、人力资源管理水平，以及干部的绩效管理能力对绩效管理的影响，为企业实施绩效管理提供了新的视角。这些内容不仅帮助管理者理解绩效管理的复杂性，还为他们提供了实施有效策略的实用指导。

——深圳市常顺旅行社有限公司董事长　陈小顺

企业是一个需要向社会交付产品的经济单元，而产品创新创造的内生驱动力就是绩效。作者认为，企业文化对绩效管理的影响，是全方位、全过程的，即企业价值观不仅塑造绩效管理的导向模式与模式导向，还影响绩效目标的设定、修正和达成，甚至对绩效运营的反馈和绩效激励方式的选择，都发挥着至关重要的作用。在书中，作者通过丰富的案例和数据，对绩效管理的系统化认知和体系化构建提出了许多创新而独到的见解。这是一本有思想、有内容、有品位的企业管理书，值得企业负责人和中高层管理人员阅读。

——大汉集团党委副书记、副董事长　邹明

目录 Contents

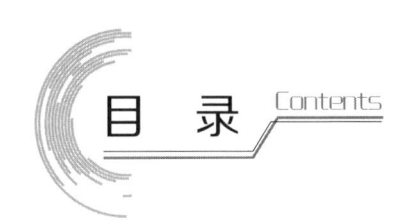

绪 论

1 绩效管理概述 ·· 1

2 实操导向：如何利用本书实践绩效管理 ·· 5

理 论 篇

第一章 为什么企业绩效管理会失败 ·· 8

第一节 企业文化对绩效管理的影响 ·· 11

第二节 企业高层对绩效管理的影响 ·· 13

第三节 企业人力资源管理水平对绩效管理的影响 ··································· 14

第四节 企业管理者绩效管理能力对绩效管理的影响 ······························· 15

第二章 绩效管理为经营保驾护航 ·· 17

第一节 战略落地：通过绩效管理推动企业战略落地 ······························· 17

第二节 经营目标实现：通过绩效管理保障企业经营目标实现 ··················· 18

第三节 管理水平提升：通过绩效管理提升企业管理水平 ························· 19

第三章　绩效管理工具 ·········· 21

- 第一节　目标与关键成果（OKR）·········· 21
- 第二节　关键绩效指标（KPI）·········· 25
- 第三节　平衡计分卡（BSC）·········· 27
- 第四节　目标管理（MBO）·········· 28
- 第五节　关键成功因素（KSF）·········· 33
- 第六节　个人绩效承诺（PBC）·········· 37
- 第七节　OKR、KPI、BSC、KSF四大绩效管理工具的异同 ·········· 42

第四章　绩效管理的六大法则 ·········· 45

- 第一节　目标法则：绩效只是手段，达成目标才是目的 ·········· 45
- 第二节　导向法则：考核什么，员工就重视什么 ·········· 47
- 第三节　量化法则：凡是考核就必须可衡量、可量化 ·········· 49
- 第四节　双赢法则：企业业绩增长，员工收入就增长 ·········· 52
- 第五节　协同法则：通过目标分解传递管理责任 ·········· 53
- 第六节　聚焦法则：指标不在多而在精 ·········· 55

实 操 篇

第五章 战略解码：将战略转化为行动······58
第一节 战略与绩效的关系······58
第二节 什么是战略解码······60
第三节 战略解码是提炼战略目标的路径······61
第四节 战略解码"六步法"······64

第六章 目标设定：想要成功就要瞄着打······91
第一节 绩效目标与绩效指标的关系······91
第二节 绩效目标：一定周期内想要达成的结果······93
第三节 目标的SMART原则······98
第四节 好目标的共性······100
第五节 目标值的设定······105
第六节 同岗同目标还是同岗不同目标······107

第七章 目标分解：千斤重担人人挑······109
第一节 鱼骨图目标分解法······112
第二节 OGSM目标分解法······113
第三节 路径分解法······116
第四节 目标协同分解法······119

第八章　指标拟定：人人头上有指标 123

- 第一节　指标名称和指标定义：达成共识，消除歧义 124
- 第二节　指标提炼：抓住考核的"牛鼻子" 125
- 第三节　指标权重：权重的背后是资源聚焦 130
- 第四节　考核周期：主体不同，周期不同 133
- 第五节　数据来源：科学、公正、客观 135
- 第六节　定量定性：定量为主，定性为辅 139
- 第七节　指标量化：用数据说话，简洁有力 141
- 第八节　衡量标准设计：压力适度，标准稳定 147
- 第九节　绩效合约签订：契约定责激活力 157
- 第十节　绩效目标发布：目标公示，自我驱动 159

第九章　考核评价："称重"打分，结果应用 162

- 第一节　由谁考核 162
- 第二节　怎么考核 164
- 第三节　考核结果怎么应用 166

管 理 篇

第十章　绩效计划：目标达成的路径 172
- 第一节　什么是绩效计划 172
- 第二节　绩效计划的分类 174
- 第三节　绩效计划制定"五步法" 176
- 第四节　绩效计划公示 182

第十一章　绩效辅导：赋能员工达成目标 184
- 第一节　绩效辅导的底层逻辑 184
- 第二节　重新共识目标 188
- 第三节　找方法，定行动 196
- 第四节　赋能：根据员工绩效短板个性化赋能 200
- 第五节　绩效辅导模型 212

第十二章　绩效面谈：问题复盘经验沉淀 215
- 第一节　绩效面谈者必须具备的两大能力 217
- 第二节　绩效面谈必须坚持的五项原则 219
- 第三节　绩效面谈的基本逻辑 220
- 第四节　绩效面谈实操 230

第十三章　绩效改进：明确短板，赋能补足 ……… 236
第一节　利用数据分析优化绩效 ……… 236
第二节　利用绩效问题推动结果改善 ……… 240

第十四章　绩效会议：开会是个技术活 ……… 243
第一节　绩效指标讨论会怎么开 ……… 244
第二节　绩效目标发布会怎么开 ……… 245
第三节　月度绩效总结会怎么开 ……… 246
第四节　年度绩效总结会怎么开 ……… 248

后记

1 人工智能技术在部门绩效管理中的应用 ……… 250
2 适应灵活工作模式的部门绩效管理 ……… 253
3 展望未来：全面数字化的绩效管理体系 ……… 255

绪论 PreRace

1 绩效管理概述

随着我国经济内循环的逐步推进，众多中小制造型企业受到区域经济发展、产业升级以及技术创新的多重影响，积极寻求第三方咨询公司的帮助来推行绩效管理体系。绩效管理在制造型企业管理方面的应用越来越深入，有效推动了企业的管理升级。绩效管理作为实现企业战略落地与运营管控的重要手段，正受到越来越多中小制造型企业的重视。

绩效管理的定义和重要性

绩效管理是一套系统性的管理方法，它通过设定明确的绩效目标、量化绩效标准，对员工的工作表现进行评估、反馈和改进。它是企业为了实现战略目标而采用的一系列管理活动和制度的综合体现，旨在激励员工积极工作，提升整体绩效表现。绩效管理不仅帮助企业明确目标，衡量员工的表现，并给予相应的奖励和反馈，以激发员工的工作热情，提高整体绩效，同时也为发现和培养优秀的员工提供了机制，让企业运营更加高效。绩效管理就像是企业的工作评价系统，让每个人都清楚知道自己在企业中的表现，以及如何进一步提升，从而推动企业的发展。

绩效管理是企业战略目标实现的重要抓手。绩效管理通过将战略目标分解为部门目标及员工的具体行动，确保企业战略顺利落地。它激励员工积极投入目标实现，通过绩效考核与激励体系，使员工明确努力工作与获得回报之间的关系，从而激发和提高其积极性和投入度。绩效管理对企业战略目标的实现具有重要意义。

首先，绩效管理能够显著提高员工工作产出和效率。它可以帮助员工更好地理解工作要求，提高工作质量和效率，从而推动组织整体绩效的提升。

其次，绩效管理有助于企业发现和培养优秀人才。通过对员工工作表现的评估和反馈，企业能够识别出有潜力的员工，并为他们提供更多成长机会，促进人才发展。

再次，绩效管理加强了目标共识、方法共识和过程同频。通过目标共识，每个员工都清楚地知道自己的工作如何与企业整体目标一致；通过方法共识，企业获得了标准化方法和流程，提高了整体的工作效率；通过过程同频，各环节协同运作，提升了整体运营效果。

最后，通过绩效管理的闭环，企业能够有效地迭代并改进组织运营模式。绩效管理可以帮助发现组织运作中存在的问题和瓶颈，并引导企业采取相应的改进措施，从而提高企业整体的管理水平。

绩效管理对企业中层干部的作用和意义

中层干部是链接企业高层战略与基层执行的重要纽带，而绩效管理正是帮助中层干部在这一角色中发挥更大作用的关键工具。

首先，绩效管理让中层干部更清晰地理解企业的战略目标，并有效地将这些目标转化为团队和员工的绩效目标。通过科学的目标分解方法，企业目标、部门目标及员工岗位目标紧密衔接，形成一条清晰的执行路径。这使得中层干部可以有针对性地指导团队成员的工作方向，确保每个人的努力都能紧密贴合企业的整体战略，从而推动企业战略的顺利实施。

其次，绩效管理不仅帮助中层干部识别和激励优秀员工，还为他们提供及时的反馈和奖励，从而极大地激发和提高员工的积极性和投入度。对于表现有待提升的员工，绩效管理同样提供了明确的改进方向和资源支持，帮助他们克服困难，实现个人成长和绩效提升。

再次，绩效管理让中层干部更深入地了解团队成员的工作情况和发展需求，从而能够为他们提供个性化的辅导和培训。这种有针对性的支持有助于员工充分发挥潜力，实现个人与团队的共同成长，进一步提升整体绩效。

最后，绩效管理对于中层干部自身的职业发展也有重要意义。通过绩效管理，中层干部可以展现自己的领导才能和管理能力，为企业创造更大的价值。这不仅为他们在企业内部的晋升和发展打下坚实的基础，还使他们成为团队不可或缺的引领者，推动企业不断向前发展。

因此，绩效管理不仅是一种考核工具，更是激发团队活力、提高运营效率的有力支持。

推行绩效管理的好处与挑战

推行绩效管理是企业管理实践的一次重大进步，但要成功推行绩效管理，需要运用科学的手段与方法，需要对企业的发展阶段、员工的能力水平、企业文化的融合度等有全面的了解。当企业过于功利地追求绩效管理的短期效益，或企业文化与之不兼容时，绩效管理可能就无法充分发挥它应有的效用。因此，尽管推行绩效管理能够为企业带来诸多好处，但同样也面临着潜在的挑战。为了更有效地指导团队实施绩效管理，我们需要深入理解推行绩效管理的好处与挑战。

绩效管理能够带来的好处非常显著。

首先，绩效管理能够提升工作效率与绩效。通过设定明确的绩效目标，绩效管理能够帮助中层干部和员工明确工作方向，使他们更加专注于实现目标，从而提高工作效率。同时，明确的目标和评估体系能够激发员工的积极性和工作动力，鼓励他们追求更高水平的绩效。

其次，绩效管理结果能够有力支持员工职业和个人的发展。通过分析员工的绩效表现，中层干部能够精准识别员工的需求，并为他们提供更有针对性的培训和发展机会，从而支持员工个人的职业成长。同时，绩效管理通过岗位绩效评估，使员工更清晰地了解自己的强项和不足，促进他们进行有针对性的自我提升和能力发展。

最后，绩效管理能够促进有效的沟通与反馈。绩效管理过程中的定期评估和目标回顾，为中层干部和员工创造了双向沟通的机会，有助于加强团队合作和协调。此外，绩效管理鼓励中层干部为员工提供持续、及时的反馈，这不仅有助于员工更准确地认识自己的表现，还能增进中层干部与员工之间的合作关系。

当然，绩效管理体系不健全或措施失当，也可能给企业带来一些严重的后果。

首先，主观性与偏见问题。绩效评估往往受到主观因素的影响，这可能导致不公平的结果。中层干部在评估过程中需要具备高度的客观性和公正性，以避免个人偏见或主观臆断。此外，评估者可能受到认知偏见的影响，如光环效应或相似性偏见，这可能导致对员工的评价不够准确。

其次，目标与实际不符。设定不切实际的绩效目标可能使员工感到沮丧或压力过大，进而影响他们的工作积极性和工作氛围。此外，员工的工作结果可能受到多种外部因素的影响，这使得绩效评估难以准确地衡量个人的实际工作表现。

最后，激励机制不当。如果绩效奖励体系设计不合理，员工可能只关注短期目标而忽视企业的长期利益和全局发展。这可能会对企业的整体战略和长期目标产生不利影响。同时，如果绩效奖励与个人动机和价值观不符，员工可能会感到不满或失去动力，从而影响其工作表现和职业发展。

了解了这些好处与挑战，中层干部就能够更加精准地推进绩效管理的实施，确保在提升个人和团队绩效的同时，有效减少潜在问题的影响。在实际操作中，中层干部需要掌握并运用合理的绩效管理方法和技巧，以充分发挥绩效管理在企业中的价值。

2 实操导向：如何利用本书实践绩效管理

本书的学习方法和实践指导

本书主要分为三部分：第一部分是理论篇，主要阐述绩效管理理念、绩效管理工具及绩效管理必须遵循的管理原则等方面的内容，为企业管理者提供绩效管理的基础理论知识和框架。第二部分是实操篇，从绩效管理的系统性与逻辑性出发，阐述战略解码、目标设定、目标分解、指标拟定及考核评价等实操内容，这部分是本书的难点，也是专业度较高的一部分，适合绩效管理相关的核心人员学习，以加深对绩效管理实际操作的理解。第三部分是管理篇，主要围绕绩效计划、绩效辅导、绩效面谈、绩效改进及绩效会议等方面进行阐述，适合企业管理者学习，助力绩效管理更好地落地。

实操案例分析的运用

笔者从事人力资源管理咨询行业十多年，成功辅导近百家企业构建并优化绩效管理体系，对企业的绩效管理痛点和难点有着深刻的理解，并特别注重绩效管理的实操与运用。本书基于绩效管理理论及系统性框架，结合笔者在企业绩效管理体系构建方面的实操经验，帮助读者理解并掌握绩效管理体系构建的核心内容和实操方法。通过具体案例的展示和分析，本书将让企业管理者更加深入地领悟绩效管理的意义和精髓，从而在实际工作中更好地应用绩效管理工具和方法，提升企业整体绩效。

理 论 篇

理论篇着重介绍绩效管理的基本工具、方法和核心理念,旨在为读者构建一个相对系统而全面的绩效管理理论框架。内容涵盖了绩效管理的效用、常见的绩效管理工具,以及绩效管理的六大法则。通过探讨不同类型的绩效管理工具和方法,以及如何有效地运用这些工具和方法来监测和评估员工绩效,让读者对绩效管理工具有一个相对完整的了解。同时,此部分还将介绍绩效管理的六大法则,让企业管理者对绩效管理需要遵循的管理理念有比较全面的了解。

第一章 为什么企业绩效管理会失败

【案例1】

1.背景

A公司是珠三角地区一家专注于3C配件制造、规模1000多人、年产值7亿以上的电子公司。在过去几年中，随着3C配件行业的快速增长，A公司也实现了飞速发展。然而，近两年受全球手机电脑市场下行趋势的影响，行业竞争变得越来越激烈。尽管A公司业绩仍然保持增长，但涨幅已低于预期，且利润率逐渐下降。面对这一挑战，A公司总经理陈总希望通过推行绩效管理来提高公司的运营效率，提升员工绩效，从而改善公司的整体业绩。

2.存在的问题

陈总认为应该将公司目标分解为部门考核指标，并分派给部门负责人，从而使公司目标与部门目标紧密相连。然后，部门负责人再将这些部门考核指标细分给每个部门职员，形成全员参与的考核体系，这样就可以确保公司业绩目标等各项目标顺利达成。

所以陈总针对绩效考核提出了具体的操作要求：参与被考核的人员，目标达成分为100分（绩效满分），目标没达到，就按未完成的比例相应扣分。陈总认为这个要求非常合理，因为达成既定目标是每位干部和职员的职责所在，未能达成目标就是工作没有做到位，绩效工资就不能全额发放，要按照实际得分比例进行扣减。

A公司最初的绩效考核体系原本就是这样设计的，但在实施过程中发生了两件事情。

第一件事是，在与各部门定指标和目标时，对于考核哪些指标通常没有太大的异议，然而在设定具体的目标值时，却出现了讨价还价、博弈甚至对抗的现象。最终，在陈总的强势要求下，各项指标和目标才得以按公司要求确定下来。

第二件事是，考核结束后，当根据业绩得分计算出应发的绩效工资时，许多干部和职员，其中不乏负责绩效管理的人员，开始质疑指标和目标的合理性，认为最终达不成目标并非自己的责任，跟自己无关，因此要求调整分数、改变指标。有些人得知绩效工资少了一两千后，便提出了辞职，而这些拟辞职的人员有的还是关键岗位人员。为了留住这些关键人才，公司不得不通过加工资的方式来解决这个问题。自此之后，每个月考核结束，总有个别部门和人员表达不满。

3.问题分析

A公司在推行绩效管理过程中所遇到的这些问题，究其根本，主要在于企业高层对绩效管理实施的影响认知不足，进而导致绩效文化与绩效考核机制出现偏差。

（1）绩效文化。

绩效管理的核心目标无疑是确保企业年度目标顺利实现。就上述案例而言，绩效目标的细致分解和考核指标的合理设定是绩效管理的关键环节，对推进绩效目标的达成具有重要的作用，但当企业的绩效文化偏离了"业绩增长，则收入增长"这一科学合理的原则时，就很容易出现类似的问题。本案例的矛盾点是业绩增长与目标达成之间的不对等。具体来说，尽管A公司的实际业绩有所增长，但由于没有达成设定的业绩考核目标，A公司员工的收入反而下降了。从员工的角度来看，他们往往会认为：我进步了，我的工资就应该更多才对，但绩效考核的结果却未能体现他们的进步，反而导致他们的工资减少了。出现这一现象的根本原因在于管理层在绩效文化引导和激励机制制定上出现了偏差。管理层的理念不当导致了绩效文化的扭曲，进而制定出了错误的激励机制。

（2）考核机制。

本案例的目标分解是符合科学要求的，但考核机制却出了问题。正确的绩效管理理念应该是"业绩增长，则收入增长"，对应的绩效计分规则也要匹配这个原则，考核结果的绩效工资应发比例也应该遵循这个原则。然而，在实际操作中，考核机制可能未能准确反映业绩增长的实际情况，导致员工在业绩增长时并未获得相应的收入增长，从而引发了员工的不满。

【案例2】

1.背景

B公司是珠三角地区一家专注于特性钢材的公司，年产值超过2亿元，在该细分市场占据行业第一的地位，拥有90%的市场份额。2016年，B公司聘请了一家外部咨询公司为其制定并推行绩效管理体系，这一体系的实施有效激发了干部和普通员工的工作热情和积极性，显著提升了组织的整体绩效和人均效率。

2.存在的问题

绩效管理体系执行到2019年时，B公司的干部和普通员工对此的抱怨和意见越来越多，公司高层也察觉到，绩效考核已无法激发他们工作的积极性，绩效结果未能再实现实质性提升，绩效目标也经常达不成。尽管公司尝试调整过几次指标和计分规则，但整体绩效状况也未能得到明显的改善。

3.问题分析

B公司所遇到的问题主要源于其绩效管理体系没有进行迭代升级，其背后的实质是人力资源管理水平不足，导致绩效管理体系运行逐渐失效。

绩效管理体系需要与时俱进，不断迭代升级。绩效管理体系也要分阶段推行，以确保与企业的实际管理情况相匹配。与企业当前所处发展阶段不匹配的绩效管理体系，往往难以被企业消化，自然也就无法产生应有的效果。

绩效管理体系的推行通常分三个阶段。

第一阶段：考核体系搭建。重点在于通过指标牵引、激励机制促进干部和普通员工进行自我管理，以达成目标。

第二阶段：绩效过程管理。重点在于通过规范过程管理要求，提升干部的绩效管理能力，确保绩效目标的顺利达成。

第三阶段：绩效改善辅导。此阶段应聚焦核心问题，通过项目式运作进行管控和改善，以实现绩效难点的突破。

不同阶段对绩效管理体系及管理人员的能力要求不同：第一阶段的核心能力要求是人力资源部门负责绩效管理的岗位人员具备熟练的指标分解、激励设计、考核流程管控能力；第二阶段的核心能力要求是管理层具备对所管理岗位员工的赋能能力；第三阶段的核心能力要求是绩效改善项目人员的管控能力。若绩效管理体系的核心岗位人员不具备相应能力，或不及时升级绩效管理体系，就会导致绩效管理体系在初期运行效果良好，但随着时间的推移而逐渐失效。

第一节　企业文化对绩效管理的影响

企业文化是企业在发展过程中形成的全体员工共享的价值观、信仰、行为准则及工作方式的集合，对绩效管理有着深远的影响。健康、积极的企业文化可以成为推动绩效提升的强大动力，然而，如果企业文化存在问题，就可能成为绩效管理失败的源头。

1. 企业文化塑造绩效态度

健康的企业文化能够塑造员工积极的绩效态度。当企业文化鼓励透明沟通、合作与创新时，员工更可能主动参与到绩效目标的设定与实现中；当企业文化缺乏鼓励与支持时，员工可能会对绩效管理抱有怀疑，进而影响其参与度和投入感。

2. 企业文化影响目标设定

企业文化也会影响目标的设定。在重视长期发展、注重产品质量的企业文化中，绩效目标的设定会更加注重创新和持续改进；而在强调短期利益、追求快速见效的企业文化中，绩效目标的设定可能更偏向于短期产出，忽视对长期战略的规划。

3. 企业文化影响绩效反馈

企业文化也会影响员工的绩效反馈。在鼓励接受批评、不断学习和成长的企业文化中，员工更可能从绩效反馈中吸取教训，并不断提升自己。相反，如果企业文化不容许错误，或者忽视员工的发展，绩效反馈可能难以达到预期效果。

4. 企业文化牵引激励方式

企业文化也影响着激励方式的选择。在鼓励团队合作、分享与共赢的企业文化中，团队绩效可能更受重视；而在强调竞争和个体表现的企业文化中，个人绩效可能更为突出。选择不合适的激励方式可能导致员工不满或者无法实现绩效目标。

总之，企业文化是绩效管理的基础，对员工参与、目标设定、绩效反馈和激励方式的选择等方面都有着深远的影响。一旦企业文化与绩效管理的目标不协同，就可能导致绩效管理的失败。因此，企业应该重视并塑造积极健康的企业文化，将其与绩效管理紧密结合，从而获得成功。

第二节　企业高层对绩效管理的影响

企业高层在绩效管理中扮演着重要角色，他们的决策、行为和态度对整个绩效管理体系的有效性和最终的成功具有直接且深远的影响。

1. 企业高层决定目标设定

高层领导在绩效管理中负责设定企业整体的战略目标和方向。如果目标设定不明确、不合理，将直接影响下属部门和个人在制定绩效目标时的准确性和可行性，最终导致绩效管理混乱，甚至失败。

2. 企业高层决定激励机制

高层领导决定着企业激励机制的设定，包括薪酬体系、奖励方案等。如果激励机制的设定不合理，可能会削弱员工对绩效管理的参与度和认可度，进而影响绩效目标的达成。

3. 企业高层影响绩效文化塑造

高层领导在绩效文化的塑造中具有表率作用。如果高层领导对于绩效管理不够重视，或者存在不公平、不透明的行为，会传导给整个企业，进而削弱员工对绩效管理的信任和参与度。

4. 企业高层对绩效数据的应用

高层领导需要善用绩效数据进行决策和战略调整。如果高层领导在决策过程中忽略了绩效数据，可能导致企业在错误的方向上前进，无法实现预期的绩效目标。

5. 企业高层驱动绩效改进

高层领导在发现绩效问题时，能及时采取措施进行改进，以及能提供资源和支持，对于绩效管理的成功至关重要。

6. 企业高层的绩效沟通能力

高层领导需要保持与中层干部和基层员工的良好沟通，及时提供反馈和指导。缺乏有效的沟通和反馈机制可能导致员工不清楚绩效管理的要求，影响绩效目标的实现。

综上所述，企业高层在绩效管理中的作用不可小觑。他们的决策、行为和对绩效文化的塑造直接影响了整个绩效管理体系的运行和效果。为了避免绩效管理失败，企业高层需要明确目标、合理激励、塑造积极绩效文化，并善用数据进行决策和改进，从而推动企业的整体绩效提升。

第三节　企业人力资源管理水平对绩效管理的影响

我们探讨企业绩效管理失败的原因时，除了关注绩效管理体系自身的问题外，也不能忽视绩效管理体系与人力资源管理各个模块之间的相互作用。这些模块相互关联、相互影响，共同作用于绩效管理的实施与目标的达成。

1. 绩效管理体系构建不科学

绩效管理体系构建者若对绩效管理理解不深，可能导致绩效目标模糊、难以量化，关键结果指标缺失，评估不准确；权重分配不合理，影响公平性；单一维度评估无法全面衡量员工贡献，员工参与度低，动力不足；评估标准不透明，引发公正性疑虑；缺乏及时反馈和调整机制，与战略目标脱节，使工作目标失去方向；等等。这些问题若不解决，可能会损害绩效管理的效果，影响员工士气及企业发展。

2. 薪酬体系与绩效管理体系不匹配

与绩效管理体系挂钩的薪酬体系能够激励员工追求更高的绩效，使绩效目标与个人奖励紧密结合。若薪酬体系设计不合理，未能充分体现绩效差异，则可能导致员工产生厌倦情绪，降低其积极性，从而影响个人绩效和整体绩效的提升。

3. 培训体系与绩效管理体系没有有效结合

良好的培训体系有助于提升员工的工作能力和绩效水平。定期培训可以使员工不断精进自己的技能，适应岗位变化，从而更好地完成绩效目标。如果培训体系与绩效管理体系未能有效结合，培训的效果可能就无法转化为实际的绩效提升。

4. 晋升机制与绩效评价没有科学结合

绩效评价是员工晋升与否的重要依据之一。公正、透明的绩效评价体系能够帮助企业识别和培养优秀人才，激发员工积极性。评价若不准确，可能导致人才流失和晋升错位，影响绩效目标的实现。

综合来看，绩效管理体系与人力资源管理的各个模块紧密相连，共同决定了绩效管理的成败。一个合理且完善的绩效管理体系需要与人力资源管理的各个模块紧密结合，通过合理的薪酬体系、良好的培训体系、公正的晋升机制等方式有效推动绩效管理的落地与实施。人力资源部门在整个绩效管理过程中扮演着关键角色，不仅能协助员工实现个人成长，还能促进企业整体绩效持续提升。

第四节　企业管理者绩效管理能力对绩效管理的影响

企业管理者作为团队管理的核心力量，其绩效管理能力对企业绩效管理水平有着决定性影响。以下是企业管理者绩效管理能力不足可能对企业绩效管理体系构建带来的一些影响。

1. 目标设定与传导能力不足

企业管理者在绩效管理中承担着设定和传导绩效目标的关键责任。他们不仅需要确保绩效目标既具有挑战性又具备可实现性，还需要将这些目标合理分解并有效传导给下属，确保整个团队都有明确的工作方向，让团队能够朝着共同的目标努力。若企业管理者在目标设定和传导过程中出现问题，则可能导致团队绩效目标混乱并无法实现。

2. 绩效反馈与辅导能力不足

企业管理者需及时向团队成员提供绩效反馈，并提供必要的辅导和支持，帮助他们提升工作绩效。缺乏及时有效的绩效反馈和绩效辅导，可能导致他们无法及时从错误中学习，难以进行有效的自我改进，最终影响绩效的整体提升。

3. 激励与奖惩机制执行能力不足

企业管理者要善于运用激励和奖惩手段来激发团队成员的积极性。适当的奖惩能够增强他们的工作动力，而不恰当的奖惩则可能引发他们的不满和抵触情绪，从而影响绩效管理的有效性。

4. 绩效问题解决能力不足

企业管理者需具备发现和解决绩效问题的能力，不断优化绩效管理的流程和方法。若企业管理者无法迅速解决绩效问题，这些问题的影响范围可能会扩大，从而阻碍绩效目标的实现。

5. 绩效文化倡导力度不足

企业管理者在绩效文化的倡导中起着表率作用。如果企业管理者自身对绩效管理缺乏重视，可能导致团队成员对绩效管理产生怀疑，影响整体绩效管理的推进。

企业管理者的绩效管理能力对于企业绩效管理的影响不容忽视。为了避免绩效管理失败，企业需要重视对企业管理者绩效管理能力的培养，确保绩效管理体系的有效构建和执行。

第二章 绩效管理为经营保驾护航

第一节 战略落地：通过绩效管理推动企业战略落地

绩效管理在实现企业战略目标的过程中发挥着至关重要的作用。它不仅帮助企业将宏伟愿景转化为切实可行的行动计划，还确保了战略的有效执行。这一过程涉及将战略目标逐层细化为具体、可操作的绩效目标。通过持续的监测、评估和调整，绩效管理确保战略得以全面实施并达成预期结果。

1. 绩效管理是战略解码的重要组成部分

首先，绩效管理能促进战略目标共鸣与传递。绩效管理将高层制定的战略目标转化为员工的实际行动目标，通过目标共鸣与传递，确保每位员工都能理解并致力于实现企业的整体战略目标。这种对战略目标的传导可以帮助员工认识到自己的工作对实现企业战略目标的重要性，从而激发他们的积极性和提高他们的投入度。

其次，绩效管理能促进战略目标的分解与量化。通过将高层制定的战略目标分解为具体、可量化的绩效目标，绩效管理将企业战略细化到各个部门和岗位的具体工作中。这种分解过程使战略目标从抽象的概念转化为具体的行动，为员工提供了明确的工作方向和目标，使企业战略目标的实现更加切实可行。

2. 绩效管理是战略落地的重要工具

一是战略目标监测与调整。绩效管理通过持续监测绩效目标的实现情况，能够及时发现偏差并进行调整。这种实时的监测和调整能够帮助企业快速应对市场变化和环境变化，确保战略的灵活性和适应性。

二是战略目标激励与奖励。绩效管理通过与战略目标紧密挂钩的激励机制，有效激发员工对推动战略落地的积极性。明确绩效奖励与战略目标的关联，能够激励员工努力追求高绩效，推动整个企业朝着既定战略目标前进。

三是战略修正的基础。绩效管理通过持续的数据收集和分析，为战略修正提供了有力支持。如果绩效数据表明战略目标出现偏差，企业可以根据这些数据对战略进行相应的调整，使战略能够更好地适应市场需求和变化。

通过绩效管理推动战略落地，可以帮助企业将战略愿景转化为具体的行动步骤，确保战略目标得以实现。绩效管理使企业能够量化、监测和调整战略，同时激发员工参与战略实施过程的积极性，为战略的成功执行提供有力保障。

第二节　经营目标实现：通过绩效管理保障企业经营目标实现

绩效管理不仅是一种评估工具，也是企业实现经营目标的经营管理手段。通过精心设计和有效实施，绩效管理确保企业在实际运营中顺利实现经营目标。绩效管理是实现经营目标的强力保障。

一是清晰界定目标。明确企业的经营目标，这不仅包括财务目标，还包括业务战略目标、市场份额、客户满意度、内部人才成长等各个层面的目标。这些目标需要精准、可衡量、可操作，是实施绩效管理的基础。

二是将目标与绩效指标紧密结合。绩效管理的关键在于各层级目标与具体绩效指标的紧密衔接。通过目标的层层分解，将企业目标、部门目标及岗位目标相互衔接，确保每个岗位的绩效目标都与企业目标一致，从而形成一个有机的绩效链条，将企业的整体经营目标逐级传导到每个岗位上的员工，并通过每个员工的工作成果汇聚成强大的绩效合力，推动企业整体经营目标的实现。

三是目标对齐与团队协同。绩效管理旨在实现不同部门、不同岗位之间的目标对齐与协同。绩效管理不仅要个体绩效优秀，还要团队协同。只有通过团队协作，才能实现整体的目标。因此，绩效管理应设计合理的激励机制，鼓励团队成员之间知识共享与协作，共同推动企业目标的实现。

四是绩效数据驱动目标实现。绩效要用数据说话，要可衡量、可量化。通过收集和分析绩效数据，可以了解员工和团队在目标实现方面的进展情况，监控绩效目标的实现过程。通过对员工阶段性工作结果的绩效评价，企业可以监控进度、鼓励先进、鞭策落后，发现人才及明确团队方向。同时，通过汇总绩效数据，揭示问题、发现机会，为企业的决策提供依据。

五是及时反馈与改进。绩效管理的最终目的不是评估，而是通过绩效数据了解员工的工作状况，找到提高员工工作效率的方法。定期的绩效反馈可以帮助员工了解自己的绩效表现，及时纠正偏差，优化工作方法，从而更好地实现企业目标。

在实际应用中，绩效管理应紧密结合企业目标，贴近实际需求，为实现这些目标提供有效的保障和引导。绩效管理通过清晰的目标设定、有效的绩效衔接、良好的团队协作、数据驱动的决策以及及时的反馈改进，可以成为推动企业目标实现的强大工具。

第三节　管理水平提升：通过绩效管理提升企业管理水平

绩效管理可以提升企业整体的管理水平。它通过合理的实践与循环反馈不断迭代，在实际操作中促进各个层面的管理水平提升，进而实现更高效的业务运营。对企业管理水平的提升主要体现在以下几个方面。

一是激发管理者的责任意识。绩效管理强调目标的明确性和可衡量性，进而激发管理者对工作结果的责任感。当管理者清楚自己的绩效会影响团队和组织的整体绩效时，就会更加关注目标和积极参与工作，从而推动管理水平的提升。

二是强化内部沟通与反馈。绩效管理要求各层级之间频繁地沟通和反馈，这就为管理者提供了更多与员工互动的机会。通过绩效反馈，管理者可以更深入地了解员工的需求、困难和建议，从而调整管理方法，实现更符合要求的绩效管理。

三是发掘管理者的管理潜力。绩效管理在强调员工的发展与成长的同时，也提供了发掘管理者管理潜能的机会。对管理者的绩效数据进行分析，可以发现他们的强项和发展领域，为他们提供个人成长的机会和方向。

四是培养领导力与团队协作能力。绩效管理要求管理者有效发挥管理能力，带领团队完成团队目标。这锻炼了管理者的管理技能，增强了他们的管理意识和实操能力，培养了他们的领导力。同时，在设定和达成绩效目标的过程中，充分的团队合作也是不可或缺的，这有助于培养团队的协作能力。

五是推进"数据驱动决策"的科学管理。绩效数据提供了实际、客观的运营过程信息，可以帮助企业高层做出更明智的决策。通过培养管理者利用绩效数据准确识别问题的能力，并据此制定解决方案，企业能够及时调整关键举措，从而提升决策及管理水平。

第三章 绩效管理工具

第一节 目标与关键成果（OKR）

目标与关键成果（Objectives and Key Results，OKR）是一种在科技型企业应用较为广泛的绩效管理工具。OKR将公司、团队和岗位的绩效成果分成O（Objectives，目标）和KR（Key Results，关键结果）两个部分。通过岗位OKR的达成保证团队OKR的达成，通过团队OKR的达成保证公司OKR的达成，从而达成企业整体的目标，推动企业战略的落地。

OKR的核心在于将目标与关键结果结合（图3-1）。目标是企业或团队追求的具体成果，关键结果是衡量目标达成程度的量化指标。通过设定明确的目标和可衡量的关键结果，团队和员工能够将精力集中在最重要的工作上，确保他们的工作不仅对个人和团队有益，也对企业的整体战略和目标有所贡献。

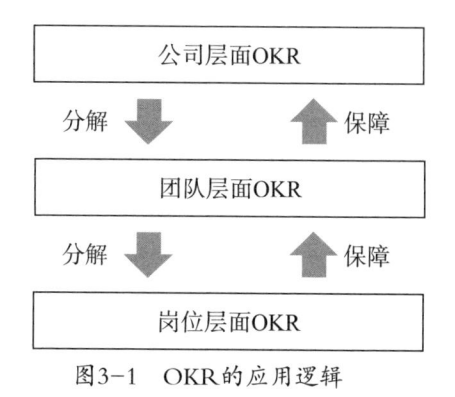

```
公司层面OKR
  分解 ↓    ↑ 保障
团队层面OKR
  分解 ↓    ↑ 保障
岗位层面OKR
```

图3-1　OKR的应用逻辑

OKR通过自上而下的目标分解和自下而上的目标保障，最终保障企业目标的实现。在OKR中，目标制定的顺序是自上而下，而目标达成的方向是自下而上。OKR目标制定的过程强调上级和下级的沟通，下级的目标应当在与上级充分沟通的情况下制定。

OKR可分成三部分：O（Objectives，目标）、KR（Key Results，关键结果）和T（Tasks，任务）。每个O都对应着不同的KR，每个KR又会对应着多个不同的T。只有完成所有的T，相应的KR才能够完成；所有的KR都完成了，O才能够完成（图3-2）。OKR的组成逻辑就像一枚火箭：O是火箭的头部，导引着企业或团队的前进方向；KR是火箭的助推器，是推动火箭向目标前进的关键力量；T是火箭的燃料，是实现关键成果所需的具体行动或步骤，起到全面推进的作用。

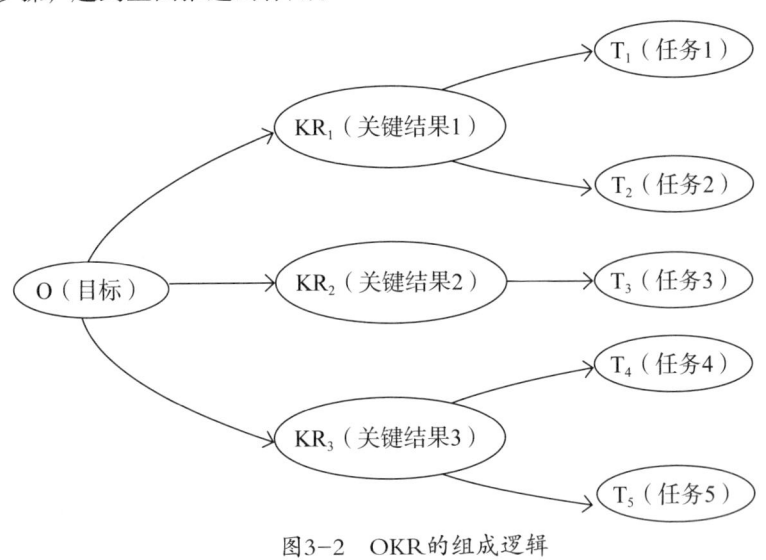

图3-2　OKR的组成逻辑

1. O（目标）的设定原则

OKR中的O不必刻意追求"定量"的描述，可以是"定性"的。有时候为鼓舞团队士气，O的设定可以较为宽泛和宏观。如某互联网公司其中一个App产品项目团队的目标是"在某领域，成为市场上用户数量最多的App产品"，这个目标虽然没有明确的数字，但也是比较"具体的"，遵循了SMART原则（S=Specific、M=Measurable、A=Attainable、R=Relevant、T=Time-bound）；而且"用户数量最多的App产品"这个目标也具有一定的挑战性，也有起到鼓舞团队士气的作用。

虽然OKR中的O不刻意追求量化的表达，但并不代表在能量化的时候故意不量化，也不代表为鼓舞团队士气，就可以设定一个不切实际的目标。这些O必须是团队通过努力能够实现的，并且是可衡量、有明确截止期限的，以便团队能够在规定的时间内集中精力完成任务。

2. KR（关键结果）的设定原则

KR是保证O实现的必要条件，设计KR时也应当遵循SMART原则。1个O通常对应着3~4个KR，多个KR也常表示为KRs（s表示复数），多个O与对应的KRs（多个关键结果）也常被表示为OKRs（多个目标与关键结果）。虽然OKR中的O可以是定性描述，但KR应该追求定量描述。KR是保证O实现的必要条件，对O的达成具有直接的支持作用。KR不需要情感化的描述，越具体、越量化就越好。KR是结果导向而不是行为导向，KR的输出物必须是具体的结果，而不是某个具体的行为。也可以这样理解，O是大目标，KRs是为了完成大目标而设定的多个不同的小目标。这些小目标分别从不同的角度，支持O这个大目标的实现。

3. T（任务）的设定原则

OKR要得到有效的实施，除了O和KR之外，还要有T的支持，T是与KR互相对应的。要达成某个KR，就需要完成对应的T。T的基本设定原则是，T要对KR形成明显的支撑作用，每个T都来自某个KR。KR与T之间并非一一对应，有时候一个KR可能对应多个T，即达成该KR，需要完成多项具体任务；有时候某个T又会对应多个KR，即完成某个任务，对多个KR都有支持作用。在应用OKR时，公司和团队层面的OKR设置一般不体现T，主要体现O和KR。但到了岗位层面，由于绩效指标需要落地，就必须体现T了。所以，T经常以岗位层面的任务计划或行动计划的形式出现。

表3-1为某互联网电商公司采购品类经理岗位的OKR设定，大家可以对照来理解OKR中O和KR的设定逻辑。

表3-1 某互联网电商公司采购品类经理岗位的OKR

O序号	O内容	O权重	KRs序号	KRs内容	KRs权重
O1	寻找50款符合公司网站销售特点和毛利率要求的备选新产品	40%	KR₁	0～7天，寻找10款备选新产品 8～14天，寻找12款备选新产品 15～21天，寻找13款备选新产品 22～31天，寻找15款备选新产品	25% 25% 25% 25%
O2	寻找10个优质供应商，比较新产品的性价比	30%	KR₂	0～7天，寻找2个优质供应商 8～14天，寻找2个优质供应商 15～21天，寻找3个优质供应商 22～31天，寻找3个优质供应商	25% 25% 25% 25%
O3	配合营销活动，获取新产品供应商的支持	30%	KR₃	0～7天，获得新产品A供应商支持 8～14天，获得新产品B供应商支持 15～21天，获得新产品C供应商支持 22～31天，获得新产品D供应商支持	25% 25% 25% 25%

OKR作为一种绩效管理工具，与其他绩效管理工具相比，具有以下明显的特点：

（1）聚焦化。OKR强调设定具有挑战性的目标，使团队和员工清楚地知道他们正在追求什么，从而为工作的开展指明方向。

（2）灵活性和适应性。OKR适用于不同层级和规模的组织，以及各种不同类型的目标，从战略目标到个人成长目标，它也允许在不同的时间周期内设定和调整目标。

（3）透明化。OKR的公开性促进了组织内的透明化和信息共享，每个人都能够了解团队和同事正在追求的目标，从而加强合作和沟通。

（4）可衡量、可量化。通过设定关键结果，OKR以量化的方式来衡量目标的达成程度。这不仅有助于评估绩效，还可以帮助团队及时调整策略。

（5）激励性。OKR设定了挑战性的目标，鼓励员工追求更高水平的绩效，成功地实现目标，还可以与奖励体系结合，激发积极性。

（6）促进自我管理。OKR鼓励团队和员工在设定和追踪目标时拥有一定的自主性，让他们能够自主地管理和组织工作。

在实际应用中，OKR通常有一个明确的目标设定过程，包括设定挑战性的目标、确定可衡量的关键结果，并建立跟踪和评估机制。周期性的OKR回顾会议为团队提供了一个平台，用以讨论目标的进展情况，进行必要的调整，并分享彼此的经验和最佳实践方式。

总的来说，OKR作为一种绩效管理工具，不仅注重目标的设定，更强调量化的关键结果，从而为企业提供一种跨层级、可量化的目标管理方法。通过OKR，企业可以加强团队协作，并充分激发员工的积极性和创造力，从而提升整体绩效，实现企业目标。

第二节　关键绩效指标（KPI）

在绩效管理工具箱中，关键绩效指标（Key Performance Indicator，KPI）无疑是一件不可或缺的利器。它不仅是企业衡量绩效、评估成果的重要标准，更是指导决策、推动业务发展的关键驱动力。

1. KPI是什么

KPI是组织中用于衡量绩效的一组具体、可量化、可实现的指标，用于衡量公司、部门和个人在实现战略和业务目标方面的表现。这些指标具有非常重要的意义，将直接关系到企业战略目标能否成功实现。

2. KPI为什么重要

KPI是企业衡量阶段性工作是否取得成功的关键因素之一。通过层层分解目标并构建KPI体系，企业能够确立清晰的工作方向，找到工作重点，确保所有人在朝同一目标共同努力。通过持续跟踪KPI数据，企业能够实时监控各阶段战略目标的实现情况。通过深入分析KPI数据，企业能够全面了解整体、各部门及岗位员工的能力状况，以及其在实现企业战略过程中的关键领域的表现。这样，企业就可以根据数据反馈进行实时调整和改进，确保战略目标顺利实现。

3. 如何选择KPI

选择正确的KPI至关重要。KPI应该与企业的战略和目标保持一致，而且应该是可衡量的、具备可比性，并能够有效地指导行动。此外，KPI数据应该是容易获得的。在选择KPI时，我们也可以采用SMART原则，确保它们是具体、可衡量、可实现、相关和有时限的。

4. KPI的分类

战略类KPI：与企业的长期目标直接相关，如市场份额、利润增长率等。

运营类KPI：关注业务运营过程的效率和效果，如生产周期、库存周转率等。

财务类KPI：反映企业的财务健康状况，如净利润率、资产回报率等。

客户关系类KPI：衡量客户满意度和忠诚度，如客户投诉率、客户保留率等。

员工类KPI：考核员工工作成果和参与度，如绩效评估得分、培训参与情况等。

5. KPI的建立与监控

设定KPI：根据企业战略，为每个部门或岗位员工设定适合的KPI，确保这些KPI与企业整体目标保持一致。

设定目标值：为每个KPI设定目标值。它可以是具体数字或百分比，以便于准确衡量绩效目标的达成情况。

数据收集与分析：定期收集与跟踪KPI相关数据，用以评估部门或岗位员工的实际表现，并分析绩效趋势和变化。

持续改进：基于KPI的分析结果，持续改进，调整目标值和策略，优化资源配置，以提升整体绩效。

第三节　平衡计分卡（BSC）

平衡计分卡（Balanced Score Card，BSC）是一种在绩效管理中广泛应用的工具之一。BSC作为一种战略性绩效管理方法，旨在协助企业将战略目标转化为可衡量的绩效指标，从而提升战略执行的效果及整体业绩。

1. BSC的起源

BSC最早由罗伯特·卡普兰（Robert Kaplan）和戴维·诺顿（David Norton）于20世纪90年代初共同提出。它作为对传统财务绩效评价体系的一种补充和改进，回应了当时人们对于财务指标无法全面反映企业绩效的批评。卡普兰和诺顿认为，财务结果只是绩效的一部分，不能全面反映企业运营的全貌，因此提出了BSC这一企业管理思维体系，用以平衡财务和非财务指标，以更多维、全面的视角审视企业的表现。

2. BSC的应用

BSC基于四个关键维度，分别是财务、客户、内部流程及学习与成长，这四个维度的指标体系相互关联、相互承接。每个维度下都包含一系列与战略目标相关的KPI，这些指标共同构建了一个全面反映企业在不同层面的表现的框架。BSC的核心思想是通过制定和追踪这些KPI，将企业的战略目标与日常的管理行动紧密关联，使整个组织朝着一个既定目标共同努力。

3. BSC与企业战略的关系

BSC直接关联企业的战略目标。它帮助企业管理者将战略目标转化为更具体、可操作的行动方案，并将这些行动方案与相应的绩效指标联系起来。这种关联性使得战略不再停留在纸面上，而是能够在实际运营中得到有效执行。同时，BSC强调的是平衡性，不仅要考虑财务绩效，还要注重客户满意度、内部流程效率、员工发展等多个方面，确保企业在各方面取得均衡发展。

对于企业的中层管理人员来说，BSC是战略执行的重要指导工具。通过

BSC，中层管理者可以更加精准地管理战略目标的实施过程，使他们管理的团队能够更加协调、高效地朝着共同的目标前进。

总之，BSC作为一种有效的绩效管理工具，在引导战略执行、促进绩效提升方面发挥着重要作用。在逐步解析和运用BSC的过程中，企业员工可以更好地理解企业的愿景，实现更精准的目标管理，从而推动企业的可持续发展。

第四节　目标管理（MBO）

在绩效管理的工具箱中，目标管理（Management by Objectives，MBO）被认为是一种重要且常用的管理工具。MBO强调通过制定明确、具体、可衡量的目标来实现绩效提升。此外，MBO在实际执行过程中非常重视员工的参与和反馈。

1. MBO的定义

MBO是一种管理策略，它要求管理者通过设定明确的目标来管理下级。组织的整体目标确定后，各级管理者会将这些目标有效地分解，并转化为各个部门和具体岗位的子目标。随后，组织中的各级管理者会根据部门和岗位子目标的完成情况对下级进行评价和考核，并据此采取相应的奖惩措施。

2. MBO的实施逻辑

MBO的实施逻辑清晰且系统，主要包括设定目标、执行目标、评估目标和改进目标四个步骤（图3-3）。

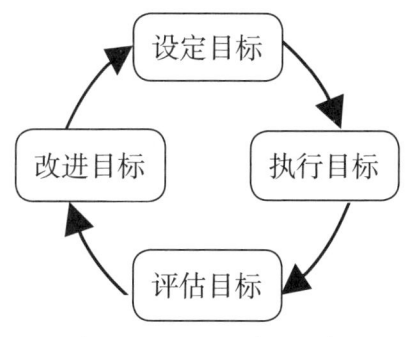

图3-3　MBO的实施逻辑

设定目标是实施MBO的第一步，也是整个MBO实施的核心环节。MBO强调目标的管理与达成，因此，企业实施MBO，不仅要确保企业和部门有清晰、明确的目标，还要确保各岗位也有与之相对应的具体目标。设定目标时仍然要遵循SMART原则，确保目标的明确性和客观性。企业可以使用表3-2进行目标的检验。

表3-2　MBO目标检验表

原则	序号	对应问题	判断
具体的	1	目标是否足够明确	□是□否
	2	目标是否足够简单易懂	□是□否
可衡量的	3	目标是否具备激励性	□是□否
	4	目标是否能够促进岗位员工采取行动	□是□否
	5	目标达成与否是否能够衡量	□是□否
可以达到的	6	目标是否可以通过行动达成	□是□否
	7	目标是否与岗位相适应	□是□否
	8	达成目标之后是否有相应的奖励	□是□否
与其他目标具有一定的相关性	9	目标是否有足够的意义和价值	□是□否
	10	达成目标需要的资源是否能够被获取	□是□否
有明确截止期限的	11	完成目标是否有明确的时间要求	□是□否

每个层级、每个岗位在设定目标时的关注点都是不同的，高层关注价值结果，中层关注任务结果，基层关注行为结果。因此，在设定目标时，高层的工作落脚点应该在价值结果上，中层的工作落脚点应该在任务结果上，基层的工作落脚点应该在行为结果上（图3-4）。

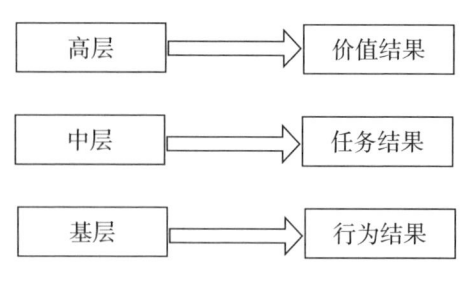

```
高层  ───▶  价值结果

中层  ───▶  任务结果

基层  ───▶  行为结果
```

图3-4 不同层级的工作落脚点

执行目标是实施MBO的第二步，是保障目标落地的关键步骤。如果设定目标后，相关岗位的员工不重视目标、不围绕目标展开工作，那么这些目标就会失去实际意义，导致工作偏离最初的计划和方向。

评估目标是实施MBO的第三步，是对目标完成情况进行全面评价的重要环节。通过评价与复盘，我们能够判断目标的完成情况，为后续改进工作提供依据和参考。

改进目标是实施MBO的第四步，也是促进绩效提升和岗位能力发展的关键举措。不论目标是否达成，都需要进行目标改进。当目标达成时，我们可以评估目标达成的原因，并探索是否存在进一步提升的空间；而当目标未达成时，我们则需要挖掘未达成的根本原因，评估并寻找有效的改进方法，以确保未来能够顺利达成目标。

3. MBO的组成要素

MBO由目标、时间、评价、奖罚四个要素组成。

（1）目标要素。目标要素从三个方面进行分析和确定，分别是应该达成什么、想要达成什么、能够达成什么（图3-5）。应该达成什么，指的是根据企业或部门整体战略和目标设定，该岗位应该达成的目标，即岗位责任（职责）。想要达成什么，指的是岗位员工基于自己对公司和部门目标的理解和判断，主观认为该岗位需要达成的目标。能够达成什么，指的是受员工的个人能力和所能调动资源的限制，岗位员工实际上可以达成的目标。

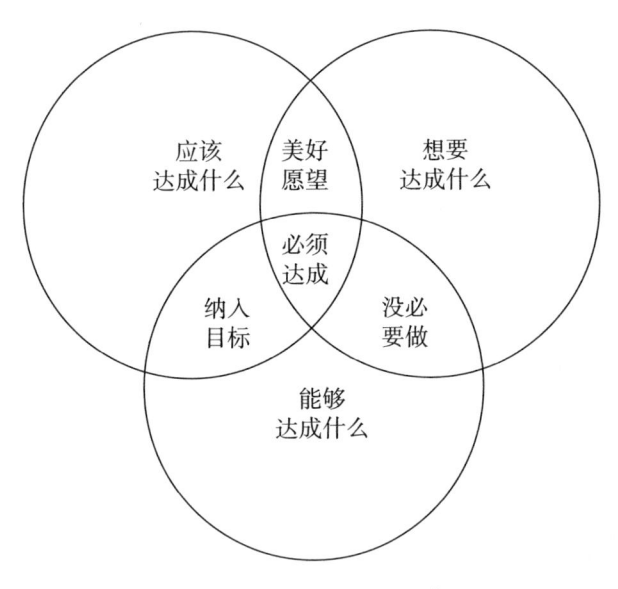

图3-5　MBO的目标要素

（2）时间要素。MBO中的目标是有时效性的，因此，所有岗位的目标都要有截止时间。当目标有了时间限制，就变成了对效率的追求。目标的周期一般有时、日、周、月、季度、半年度、年度、3年度和5年度之分。一般情况下，越靠近组织层面的目标，设置的目标周期越长，如企业的战略目标；越靠近岗位层面的目标，设置的目标周期应当越短，例如市场推广经理的目标（图3-6）。

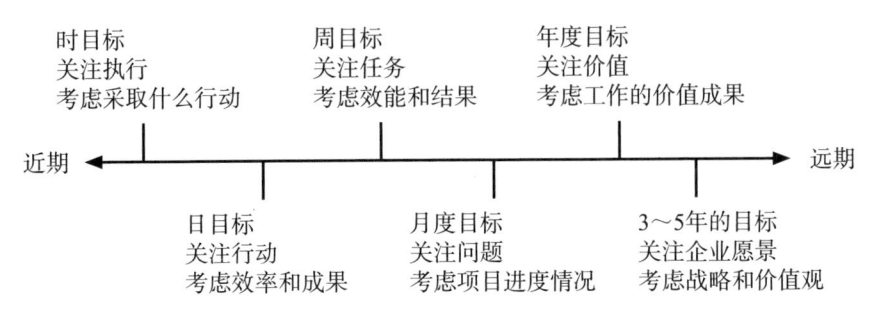

图3-6　MBO的时间要素

（3）评价要素。MBO的评价要素指的是目标是否达成的评价方式。对于长期在某个岗位工作的员工来说，只有评价出上一周期目标的完成质量，

31

才能清楚下一周期目标如何设计。评价要素是否客观，直接影响着MBO的实施效果。如果评价信息得不到有效的记录和处理，接下来对目标的评价就会犯"对人不对事""主观不客观"的错误，进而破坏整个绩效管理体系的公正性和有效性。

（4）奖罚要素。MBO的奖罚要素是对岗位员工目标达成与否采取的奖惩措施。这些措施是基于岗位员工一段时间内的工作成果给予员工的正面或负面反馈。正面反馈不仅能够让员工有存在感，还能给员工较大的满足感，这种存在感和满足感能够激励员工采取积极的行动。负面反馈有助于及时纠正员工的不当行为，防止其再次做出企业不希望看到的行为。当员工做出不当行为时，管理者应当及时、适度地给予负面反馈，以确保员工能够停止不当行为并避免再次犯下类似错误。

4. MBO的优缺点

（1）MBO的优点。

∨ 帮助公司、部门和员工明确工作任务和目标，让工作有方向。

∨ 切实提高企业的管理效率，保证岗位员工达成目标。

∨ 通过岗位目标完成情况的对比，让企业能够更好地实施内部管理。

∨ 通过目标和奖惩之间的关联形成有效的正负激励。

∨ 通过明确岗位具体目标帮助员工实现自我管理。

（2）MBO的缺点。

∨ 对各级管理人员的能力要求较高，需要他们不断帮助员工设计和调整目标。

∨ 在实际运用中，企业往往过分强调短期目标的实现，对企业的长远发展可能不利。

∨ 对某些岗位来说，设置目标可能会遇到一定的困难。由于工作的特殊性，目标难以选定或难以用具体的量化指标来衡量，这给目标管理和考核带来了挑战。

∨ 在执行过程中，一旦环境发生变化，最初制定的目标可能会显得较为死板，无法适应变化的环境。

∨ 如果员工不知道为什么要达成目标或不了解达成目标的好处，他们可能会缺乏动力和积极性去实现目标，这将不利于目标达成。

5. MBO的实际应用

从企业成长周期的角度来看，MBO绩效管理工具比较适合应用在企业的成长期。在这个阶段，企业规模迅速扩张，企业目标逐渐清晰，并形成了明确的战略方向。企业需要自上而下协同努力，共同实现战略。这时通过MBO来统一各部门的目标，提升各部门的效率就非常有效。

从行业角度来说，MBO比较适合销售贸易类、零售批发类等特别重视工作成绩和工作结果的行业。

从岗位角度来说，MBO比较适合产品销售类、市场开发类、业务拓展类等类别的岗位。MBO绩效管理工具并不强调企业对员工的"控制"，而是强调员工为了达成本岗位的目标，应该做好自我管理。在实施MBO时，企业管理者应尝试激发员工的积极性和主动性，让员工从内心深处产生完成目标的动力。

第五节　关键成功因素（KSF）

1. KSF的定义

关键成功因素（Key Success Factors，KSF），也被称为薪酬全绩效模式，是由哈佛大学教授威廉·扎尼（William Zani）提出的一种根据员工创造的价值实施激励的绩效管理工具。KSF把员工的薪酬和企业想要的绩效进行结合，寻找两者之间的最佳平衡点，以构建员工和企业的利益共同体，从而实现共创和共赢。KSF不仅着眼于绩效的优化，更致力于同步提升员工的收入水平，激发员工的士气和创造力。

2. KSF的实施逻辑

KSF的实施逻辑是员工的薪酬与员工创造的价值高度相关。当员工在某岗位上创造的价值与企业预期一致时，员工可以获得既定的薪酬；当员工在某岗位上创造的价值高于或低于企业预期时，员工的薪酬水平也相应提高或降低（图3-7）。

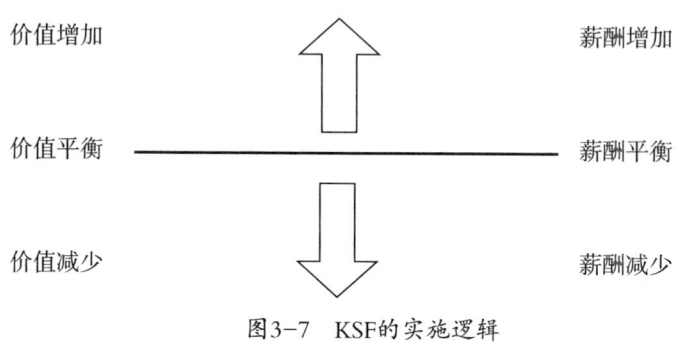

价值增加	↑	薪酬增加
价值平衡	———	薪酬平衡
价值减少	↓	薪酬减少

图3-7 KSF的实施逻辑

在KSF的薪酬体系中，增加的薪酬实际上并不是企业平白无故额外支付给员工的，而是员工通过自身努力所创造的额外价值的合理回报。

该工具的核心在于，它始终围绕员工为企业创造的价值来动态调整薪酬。通过价值增加、收入增加、员工采取积极行动的良性循环持续地激励员工。当员工通过努力创造更多价值时，他们的收入就会增长，这种正向激励促使员工进一步采取行动来推动价值增长，从而形成积极的增益效应；而当员工创造的价值减少时，他们的收入就会减少，这种负面反馈机制将促使员工调整行为，重新转向价值增加的方向。

3. KSF的组成要素

KSF的组成要素包括考核指标、平衡点、薪酬权重和正负激励。

（1）考核指标。KSF的考核指标是岗位的关键业绩结果，是企业期望该岗位实现的最核心的价值输出。在设计KSF考核指标时，应着重关注岗位存在的核心价值结果，而不仅仅是岗位的常规职责。通常来说，一个岗位设置的KSF考核指标的数量应控制在5~8个。

（2）平衡点。平衡点是KSF考核指标中的一个重要概念，它代表了岗位在常态下应达到的目标值。当某岗位的某个考核指标的结果达到平衡点时，该结果对应的薪酬就要达到某一收入水平；当某岗位的某个考核指标的结果高于或低于平衡点时，该结果对应的薪酬也应高于或低于这一水平。

（3）薪酬权重。薪酬权重是KSF考核指标对应的薪酬值，以及各KSF考核指标薪酬值在总薪酬（达到平衡点时）中所占的比例。薪酬权重一般根据KSF考核指标的重要性来设定，它直接反映了不同考核指标在薪酬体系中的价值贡献。实际上，薪酬权重也反映了KSF考核指标的权重，体现了企业对该岗位各项职责和目标的重视程度。

（4）正负激励。在KSF考核指标平衡点的基础上，当员工的考核结果超出或低于平衡点时，将触发相应的正负激励措施，从而影响员工的薪酬收入。具体的正负激励规则需要根据企业的实际需求和目标设定，有的考核指标可能同时包含正激励和负激励，而有的可能只有其中一种。

4. KSF的适用范围

许多采用KPI绩效管理工具的企业，其绩效考核模式是企业给员工定指标、定目标、压任务、做考核。这种模式的重心过于偏向给员工施加压力，过分强调绩效的强制性，迫使员工完成目标，导致员工对考核产生反感。

采取KPI绩效考核模式的企业通常在薪酬设置上未能与绩效考核相结合，最普遍的做法是将员工薪酬的一部分（如20%）作为绩效工资。这种模式的结果就是，当员工完成目标时，其获得的绩效工资奖励并不显著；当员工没有完成目标时，其绩效工资的扣减幅度也相对有限。

相比之下，KSF更注重价值分配和员工激励，从薪酬分配的源头出发，寻找员工激励的落脚点。KSF并不局限于某个行业或某些岗位，它通过将薪酬与绩效全面融合，实现对员工潜能的挖掘，让员工充分参与企业的价值分配，因此也更容易被员工接受。

尽管KSF在价值分配和员工激励方面有着显著优势，但在实际操作过程中也面临诸多挑战，对使用人员的能力要求也相对较高。

5. KSF的优缺点

（1）KSF的优点。

√ 能够激发员工的原动力和创造力。

√ 通过联动绩效目标的设定与薪酬激励，充分挖掘员工的潜能。

√ 让全体员工都参与企业经营，共享利益。

√ 改变雇佣模式，让员工感到是在为自己工作。

√ 实现利益趋同，企业效益越好，员工工资越高。

√ 准确评判员工创造的价值，真正让企业实现为结果付费。

（2）KSF的缺点。

√ 关键过程和结果要素的选取、设置比较困难，前期工作量和工作难度较大，而且考核数据难以做到完全准确，导致对人力资源部门管理人员的素质和能力有较高的要求。

√ 如果关键要素选择不当、实施不当或者出现一些特殊情况，KSF的应用可能导致员工工资减少，从而引发员工的反感和不满。

√ 员工对KSF的理解和认识与企业的设定可能存在一定的偏差，有的员工觉得是好事，有的员工可能会觉得被企业欺骗，导致在实施KSF时，企业需要花费时间和精力进行一定的宣传和引导。

√ KSF这种绩效管理工具依然没有解决员工只是为了完成考核指标而努力工作这个问题。如果实施不当，同样很容易让员工陷入围绕KSF考核指标而工作的局面，影响企业的整体发展和创新。

第六节　个人绩效承诺（PBC）

个人绩效承诺（Personal Business Commitment，PBC），是IBM公司于1996年提出的绩效考核方法，已在国内企业中得到广泛的应用，比如华为、海尔等。

1. PBC与BLM

讲到绩效承诺，人们自然就会联想到战略执行。有了明确的战略方向才能制定绩效目标，进而才能形成绩效承诺。在IBM，PBC是配套业务领导力（领先）模型（Business Leadership Model，BLM）使用的战略执行落地系统。这一系统确保员工个人的绩效承诺与企业整体战略方向保持一致，推动战略的有效落地。

如图3-8所示，BLM主要分为4个部分：顶层是领导力，是企业整体发展的主要驱动力；底层是价值观，是组织文化的核心；居中的战略制定与执行就是决定企业前进的根本动力。战略制定与执行又可以分为8个方面，包括战略意图、市场洞察、创新焦点、业务设计、关键任务、氛围与文化、人才和正式组织。

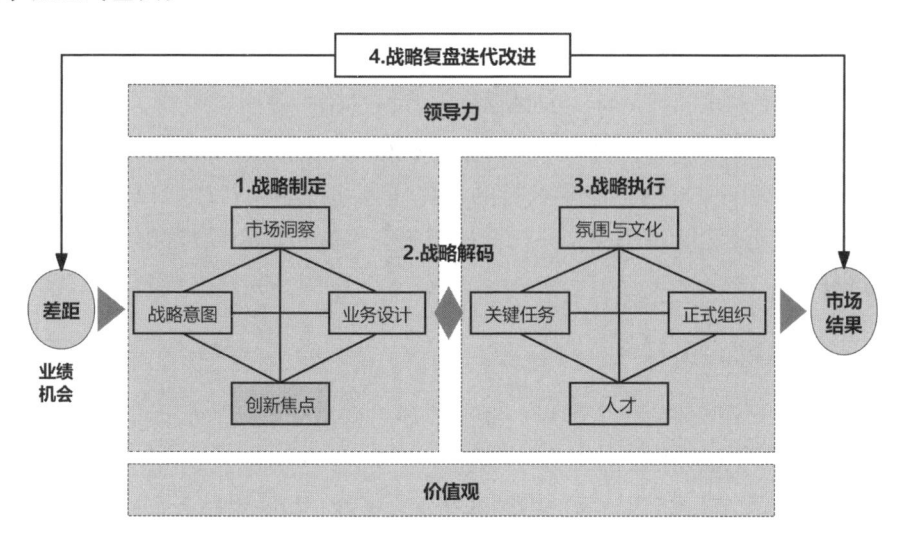

图3-8　BLM的组成

2. PBC的内容

PBC包含三个方面的内容：业务目标（80%）、员工管理目标（20%）和个人发展目标（参考指标）。业务目标是基于公司目标和部门目标制定的，是员工对自己在业务上期望达到的具体结果所做的承诺。这些目标鼓励员工挑战自我，追求更高的业绩。员工管理目标是针对具有管理任务的管理者制定的，部门负责人需要为团队设定明确的管理目标，以确保团队的整体绩效和协作效率。而个人发展目标则主要关注员工个人的能力提升与成长，这部分目标旨在引导员工思考在个人能力上要获得怎样的提升，以及这一提升如何有助于更好地完成个人业务目标。通过设定个人发展目标，员工能够明确自己的发展方向，为未来的职业生涯奠定坚实的基础。

基于这三个方面的内容，PBC对应的承诺（结果评分）包括结果目标承诺（70%）、执行措施承诺（20%）和团队合作承诺（10%）。

3. PBC的执行

PBC执行的具体步骤包括：制定计划、绩效辅导、结果评估和绩效面谈。PBC的计划制定是自上而下的过程，年初各部门负责人先根据企业战略目标制定出各自的PBC。然后各部门员工根据部门负责人的PBC和自己的职责，制定出个人本年度的工作计划。制定计划承诺时要遵循SMART原则，确保计划的明确性和可行性。这个计划承诺主要根据Win、Executive及Team三个原则来制定："Win"（制胜力），偏于结果导向，明确个人或团队希望达成的具体成果和所付出的努力；"Executive"（执行力），偏于过程导向，明确为了完成目标需要执行的具体任务和行动计划；"Team"（团队目标），强调团队协作和共同目标，明确完成这些目标所需的团队配合和共享目标。

4. PBC的实操

PBC协议书包括三个部分：业务目标（权重80%）、员工管理目标（权重20%）和个人发展目标（参考指标）。

（1）业务目标。分为关键绩效指标（KPI）和关键任务。KPI是常规性指标，包括营收、开拓、品质、安全等指标，体现为结果性指标的分解。关键任务是动态性指标，是对KPI的补充和完善，确保业务目标的全面性和适应性。

我们可以综合运用这些信息来合理设置自己的业务目标，主要包括：

√ 参阅上一级领导的PBC中业务目标部分（来自上级、同事和客户的信息）。

√ 参阅相关内部资料，比如企业战略发展思路、企业价值观等。

√ 与上一级领导直接沟通自己负责的阶段性重点工作（参照部门阶段性重点工作）。

√ 参阅自己的岗位职责说明书。

√ 向部门领导申请参阅部门组织绩效指标库。

（2）员工管理目标。签订PBC协议的如果是一个部门，部门负责人就必须设置整个部门的管理目标。在设定目标之前，部门负责人应从以下三个方面进行深入思考：

√ 要理解业务目标对组织建设、员工管理的要求。

√ 要认识到优秀经理应该具备7个管理行为，包括目标承接、团队合作、绩效管理、鼓励创新、发展下属、承认贡献、氛围营造，通过践行这些管理行为，部门负责人才能够带领团队更好地实现业务目标。

√ 要考虑团队当前亟待构建的岗位胜任力体系。

在充分思考以上三个方面的基础上，部门负责人还要明确部门管理的重点和难点，以进一步设定员工管理目标。

（3）个人发展目标。应在上一级领导的协助下设置，指标总数为2~4个。这个目标虽然只是参考指标，但所有员工均要求设置。

表3-3为一个常规的季度个人绩效承诺表。其核心是业绩目标，也就是结果。业绩目标通常与关键绩效指标（KPI）关联，关键任务来源于业绩目标，即保障目标达成需要采取的具体行动和工作流程。

表3-3 季度个人绩效承诺表

姓名		中心/部门		评估区间	
岗位		直接上级		承诺日期	

1.业务目标设定：指标总数在5个左右为宜，最多不超过10个，关键绩效指标（KPI）和关键任务的达成需配合作战行动计划，通过过程督导保证结果达成							评估	
编号	业务目标	关键绩效指标	目标值	衡量标准	数据来源	权重	自评得分	上级评分
1								
2								
3								
4								
编号	业务目标	关键任务	目标值	衡量标准	数据来源	权重	自评得分	上级评分
1								
2								
3								
4								

2.员工管理目标设定：设定2～4项支持组织绩效提高、针对本部门内部人员管理的指标，包括人才管理、下属发展和团队建设等内容					评估	
编号	员工管理目标	衡量标准	权重	自评得分	上级评分
员工管理目标总分						

3.个人发展目标设定：设定2～4项支持业务目标达成的个人能力需求指标，"个人发展目标"应该支持个人发展计划和其他学习计划、职业发展计划等					评估	
编号	个人发展目标	衡量标准	权重	自评得分	上级评分
个人发展目标总分						
绩效评估合计得分						
PBC评估等级（强制分布后产生）						
任职人（签名）		日期	考核人签名		日期

PBC评估一般每年4次，分为第一、二、三季度评估（重点评估业绩目标达成情况）和年度评估（对业务目标、员工管理目标和个人发展目标的全面评估）。评估结果基于各项指标的权重计算出的分数高低进行排序，并分为以下5个等级。

A+：顶级的、杰出的贡献者，各项指标均达到或超越预期，对企业有重大贡献。

A：出色的、高于平均值的贡献者，业绩显著，为企业带来明显价值。

B：能够胜任的、扎实的贡献者，能够稳定完成工作任务，表现称职。

C：贡献不足者，在某些方面存在不足，需要进一步提升。

D：令人不满意的个人，未能达到基本工作要求，需要反思和改进。

部门负责人明确员工考核等级后，就可以分析员工绩效差异的原因，进而制定相应的改进措施，以优化团队管理（图3-9）。

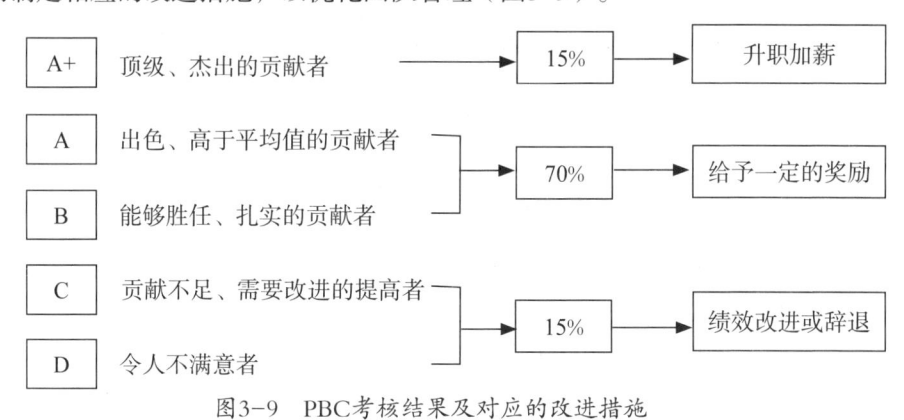

等级	描述	比例	措施
A+	顶级、杰出的贡献者	15%	升职加薪
A	出色、高于平均值的贡献者	70%	给予一定的奖励
B	能够胜任、扎实的贡献者		
C	贡献不足、需要改进的提高者	15%	绩效改进或辞退
D	令人不满意者		

图3-9　PBC考核结果及对应的改进措施

5. PBC的特色

类似于BSC，PBC也是一个相对较全面的绩效管理工具。但与BSC侧重于不同维度的考核不同，PBC更加关注流程中的各个环节与其执行人。它不仅强调结果（即结果目标承诺），也关注过程。除了对业绩的考核，PBC还特别关注个人业务能力的提升（即个人发展规划）及团队承诺的履行。

相比KPI，PBC还增加了关键任务、胜任力评估与职业发展等其他考核要素。在考核中，PBC增加了自评环节，这一环节有利于管理者及时识别员工对自我绩效的感知情况，从而更有效地履行其纠偏职能。同时，员工也可对上级的PBC进行评估，这也体现了团队合作的精神。

由此可以看出，PBC无论是对管理者，还是对团队、员工都有较高的要求。要使用PBC绩效管理工具，企业需具备以下四个特征：

（1）管理层对于要做什么非常明确，战略目标也相对清晰。

（2）管理层完全有能力帮助基层员工分解和明确各自承诺的目标。

（3）员工非常清楚要用什么方法来实现自己承诺的目标。

（4）承诺的目标可量化，并且要有配套的考核机制与兑现机制。

第七节　OKR、KPI、BSC、KSF四大绩效管理工具的异同

没有绩效管理，企业就谈不上管理，因为企业所有管理活动都是为了产出更好的绩效。但企业进行绩效管理一定要选择适合自己、能有效落地的方法和工具。当前，绩效管理最常用的工具主要有OKR、KPI、BSC和KSF。那么，哪一种更有效，哪一种更适合中小企业的发展状况呢？下面我们对比着看一下这四大绩效管理工具。

1. 四大绩效管理工具的功能定位

四大绩效管理工具的功能定位见表3-4。

表3-4　四大绩效管理工具的功能定位

绩效管理工具	OKR	KPI	BSC	KSF
功能定位	用于企业的目标管理，从企业到团队再到个人逐级分解目标，使企业所有人都能朝着共同的目标和方向努力	用于衡量某职位任职者工作绩效的具体量化指标，是对任职者工作任务完成情况最直接、客观的衡量依据；KPI来源于企业战略目标、部门目标和岗位职责	将企业战略目标逐层分解转化为各种具体的、相互平衡的绩效考核指标，并对这些指标的实现情况进行不同时段的考核，从而为达成目标建立可靠的执行基础	将员工要的薪酬与企业要的绩效进行全面融合，寻找员工个人目标与企业战略目标之间的平衡点，确保两者的利益一致，实现共创共赢

2. 四大绩效管理工具的核心理念

四大绩效管理工具的核心理念见表3-5。

表3-5　四大绩效管理工具的核心理念

绩效管理工具	OKR	KPI	BSC	KSF
核心理念	OKR是一种目标管理方式，其重点是管理而不是考核；OKR能够让团队关注目标、关注真正重要的事情，而不是整体围着考核的数字转；通过OKR将公司、团队、个人的目标公开、可视化，以达到相互监督、共同努力的目的	根据企业发展战略及对未来的预算、计划设定比过去更具挑战性的目标，然后将此目标分解到各个部门和岗位，再以目标为导向形成关键指标，并将该指标下达到各相关责任人，形成从月度到年度的考核体系	围绕企业的战略目标，从财务、客户、内部流程、学习与成长四个维度对企业进行全面监控；在使用时，对每个维度建立相应的目标及衡量该目标是否实现的指标体系	强调两手平衡，一手着眼于企业绩效的改善，一手致力于员工收入的提升；增强员工的利益驱动，从依托外源力到开发内源力；强调让员工为自己干、为共同目标干

3. 四大绩效管理工具的优缺点及运用

四大绩效管理工具的优缺点及运用见表3-6。

表3-6 四大绩效管理工具的优缺点及运用

绩效管理工具	OKR	KPI	BSC	KSF
主要优点	将目标层层分解，形成执行计划；对重要过程进行管控和评估，以确保关键结果的达成	优先二八原则，聚焦关键目标和指标；与战略和预算形成闭环系统	强调四个维度的动态平衡以及目标之间的相互关联	开启员工原动力，激发员工创造力；薪酬与绩效融合，充分挖掘员工潜能；让管理层参与经营，实现利益趋同
主要缺点	核心在过程和关键动作，但缺少考核激励，员工动力可能不足	重考核重激励，高目标低激励，做减法多压力，因此落地难、员工容易抵触	不能独立使用，必须与KPI、KSF组合应用	关键过程和结果要素的选取、设置比较困难，选择或实施不当易导致绩效管理失败
主要运用	适用于IT、风投、游戏、创意等以项目为主要经营单位的企业	适用于以目标为导向的岗位，在强势企业比较有价值	适用于中高层管理岗位或组织绩效	适用于中小制造型企业管理岗位的考核

第四章 绩效管理的六大法则

管理者如果想做好绩效管理，就要改变原有的绩效管理理念，打破旧有的狭隘认知和思维局限，从更宏观的角度培养六大绩效管理新思维，即目标思维、导向思维、量化思维、双赢思维、协同思维及聚焦思维。只有具备这六大思维，管理者才能更好地推进绩效管理，并确保其顺利实施。基于这六大思维，我们提炼出绩效管理的六大法则，遵循这六大法则是实现高效绩效管理的核心。

第一节 目标法则：绩效只是手段，达成目标才是目的

目标法则是指绩效管理的最终目的是实现明确的业务目标和组织目标，进而实现企业的整体战略目标。在这个过程中，绩效管理作为企业运营管理的重要工具，是企业实现目标的重要手段而不是最终目的；通过绩效管理推动企业整体战略目标的实现，才是绩效管理的最终目的。因此，管理者在绩效管理过程中须遵循目标法则。绩效管理不仅是监测企业目标实现的手段，更是员工工作行为的纠偏器，确保在目标实现过程中，员工的工作行为与企业战略目标保持一致。绩效管理通过对各阶段、各岗位绩效指标实现情况的及时监测和精准纠偏，促进员工工作协同以形成合力，最终促进企业中长期战略目标的实现。

目标正确才能结果正确。目标法则也要求管理者善于为团队设定正确的

目标，只有目标正确，才能为员工提供正确的方向。

目标法则还包括合理的目标设置，包括目标分解和具体任务落实。目标设置是否恰如其分，是否科学合理，直接影响绩效管理的成败，绩效管理通过制定绩效指标、设定预期结果和提供绩效反馈，帮助员工理解他们的岗位工作，让员工主动思考如何才能更好地完成自己的个人目标，并明白个人目标对企业整体目标实现的岗位贡献。

目标法则围绕"目标"这个靶心，聚焦绩效管理主线，用绩效计划和绩效辅导保障目标执行和落地，用绩效评估体现目标达成水平，以此将目标与实际工作表现联系在一起，让员工明白什么样的行为更利于目标的实现，从而引导员工的工作行为。

【案例1】

1. 背景

深圳某线材公司，专业生产电源线、电缆线，产品作为零配件应用于电器、汽车等领域，年产值8亿元。

该公司2020年营收3.2亿元，在年底定2021年目标时，总经理陈总提出目标为营收大约翻一倍，即2021年业绩目标为6亿元。

这个目标的提出着实让公司的干部们非常意外，以往定目标也就30%的增幅，实际的业绩增长也就30%~40%的水平。面对2021年这么大幅度的增长目标，干部们认为根本无法达成。

2. 方法

陈总咨询了身边很多人，当问到我时，我的回答是：

当年优衣库每年的目标都是100%的增长率，并都实现了。想要高业绩就得有高目标，但有三点非常关键：

这个目标能否达成，要先做复盘，找到缩小差距的方法，将目标、方法、资源三者打通；

需有高激励，业务团队既要有压力，更要有动力来实现业绩目标；

最高领导紧盯目标，动用和协调一切资源来支持目标的达成，定期复盘和找到弥补缺口的方法。

因此，我们配合陈总，带领团队做了这几件事：

进行客户复盘，完成业绩预测；

复盘本年度大客户开发情况，预估明年的成功率及业绩；

进行整体业绩和增长率预测，确定现有团队的目标；

以业务副总为领头人，组建攻坚业务团队，配合主攻大客户开发；

以总经理为领头人，承接团队和业务攻坚以外的业绩差额，寻找资源、机会完成差额业绩；

明确研发、人力、财务等部门的支持行动计划；

出台业务团队、公司干部团队年度激励方法；

实施军令状、目标上墙等一系列管理工作。

3.结果

该公司2021年业绩虽没有实现100%的增长，但历史性地增长了81.3%，达到了5.8亿元。

回顾这一过程，可以看出，"目标正确"决定结果，过程中既有基于目标的坚守和管理，也有业务上的意外之喜，当然也有因管控不足流失的业绩。

第二节　导向法则：考核什么，员工就重视什么

上有所好，下有所效。导向法则是一项关键的绩效管理原则，其核心理念是，员工的行为和努力会在很大程度上受到他们被考核和评估的内容的影响。换句话说，员工会将最多的关注和精力投入与他们的绩效指标相关的事项上。这意味着，企业如果希望员工关注和努力追求企业的战略目标，那么这些战略目标就应该成为他们的绩效指标的重要组成部分。

导向法则之所以如此重要，是因为它可以确保员工的行为和努力与企业的长期目标保持一致，让组织整体往同一个方向使力。具体体现在以下几个

方面：

（1）在战略执行上，导向法则引导员工将关注点对准企业的战略目标，这有助于确保企业的战略计划得以执行，员工行为不会偏离方向。

（2）在员工动力上，企业的战略目标通过导向法则落到了绩效指标上，如果绩效结果不好，绩效激励就差；如果绩效结果好，绩效激励就好。员工为了追求好的绩效激励，会努力达成好的结果，更有动力去追求绩效目标。

（3）在资源分配上，导向法则有助于确保企业的资源，包括时间、金钱、人力资源等，都被优先分配给对实现战略目标最有益的项目和活动。

那么，导向法则如此重要，管理者又该如何应用导向法则呢？应用导向法则需要一系列策略和方法，需要重点关注如下几点：

（1）考核指标要有战略导向。企业应确保战略目标已清晰地传达给所有员工，并与他们的绩效考核挂钩。目标要具体、可衡量且与员工的工作职责相关。

（2）考核指标要有重点导向。绩效指标应该与战略目标直接相关，并与员工的实际岗位工作相契合，以确保员工的绩效结果真正反映他们对企业战略的贡献。

（3）绩效机制要有激励导向。做得好要有正激励，做得不好要有负激励。管理者须构建与岗位工作人员实际需求相匹配的激励机制，包括发奖金、晋升、颁发奖项等激励措施，激励员工采取与战略目标一致的行为。

【案例2】

1. 背景

广东某能源公司，主要产品有锂电池、铅酸蓄电池、储能电源，年营业收入80亿元。财务中心有应收部、应付部、财务管理部等职能部门。

2. 公司现状

应收部核心职责是核实每月应收台账，跟催销售部门及时回款。根据此职责，该公司应收部的一个核心考核指标就是"到期应收账款回款及时率"，目标值为90%。

因为指标关联员工的绩效工资，该指标执行考核后，立即收到两个效果：

被考核部门和人员对应收账款的重视度有很大提升，在收款方面投入了更多的时间和精力；

部门领导为了更好地达成目标，每月底主动与销售部核对回款计划，并积极跟进问题，协助催收回款。

该指标作为重点考核指标执行后（权重50%），对收款工作有明显促进作用，应收账款回款水平也能保持在科学水平。但通过数据发现，呆滞账款部分从考核开始后，并没有太大变化。仍有几百万逾期6个月以上，有些账款甚至存在坏账的可能。公司希望通过考核改变此种情况。

3.问题解决

针对上述状况，公司给应收部增加了一个新的考核指标——逾期账款回款率，权重占比40%。目的是推动逾期账款有效回款。

4.最终结果

增设逾期账款回款率后，应收部立即与销售部一一核对了逾期账款明细，制订了回款催收计划，并与销售部、法务部协同催款。通过共同努力，应收部第一个月就完成了50%的逾期账款回款任务，为公司降低了坏账风险。

第三节　量化法则：凡是考核就必须可衡量、可量化

卡普兰和诺顿特别强调一句话，"如果你不能描述，你就不能衡量，如果你不能衡量，你就不能管理"。所以，考核指标首先要数据化，其次要可衡量。因此，量化法则是绩效管理的关键原则之一，其核心概念是绩效评估

和考核应基于可度量的数据和指标。这意味着,员工的表现和贡献必须通过数字和定量的方式来衡量,而不仅仅是主观的观点或感觉。这个原则的目的是确保绩效评估公平、客观且有据可依。

量化法则之所以如此重要,是因为它的客观性、公平性和科学性,不仅对组织而且对员工都有积极影响。量化法则的重要性具体体现在以下几个方面:

(1) 指标的数据化,使得绩效评估更具客观性。通过使用可量化的指标,绩效评估才能更加客观、公平,才能不依赖管理者的主观判断或个人偏好。

(2) 如果无法量化,就要可衡量。比如管理指标或行为指标,当无法量化的时候,需要用行为刻度或里程碑来对指标进行衡量,因为只有可衡量才能客观评价,才能确保绩效考核的公正、公平。

(3) 通过绩效指标的量化,企业可以确切地知道员工是否达到了既定目标和标准。

量化法则作为重要的管理思维,需要在绩效考核体系中最大限度地灵活应用。应用量化法则时应注意策略和方法,以确保绩效评估是基于可度量的数据和指标。具体为:

(1) 提炼指标时,从数据、占比、频次、时限等维度设置可量化指标。比如,业绩指标用销售收入、效率指标用及时率等,以保证指标的可量化或可衡量。

(2) 数据收集和记录要科学系统。企业需建立数据信息系统来收集、记录和存储与绩效相关的数据,这些数据包括销售数据、生产数据、客户满意度、财务指标等。

(3) 评价流程的标准化也是量化法则的关键。建立标准化的评价流程,确保每个员工都在相似的标准下被评价,评价人员必须是与员工岗位工作密切相关的上一级管理人员或相关人员,与员工岗位工作相关性弱的人员不得参与。定期审查绩效评价流程以确保其有效性。

下面我们以两个考核指标为例来对比看一下量化考核相对非量化考核的优势。

表4-1所示为一个常规的非量化考核表,从中我们可以看出非量化考核

存在三个比较典型的问题：

（1）主观导致的不公平。因为是主观评价，评价的尺度各不相同，严格的领导，尺度严，分数低；宽松的领导，尺度松，分数高，进而导致绩效评估缺乏公平性。

（2）反馈难度大。由于每个人的认知不一样，如果没有客观数据标准，下属与领导就很难达成共识。下属最后往往就一句话："你是领导，你说怎样就怎样。"

（3）没有客观标准。下属无法清楚地知道做到什么程度就能达标，只能靠猜测，因而很难与领导形成共识。

表4-1 常规的非量化考核表

考核方向	评估标准				
	5级	4级	3级	2级	1级
工作品质	无须技术性指导，工作质量突出，无任何差错，能够完成难度较大的工作任务	基本不需要技术性指导，工作质量较高，无重大失误和差错	需要适当的工作指导，能够按要求完成工作	需要一定的技术性工作指导，工作质量处于一般平均水平	工作质量低劣，常有差错发生或出现重大差错
目标完成情况	超出工作计划完成更多的工作目标	能及时完成工作目标，偶尔能提前或超额完成工作目标	能及时完成工作目标，但过程需要督促	有少数次要目标未完成	较多工作目标或重大工作目标未完成

表4-2为一个较为典型的量化考核表，从中我们可以看到量化考核的优点包括：

（1）客观性。量化指标基于数据，相对客观，不容易受到主观因素的影响。这意味着评估过程更为公正，减少了评价者主观偏见带来的影响。

（2）明确性。量化指标通常清晰明确，能够直观地展示员工的绩效表现。员工容易理解自己的工作表现如何被评估，并且能够更好地了解自己在工作中的优势和改进空间。

（3）比较性。由于量化指标是具体的数字，因此可以很容易地进行跨时段和跨个人的比较。这使得管理者可以更好地识别绩效的变化趋势和员工之间的差异，从而更好地制定管理策略。

（4）激励性。量化指标能够为员工提供明确的目标和量化的激励，激励他们努力提升工作表现。员工通过实现或超越指标来获得奖励或晋升机会，可以增强其工作的动力。

表4-2 典型的量化考核表

考核方向	评估标准				数据来源
	指标名称	权重	目标值	计分规则	
工作品质	质量合格率	60%	95%	实际值≥95%，100分；低于95%，每低1%扣5分；低于90%，每低1%扣10分	品质部
目标完成情况	目标完成率	40%	100%	实际值=100%，100分，每低1%扣2分，扣完为止	上级领导

第四节　双赢法则：企业业绩增长，员工收入就增长

双赢法则是绩效管理的一个关键原则，它着重强调企业的业绩增长与员工的薪资增长应该存在一种正向的关联和互惠关系。这意味着员工的经济回报应与企业的成功直接挂钩，从而建立一个双赢的激励系统，激励员工积极参与到企业的业绩增长和成功中。这个原则突出了绩效管理的双重目标：一方面，帮助企业实现其战略目标；另一方面，为员工提供分享企业成功的机会。

双赢法则对于绩效管理之所以如此重要，是因为它将员工的收入与企业的业绩增长进行关联与捆绑，创建了一个利益共同体，让员工激励、员工承诺和公司绩效之间形成一种紧密关系。具体原因如下：

（1）员工激励。当员工知道他们的工作和贡献将直接影响到他们的薪资和福利时，他们会更有动力去超越预期，从而为企业创造更多价值。

（2）员工承诺。当员工感受到自己的付出和努力得到了公平的回报时，员工就会提升他们的忠诚度和组织承诺。

（3）业绩增长。双赢法则让员工更愿意投入时间和精力来实现企业的战略目标。

（4）人才吸引与保留。双赢法则的实施可以帮助企业吸引和保留高绩效员工，因为他们看到了与企业一起成长的机会，他们将企业的成长看成个人成长的宏观表现和必然结果。

应用双赢法则需要一系列策略和方法，但无论采用何种策略或方法，其核心始终是确保企业的业绩增长与员工的收入增长相互关联。企业需做到以下几点：

（1）将绩效与薪酬紧密关联。企业应该将员工的绩效和企业的增长目标挂钩。这可以通过设立绩效奖金、股票期权计划等方式实现。

（2）确保绩效数据公开透明和绩效结果充分沟通。企业需要与员工分享企业的财务绩效数据和增长计划，以提升透明度，建立信任。

（3）薪资制度需关联业绩表现。企业可以通过设计强激励作用的薪资制度，将员工一定比例的薪酬与公司的业绩和盈利能力相关联，加强员工收入与公司业绩增长之间的关系。此外，在这个过程中，企业还应投资员工的培训和发展，提升其技能，以更好地支持企业的业绩增长。

总之，双赢法则的重要性在于它强调通过建立积极的激励性绩效文化，推动公司业绩和员工收入共同增长。双赢法则不仅有助于企业实现战略目标，还有助于员工实现个人职业目标，从而形成双赢局面。

第五节　协同法则：通过目标分解传递管理责任

企业战略目标作为庞大的工作集合体，各工作岗位之间有其天然的内在逻辑。社会化大分工将企业战略分解成一系列低一层级的工作任务，这些工作任务随后被分配到相应的下一层级的业务单元或工作岗位。在这个过程中，建立一种能够促进各业务单元、各工作岗位之间协同工作的机制变得尤为关键。

1. 协同法则之一：目标协同才能作战协同

通过系统的战略管理方法，企业能够对企业战略进行战略澄清、战略解码、战略分解和战略执行，让员工更好地理解企业的战略目标。协同法则的第一基本要义是目标协同，具体如下：

（1）理解战略目标，形成思想协同。协同法则的核心是确保所有员工都明白企业的战略目标，以及他们在实现这些目标的过程中担任的角色。这要求企业高层清晰地传达战略目标，并确保所有员工都明白他们应为实现这些战略目标做出什么贡献。

（2）分解战略目标，形成行动协同。一旦战略目标明确，接下来的关键就是将这些目标分解为更具体、可操作的目标。分解的原则首先是部门目标与企业目标要相互协同，其次是不同部门之间的目标要相互协同，以此来保证企业整体的行动协同。

（3）制定里程碑目标，形成阶段协同。为了实现目标协同，通常需要在公司层面和团队层面制定中间目标或里程碑目标。这些目标可以帮助不同层级的员工更好地理解如何将整体战略目标分解为具体的任务和责任，并在目标实现过程中形成阶段性工作协同。

（4）提供资源和支持，形成配合协同。协同还包括确保各部门和团队获得必要的资源和支持来实现他们的目标。这些资源和支持包括财务资源、人力资源、培训和技术工具等，通过不同模块的工作耦合，形成工作序列间的配合协同。

2. 协同法则之二：信息同频才能作战协同

建立信息充分共享的信息交流平台或信息交流渠道，及时监控目标完成情况，这样就可以充分激发团队的目标感和使命感，并通过对目标的信息监控，及时进行调整与纠偏。具体如下：

（1）建立沟通机制。协同法则的关键是确保信息能够在组织内自由流动。这些信息不仅包括高层领导向下传达的战略信息，也包括基层员工的反馈和建议。建立有效的沟通机制可以确保所有人都在同一个沟通频率上，对企业战略方向有一致的理解。

（2）共享信息和知识。实现协同需要员工能够共享信息和知识。这可以通过内部培训、知识管理系统和团队会议等方式实现。高效的知识共享机制可以帮助不同部门更好地协同工作。

（3）观点共识和行动共识。上下同频意味着组织应鼓励员工积极反馈，并根据反馈不断改进。这可能包括对绩效评估、战略计划和流程的定期审查和调整。

3. 协同法则之三：责任明确才能作战协同

协同法则要求团队成员既各司其职又紧密协作，这就需要团队成员分工明确、责任清晰，只有这样，员工才能在目标实现过程中协同行动，使命必达。具体如下：

（1）指标的背后是责任。确保责任明确通常需要制定具体的绩效指标，并明确关键绩效指标（KPI）。这些指标应与企业目标一致，以确保每个部门和员工都知道自己在实现企业目标过程中所承担的具体责任。

（2）结果的背后也是责任。绩效指标没有达成，从侧面反映了部门和员工在绩效实现过程中的责任不到位。为了达成绩效指标，绩效管理需要推动部门和员工承担对应责任，并协同作战。所以说绩效指标的实现情况不仅是工作成效的体现，也是岗位员工责任落实情况的反映。

协同法则是确保组织内部各个部门和员工能够共同朝着企业战略目标前进的关键。通过明确目标、保持沟通和明确责任，企业可以实现更高效的协同，从而取得更好的绩效和业务结果。

第六节　聚焦法则：指标不在多而在精

绩效管理成功与否很大程度上取决于所选择的指标。在绩效评估和目标设定过程中，企业很容易陷入指标设置过多的陷阱，导致混乱、信息过载和资源分散。聚焦法则强调，指标的数量并不等同于绩效的质量。实际上，聚焦于少数关键指标可以帮助组织更好地实现目标、提高效率并取得更好的结果。

为什么聚焦如此重要？企业的资源都是有限的，这不仅包括企业的生产资料资源，也包括人力资源。在资源有限的情况下，只有将这些资源集中投至关键领域，才能实现以点带面的效果。绩效管理需要灵活应用聚焦法则，其核心在于：

（1）抓重点。过多的指标可能导致员工不知道应该关注什么，他们的注意力被分散到太多方向上。抓住重点指标，聚焦于少数关键指标有助于为员工提供明确的方向，引导他们将精力投到对企业战略目标影响最大的工作上。

（2）压强投入。在实现企业战略目标的过程中，必须对有限资源进行审慎分配。聚焦关键指标，将有限的资源压强投入，以实现组织关键能力的突破，从而获得最大的效益。这需要包括资金、时间和人力资源在内的有限资源的更有效聚焦与利用。

（3）防止信息过载。绩效管理需要数据支持，但如果指标过多，将不可避免地导致信息过载，员工将难以处理大量的数据和信息，这不仅分散了他们有限的精力，还可能妨碍他们做出明智的工作决策。

如何实施聚焦法则？聚焦法则并不是简单地减少指标的数量，而是确保企业关注的指标与企业的战略目标直接相关。以下是一些实施聚焦法则的惯常做法：

（1）指标聚焦，即限定指标数量。一般情况下，部门绩效指标不超过8个，个人绩效指标不超过5个。

（2）权重聚焦。支撑组织战略目标实现的关键绩效指标权重应大于60%。

（3）过程聚集。定期复盘阶段性重点工作，检查这些工作是否围绕核心的指标和任务展开。

聚焦法则是绩效管理的一个关键原则，它有助于确保组织的资源和注意力都集中在最重要的事情上。通过明确的关键指标和目标，组织可以更好地实现战略目标，并取得卓越的绩效结果。

实 操 篇

实操篇专注于绩效管理的实施步骤和技巧，包括战略解码、目标设定与分解、指标拟定及考核评价等关键环节。此部分结合案例分析，提出了绩效管理实际操作的方法论，指导管理者如何从战略高度出发，将抽象的企业战略目标转化为具体可执行的团队和个人目标，确保绩效管理体系的有效运行。

第五章 战略解码：将战略转化为行动

企业想要可持续发展需要制定有效的战略，而企业战略的有效实施则需要系统的管理方法和工具。企业绩效管理体系便是其中的关键工具，它不仅是企业战略落地的重要支撑，也是企业经营管理的重要手段。战略管理体系与绩效管理体系是企业经营管理者最重要的两个管理抓手，一个定方向定目标，一个抓实施抓执行。战略解码是企业战略管理体系的重要组成部分，企业战略通过战略解码转化为清晰明确的战略目标体系，进而形成绩效指标库，为绩效管理提供一套科学和系统的指标体系，确保战略目标能够被准确衡量和有效实现。

第一节 战略与绩效的关系

企业要保持持续发展和获得持久的竞争优势，就必须制定有效的战略，并确保所制定的战略能够顺利实施。在这个过程中，企业的绩效管理体系发挥着至关重要的作用，是推动企业战略落地的重要工具。

1. 企业战略是绩效管理的重要依据

在战略管理过程中，企业需根据对外部环境和内部资源与能力的综合分析，规划企业在未来一定时期内所要实现的战略目标，以及为实现这些战略目标应遵循的路线、方针、政策等。企业战略规划了企业未来发展的方向、目标，是企业一切管理活动的出发点，也是企业绩效管理工作的重要依据。

企业战略在绩效管理工作中的体现，在于绩效目标体系的确立要以企业战略为基本依据。构建绩效管理体系的首要任务就是制定绩效计划，其核心在于确立清晰的绩效目标，包括公司层面、部门层面及岗位层面的绩效目标，从而构建起企业的绩效目标体系。绩效目标体系是绩效管理体系的核心，它决定了构建绩效管理体系的目标和方向，而这个目标和方向又必须与企业战略保持一致，需根据企业的战略目标来具体制定。企业战略与绩效目标体系的关系见图5-1。

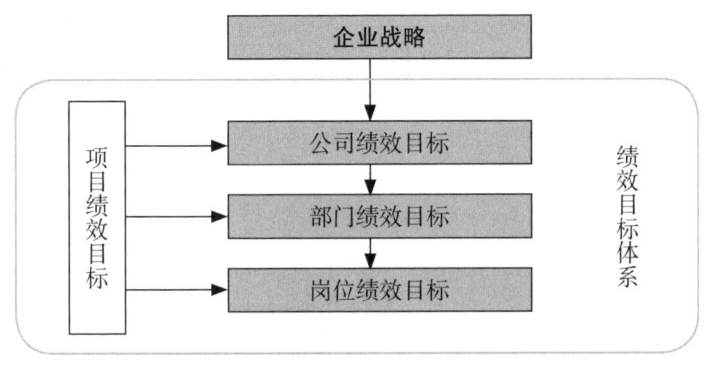

图5-1 企业战略与绩效目标体系的关系

企业战略是企业绩效目标体系确立的根本依据。如果绩效目标体系不是基于企业战略制定，即使能构建起绩效管理体系，也无法确保整个组织活动与企业战略目标保持一致，也就无法促成企业战略目标的达成。因此，一个不以企业战略为基础建立的绩效管理体系将无法发挥其应有的作用和价值。

2.绩效管理体系是实施企业战略的重要抓手

在企业战略管理中，不仅需要制定出有效的战略，更关键的是如何成功地执行这些战略。在当前复杂多变的商业环境中，制定出有效的战略已非易事，而将这些战略转化为实际行动则更具挑战性。实施战略要求将战略目标转化为各部门和个人都能清晰理解的具体任务，并确保这些任务成为日常工作的焦点。

研究表明，许多CEO失败的原因并非战略本身的问题，而是战略执行方面的不足。战略执行过程中的障碍众多，其中最大的障碍是员工对战略的理解不一致，这导致了战略目标与员工实际工作行为之间存在"鸿沟"。因此，如何将企业战略正确传达给所有管理人员和员工，成为战略执行的重大挑战。

为了确保员工对企业战略有统一而清晰的认识，企业需要采用科学的方法对战略进行准确的解码，然后通过绩效管理体系，将战略目标科学地转化为所有员工的具体工作目标和行动指南，确保每个部门、团队和个人都能够明确自己的责任。在战略执行过程中，过程监控和绩效辅导同样重要，它们能够确保各部门及员工按照既定目标前进。

因此，为了实现战略目标，企业必须配套构建企业绩效管理体系。通过这个体系，战略目标可以层层分解，最终形成公司、部门、个人的绩效目标。通过对各层面的绩效目标进行有效的设定、跟踪和管理，确保企业战略目标的最终达成。

第二节　什么是战略解码

战略解码是一个通过管理层和核心团队集体共创，对公司的战略方向进行澄清和诠释的过程。这个过程的实质是高管团队与关键员工共同讨论，就公司的愿景、任务、目标和战略方向达成共识。

战略解码的目标是将这些共识以一种基层员工能够理解的方式明确表达出来，确保战略目标和实现路径清晰明确。这样，所有员工都能设定阶段性的、具体的、明确的目标及行动计划，从而鼓励他们积极参与到战略实施的过程中。

战略解码是一个系统化的过程，通常通过举行专门的战略解码会来进行。这个过程不仅包括将公司的中长期目标转化为年度关键任务，还涉及明确分工、评估机制，并通过可视化的战略地图让所有员工理解并跟进执行战略。

从狭义上讲，战略解码主要通过战略解码会完成，这是一个将企业的战略意图转化为具体行动计划的过程。而从广义上讲，战略解码也包括召开其他一系列会议，如战略澄清会和个人绩效合约PK会。这些会议通常在战略解码会的前后召开，分别在明确战略目标和内涵、紧密连接绩效考核体系方面发挥关键作用。

战略解码与绩效管理紧密相关。战略解码的成果，涵盖了公司的年度目标和年度关键举措，这些构成了组织绩效目标和个人绩效目标的基础。通过结合多种方法，如群策群力、团队共创、绩效评估、行动学习等，战略解码将企业战略拆分为长期目标、年度目标、年度关键举措，以及高层管理者和员工的个人目标。这样逐级分解和具体化的行动计划，能够有效支持整体目标的达成。

第三节　战略解码是提炼战略目标的路径

战略解码是提炼战略目标的路径，是提炼绩效目标的端口。战略解码具有如下几个优势：

1. 速度快、效率高，短时间内可澄清战略内容及行动

在这个瞬息万变的信息时代，市场形势和消费者需求不断变化，且难以预测，同时，行业竞争愈发激烈。这使得传统的战略管理手段难以跟上快速变化的市场和企业管理的实际要求，因为即使企业制定了一个在理论上"正确"的战略，也可能因为时效性问题而错失最佳执行时机。

在战略管理实践中，领导者面临的挑战是如何将复杂的战略规划与灵活的管理需求融合，如何将宏伟全面的战略计划转化为精细且可快速修正的行动，以及如何将长远的战略目标细化为日常的操作步骤，并将全局的战略规划与部门的工作流程和组织管理融合。能够解决这些问题的战略需要具备灵活性、快速反应和持续迭代的特点，这已成为战略管理中企业领导者的主要关切。

在VUCA（易变、不确定、复杂、模糊）的时代背景下，战略机会转瞬

即逝，不可预测的事件频繁发生，因此在战略决策中快速反应与灵活适应变得尤为重要。与以往相比，长周期、详尽的分析方法已不再适应当前快速变化的环境和企业管理的实际需求。企业在制定战略时，更倾向于依赖内部分析以确定大致方向，并采取低成本、小规模的方法进行试验。一旦试验成功，企业便可以逐步扩大试验范围，进而迅速大规模推广。

企业通常通过一系列会议和活动，如战略澄清会议、战略解码会议、一两天一次的个人业绩合约PK会，以及不定期的专题动员会、调度会、述职会等，来实现战略从模糊到清晰、从愿景到年度关键举措、从总体目标到具体实施路径、从行动计划到资源分配，以及从组织目标到个人目标的细化和落地，最终完成从思维到实际操作的转化。

过去，一个战略可能适用5年或10年，而现在5年战略已较为少见，许多企业更倾向于3年或年度战略。过去，企业可能需要支付高额费用聘请咨询公司来制定战略，而现在则更多依赖内部团队，并辅以外部支持。市场调研的重点也从长期预测转向了对即时市场变化的快速响应和适应。越来越多的企业认识到，战略制定是一个持续的、动态的、不断精细化和修正的过程。正如华为创始人任正非所指出的那样，战略方向只需大体正确，关键在于适应当前的具体情况。

2. 强调"硬仗"非赢不可，易形成共克时艰的凝聚力

在战略解码会议上，首要任务是在明确战略方向的前提下，集体识别和确定"当年必须取得胜利的关键战役"。理想情况下，这些关键战役的数量应控制在3~5个，最多不超过7个。这一点对于所有企业都极为关键，因为它促使企业专注于那些最紧迫和最重要的目标，即战略焦点。

筛选关键战役的过程，本质上是对战略焦点的精确定位。战略的本质不仅在于决定要做什么，更在于决定不做什么。一旦确定了关键战役，企业就必须全力以赴，调动一切可用资源，确保能够取得胜利。

关键战役应具有一定的挑战性，应对企业的生死存亡和可持续发展具有重大影响。只有这样的关键战役，才能够激发管理层和员工深层次的使命感和责任感，形成与企业共同成长的凝聚力，从而充分激发企业作为一个整体的潜能。

一个合适的关键战役目标，宛如一面旗帜，在企业克服困难、勇往直前的道路上，始终能够为团队指明方向，并不断鼓舞团队的士气。

3. 强调团队的拥有感和参与感，易实现共创共识、上下同欲

在过去，战略管理的实施往往采用自上而下逐层传递的机制，企业最高领导者主导一切，而基层到中层乃至中高层的员工罕有机会参与到战略的讨论与决策中，企业的未来几乎完全依赖于企业最高领导者个人的洞察力。然而，在现代社会，仅凭最高领导者一人的智慧已难以确保企业战略的正确性与可执行性。随着组织结构趋向去中心化、微型化和扁平化，传统的权力集中、"一肩挑式"的管理方式和等级制的决策流程为企业带来许多不确定性挑战。核心团队成员能否真正参与战略制定，是否有对企业发展方向和战略的建议权，对于企业的战略成败具有重要影响。

特别是在那些注重业务运营的企业中，前线员工的行动可能左右一个战局甚至影响整体战略。确保关键岗位员工都能参与团队目标和战略制定，是增强团队凝聚力的关键。

共创共识的过程，不仅可以避免出现"同一愿景、不同声音"的情形，还可以预防企业最高领导者独断专行，让每个核心团队成员都有归属感和参与感。

4. 可有效建立起战略目标→支撑策略→行动路径→任务计划→个人职责→资源匹配→支撑系统的联结

一些企业虽然在行业选择和战略目标设定上做出了明智的决策，但往往因为战略目标、路径和行动计划之间缺乏一致性，导致战略难以落地。此外，有些企业面临的问题是它们的战略目标与公司的组织能力和资源不匹配，导致战略目标因缺乏组织能力和资源的支持而变成空想。还有一些企业的问题在于它们的激励和绩效管理机制无法有效支持战略实施，即便领导层有强烈的推动意图，在执行层面员工却缺乏必要的执行力。

战略解码的作用在于，它能够在关键环节之间建立起有效联结，确保公司年度战略目标与每位员工的绩效指标和具体任务紧密相关，无论是中高层管理人员还是基层员工。同时，战略解码还确保组织的核心资源，如人力、

财务、客户、研发和信息资源等，能支撑企业面对战略上的重大挑战，防止战略目标仅仅停留在口号上。

为了确保能够有效地执行战略目标并取得成果，企业在最初的规划阶段和集体行动开始前，必须仔细设计和统筹一系列的管理流程和支持系统，这是实现最终目标的关键。

5. 可将战略和行动清晰化、表述通俗化，利于战略落地和执行

战略解码是一个"较真"的过程，它要求所有参与讨论的人员必须使用精确的语言来表达战略，不能言之无物或模棱两可，也不能琐碎和陷入教条主义。战略解码的成果应该用基层员工易于理解的语言来表达，不仅要清晰地揭示战略和行动计划的本质，还要明确指出它们没有包含的内容。战略不应该是一系列高深的行业术语和商业模式的堆砌，而应该是一个清晰的路线图，指导公司所有成员的行动。

无论战略的核心理念多么先进，如果没有坚实的执行力量作为支撑，它就无法转化为实质的战略成果和竞争优势。想要引导所有员工齐心协力采取行动，公司就必须用基层员工所能理解的话来表达战略，并确保在整个规划和实施过程中，公司内部始终保持"同一愿景、同一声音"。

第四节 战略解码"六步法"

企业在制定战略时，常常使用多种工具和方法来进行战略解码。这里我们将介绍一种非常实用的战略解码方法——战略解码"六步法"，这一方法受到了华为的BEM（Business Execution Model）战略解码模型的启发。这一方法可以帮助企业更有效地识别战略机遇，明确战略目标，应对业务挑战，并最终制定出切实可行的战略计划。

1. 战略解码第一步：明确战略方向和战略打法

战略方向是企业为了达成中长期战略目标而制定的总体行动指南。它基于对未来的深入判断，是一种方向性、全局性的高层次决策。战略打法则是在战略方向的指导下，具体的实施方法和策略。它将战略行动细化为可操作的任务，确保战略目标的实现。那么如何明确战略方向和战略打法呢？

首先，企业要考虑自身所处的内外环境。内外环境的深入分析有助于明确企业所面临的机会和挑战。华为早期"五看三定"战略管理法就是用来分析企业所处的内外环境，明确企业战略方向和战略打法，进而确定企业的战略目标和关键战略举措的。"五看"包括看行业及趋势、看市场及客户、看自身资源、看竞争态势，最后综合起来看公司机会；"三定"包括定目标、定战略打法及定关键战略举措。

（1）看行业及趋势。

掌握所处行业的动向并进行深入分析，有助于确保企业的战略目标与行业趋势及市场需求保持一致，提升企业战略成功的可能性。看行业及趋势可以从四个维度进行：行业环境变迁分析、技术发展趋势洞察、价值链构成分析及竞争态势评估。具体为：

√ 行业环境变迁分析。这涉及对宏观环境中的政治、经济、社会、技术、法律和环境等因素的深入分析，以识别行业可能面临的风险与机遇。

√ 技术发展趋势洞察。关注行业内的科技进展和新兴技术，以发现技术投资和发展的新机遇。

√ 价值链构成分析。分析从原材料供应到终端消费者的整个生产流程，了解价值链中各环节的主要参与者、利润分配和市场竞争压力，以确定企业在价值链中的位置，并制定相应策略。

√ 竞争态势评估。研究行业内主要竞争对手的市场份额、竞争策略及核心竞争力，以确认企业自身的市场地位，并制定策略，帮助企业在激烈的市场竞争中脱颖而出。

企业可参考表5-1、表5-2、表5-3进行行业及趋势分析。

表5-1　某照明企业的PEST分析[①]

环境因素	环境子因素	权重	子因素评分	最终得分
政治环境（20%）	人民币汇率不稳，出口退税比重减少	5%	3	0.15
	欧美市场禁用传统白炽灯，对LED灯具推广有很大帮助	15%	4	0.6
经济环境（30%）	客户由原有单一订单元器件采购转变为模组采购和方案采购	10%	2	0.2
	客户由关系型采购转变为全方位资源配套及战略服务型合作	5%	2	0.1
	客户由合作平台转变为大型综合实力平台	10%	3	0.3
	全球经济萎缩，购买力下降，国内生产企业订单减少	5%	1	0.05
社会环境（15%）	用工难，用工成本增加	5%	2	0.1
	产业链逐步向内转移，很多企业内迁，一线员工和技术人员流失严重	10%	1	0.1
技术环境（35%）	客户对高光效、高显指、高色域、低成本的技术要求增高	25%	4	1
	智能家居照明将会是未来发展的大趋势	10%	4	0.4
合计		100%		3.0

表5-2　行业趋势分析

序号	行业特性	变化趋势	机会	挑战
1	国内外行业发展趋势			
2	行业增长性和市场容量的变化			
3	行业价值链分析			
4	行业盈利水平的变化			
5	行业竞争格局（谁是赢家，谁是输家）			
6	行业新模式和新的技术			
7	不同区域行业发展情况			
8	国家和区域的产业政策			
总结	1.行业还值不值得做 2.行业新的机会在哪里/行业哪个细分市场对公司最具吸引力/行业带给公司的挑战和机会是什么 3.如何开发出售价和其他供应商持平，功能、外观更独特的产品，会是很大的挑战，但同时也是巨大的市场机会			

---

① PEST分析是一种宏观环境分析工具，常用于评估政治（Political）、经济（Economic）、社会（Social）和技术（Technological）四个外部因素对企业或行业的影响。

表5-3 分产品的行业发展态势分析

项次	项目	产品A	产品B	产品C	产品D
1	行业产品结构				
2	行业规模				
3	行业增长率				
4	行业竞争结构				
5	行业成熟度				
6	行业上下游结构				
7	市场占有率				

（2）看市场及客户。

"看市场及客户"涵盖了对市场动态、市场地图、客户购买行为和市场客户需求的深入分析。具体为：

√ 看市场动态。关注市场变化趋势，发现增长机会和竞争优势。这有助于企业在确定和执行战略目标时做出更明智的决策，确保战略目标与市场的实际需求吻合。

√ 看市场地图。深入理解市场结构和特征，识别市场中的关键参与者，包括主要竞争对手、潜在竞争对手及潜在合作伙伴。通过绘制市场地图，企业可以更准确地定位自己，找到合适的市场空间，为战略目标的设定提供坚实的基础。

√ 看客户购买行为。深刻理解客户的购买行为，包括购买时机、频次、渠道及决策流程。探究客户决策背后的动机，可以帮助企业更有效地满足客户需求，制定更有针对性的战略目标。

√ 看市场客户需求。洞察市场和客户的需求，包括当前需求和未来需求趋势的预测。深入了解客户需求的本质，可以帮助企业调整其产品或服务以适应市场变化，并确保战略目标与市场需求保持一致。

（3）看自身资源。

看自身资源，即企业深刻剖析内在机制，把握自身资源配置和竞争优势。企业可以用商业模式画布和SWOT分析这两种工具来对自身资源进行分析。

商业模式画布作为一种极具效力的分析工具，能够详尽阐述企业是如何创造、提供及获取价值的。它由多个部分组成，包括客户细分、价值主张、渠道通路、客户关系、收入来源、核心资源、关键合作伙伴、关键业务和成本结构（图5-2）。当逐一梳理这些组成部分时，企业便能够获得一个全面的视角，深入理解自身的运作方式和商业模式的每个环节。

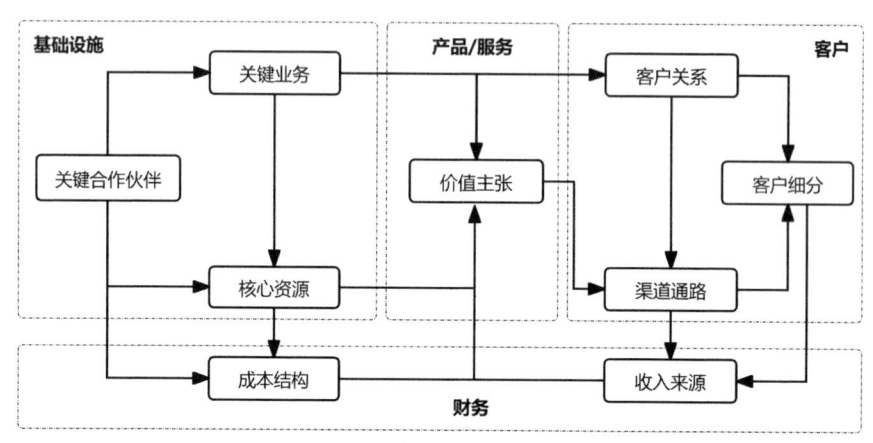

图5-2 商业模式画布的组成

商业模式画布各组成部分所包含的内容如图5-3所示，具体为：

√ 客户细分。确定企业的目标客户是谁，以及他们的需求是什么。

√ 价值主张。澄清企业可以为客户提供哪些价值，为什么客户会选择企业的产品或服务。

√ 渠道通路。展示企业通过哪些渠道将产品或服务传递给客户。

√ 客户关系。了解企业与客户互动并提供支持的方式。

√ 收入来源。确定收入来源，包括销售、订单、广告等。

√ 核心资源。确定支持企业商业模式的关键资源，如技术、品牌、员工等。

√ 关键合作伙伴。考虑与企业合作的重要组织及其作用。

√ 关键业务。描述实行企业商业模式所必须执行的关键活动。

√ 成本结构。考虑企业成本构成，包括固定成本和可变成本。

商业模式（成长型公司）			
关键合作伙伴 （列出关键合作伙伴及其作用）	关键业务 （实行商业模式必需的研发、生产、销售等活动）	价值主张 （能够给目标客户提供什么，产品与服务为客户带来什么价值，或者能解决客户什么痛点，企业特有的、优势性价值定位是什么）	客户关系 （与客户建立的关系类型，通过何种方式维系和加强客户关系）	客户细分 （列出企业的目标客户和高价值客户，以及选择什么客户、什么公司、什么位置、什么样的决策者）
^	核心资源 （平台/网络、关键人才、客户关系或者关键设备等）	^	渠道通路 （列出将产品或服务传递给客户的路径）	^
成本结构 （商业模式实行过程中需要付出哪些成本，如制造成本、销售费用、管理费用、研发费用等）			收入来源 （企业的收入来源有哪些？如盈利模式、客户价值、销售收入、利润等）	

图5-3 商业模式画布9个模块的内容

如果企业在商业模式画布的9个模块中都表现出色，这表明企业在市场中的定位非常准确，商业模式是可行的。相反，如果大部分模块表现不佳，企业可能需要重新思考其商业模式的可行性。

SWOT分析通过评估企业的优势、劣势、机会和威胁，帮助企业了解自己的竞争地位，优化资源配置，制定前瞻性战略，并采取行动以实现可持续发展。具体为：

∨ 优势（Strengths）是指企业内部的强项，如专有技术、卓越的团队、高质量的产品等。

∨ 劣势（Weaknesses）是指企业内部的挑战或不足之处，如过时的技术、高昂的成本等。

∨ 机会（Opportunities）是指外部环境中存在的潜在机遇，可能是市场扩张、技术进步、政策支持等。

∨ 威胁（Threats）是指外部环境中可能对企业构成威胁的因素，如市场竞争加剧、法规变化、供应链中断、市场需求减少等。

企业也可以参考表5-4、表5-5对自身的财务状况和产品销售情况进行分析。

表5-4 财务状况分析

序号	主要财务指标	XX年预算值	实际	达成率	未达成的主要原因
1	资产负债率				
2	税前利润额				
3	净现金流量				
4	销售额				
5	人均产值				
6	毛利率/净利率				
7	库存周转天数				
8	应收账款金额				
9	投资回报率				

表5-5 产品复盘分析

产品系列	产品编号	销售数量 2022年	销售数量 2023年	销售数量 同比变化	销售数量 占总销售比重	销售金额 2022年	销售金额 2023年	销售金额 同比变化	销售金额 占总销售比重	利润率 2022年	利润率 2023年	利润率 同比变化	利润率 占总销售比重	利润额 2022年	利润额 2023年	利润额 同比变化	利润额 占总销售比重

（4）看竞争态势。

"看竞争态势"是企业内外环境分析的一项关键任务，对于企业理解竞争对手，以及制定更有效的竞争策略至关重要。"看竞争态势"包括分析竞争对手和制定竞争策略两部分。

分析竞争对手主要从以下几个方面展开：

√ 基本情况。了解竞争对手的身份，包括名称、地理位置、规模、市值、员工人数等。

√ 研发情况。了解竞争对手的创新能力，包括专利数量、新产品开发、品质稳定性、新材料、新工艺等。

√ 营销情况。分析竞争对手的销售策略，包括销售区域、渠道、主打产品、产品价格和增长情况等。

√ 服务响应。了解竞争对手的服务能力，包括交付能力、服务设备和响应速度等。

√ 战略和目标。识别竞争对手的战略重点和目标。

√ 对手分析。进行SWOT分析，深入了解竞争对手的优势、劣势、机会和威胁。

√ 行为假设。做出关于竞争对手可能行为的假设。

√ 竞争因素对比。在产品特性、价格、市场渗透率、客户忠诚度等关键领域与竞争对手进行比较，以识别自身的优势和劣势。

企业可参考表5-6、表5-7来分析市场竞争情况。

表5-6 波特五力模型[①]分析

波特五力	主要分析内容	权重	子因素评分	最终得分
潜在的新进入者				
替代品的威胁				
买方的议价能力				
供应商的议价能力				
现有的行业竞争者				
合计				

---

① 波特五力模型是企业战略规划和行业分析中的重要工具，可帮助利益相关者理解行业结构和竞争环境。波特五力模型的五个组成部分是潜在的新进入者、替代品的威胁、买方的议价能力、供应商的议价能力及现有的行业竞争者。

表5-7 竞争对手分析

评价项目	竞争对手	竞争对手A	竞争对手B	竞争对手C
基本情况	成立时间			
	生产基地			
	主营业务			
	固定年销售额			
	员工人数			
	创始人背景及核心骨干（企业基因）			
研发情况	专利情况			
	新产品开发能力			
	品质稳定性			
	前沿研发			
	新工艺			
	新材料			
营销情况	销售区域			
	销售策略			
	销售渠道			
	主打产品			
	产品价格			
	市场增长情况			
	推广策略			
	客户口碑			
	重要客户			
	重要供应商			
	销售组织情况			
响应速度情况	生产交付能力			
	前沿设备			
	服务能力			
	主要优势			
	主要劣势			

制定竞争策略，即基于对竞争对手的深入研究和分析，制定企业的竞争策略。这些策略可能包括：

√ 优化产品或服务。不断改进产品或服务以更好地满足客户需求，从而在市场竞争中脱颖而出。

√定价战略。制定有竞争力的价格策略，根据市场状况、成本结构、客户支付意愿和竞争对手的定价制定价格，以吸引客户并保持利润率。

√市场定位。明确企业的目标市场和客户细分，通过精准的市场定位来更好地满足特定客户群体的需求。

√创新。持续推动产品、服务、技术或商业模式的创新，以适应市场变化，引领行业发展，保持竞争优势。

√扩张。探索新的市场机会和销售渠道，通过市场扩张或多元化战略扩大公司的业务规模和市场份额。

企业可参考表5-8进行关键竞争因素对比分析，进而制定更加有效的竞争策略。

表5-8 关键竞争因素对比

对比项目	竞争对手情况	我司情况	相对于竞争者		应采取的超越或改善行动
			优势	弱点	
产品价格					
产品质量					
售后服务					
性能特色					
产品结构					
可靠性					
产品交期					
形象声誉					
新的竞争策略	下列方向可改善我们的竞争地位： 下列方向可建立我们的优势： 我们可以进攻竞争对手的这些弱项：					

(5)看公司机会。

"看公司机会"的核心是辨识那些能助力企业实现长远愿景的战略机遇。

企业要想选择最适宜的市场切入点,需综合分析多种因素。战略定位分析(Strategy Positioning Analysis,SPAN)是一个比较常用的分析工具,它基于细分市场的吸引力与企业的竞争地位两个关键维度展开分析。通过SPAN分析矩阵,企业可以在一个二维坐标系中直观地展示产品或服务的战略位置。横轴代表企业在特定领域的竞争地位,向右延伸表示企业的竞争地位越来越高;纵轴映射市场的吸引力,向上延伸表示市场吸引力逐渐增加(图5-4)。这两个维度组合会形成四个象限,每个象限代表了不同的战略意义和行动方向。

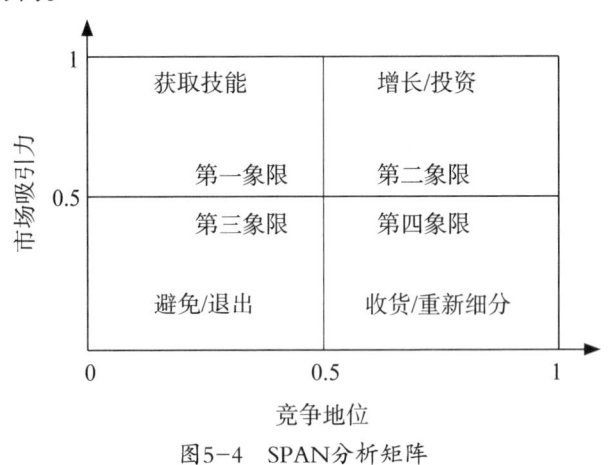

	获取技能	增长/投资
市场吸引力	第一象限	第二象限
	第三象限	第四象限
	避免/退出	收货/重新细分

竞争地位

图5-4 SPAN分析矩阵

鉴于资源有限,企业必须集中资源在具有优势的领域,无论是产品开发、市场营销,还是分销渠道。

理想的状态是企业的优势与市场中高价值的部分相匹配。然而,当这种匹配不一致时,战略定位分析就显得尤为重要。战略定位分析的核心在于帮助企业明确其战略方向,即决定企业专注于哪些领域,以及避免涉足哪些可能不符合其长期目标或超出其能力范围的领域。

战略定位分析分为两个步骤:评估市场吸引力和评估企业在市场中的竞争地位。

第一步：评估市场吸引力。

市场吸引力是指产品或服务能够激发客户购买和使用的潜在能力。它包括多个要素，如市场规模、市场增长速度、市场收益率、竞争强度、行业投资风险等。这些要素之间可能相互独立、互不相关，也可能存在关联性。例如，市场规模与行业投资风险相互独立，而市场收益率与竞争强度相关。

企业应根据自身战略和资源情况，关注对其最重要的市场吸引力要素。例如，一些企业可能关注特定细分市场的市场规模，而其他企业可能更看重市场增长速度或市场收益率。以新能源汽车市场为例，尽管当前市场规模还不是很大，但其增长速度迅猛，吸引了众多企业进入这个市场。

大多数企业关注市场规模、市场增长速度和市场收益率这几个要素，但是否进入具有高市场吸引力的细分市场，还需要考虑这个市场的竞争强度。二八法则表明，在一个成熟市场中，往往是20%的企业占据了80%的市场份额，而剩下的80%的企业则在争夺剩余的20%的市场份额。大部分企业在这一过程中都可能会遭受亏损。因此，如果企业评估自己有实力成为行业前20%的企业，那么可以大胆考虑进入该市场。反之，则需要谨慎考虑是否进入该市场。企业可参照表5-9对某个市场的吸引力进行分析。

表5-9 市场吸引力分析

市场吸引力要素	权重	分值/分	最终得分/分
市场规模			
市场增长速度			
竞争强度			
市场收益率			
战略价值			
合计			

第二步：评估企业在市场中的竞争地位。

市场竞争地位体现了企业在目标市场中的排名和影响力，是制定竞争战略的基础。影响企业市场竞争地位的因素包括市场份额、市场增长潜力、产品优势、品牌优势、渠道优势、生产能力、营销能力、技术能力等，是企业综合实力的体现。

企业想要在所有方面都保持竞争优势难度很大。在某些行业，只要在关键性的一个或几个因素上占有优势，就足以取得成功，这些因素就被称为关键成功因素（Critical Success Factors，CSF）。

显然，不同行业或细分市场的关键成功因素可能有很大差异。例如，一些门槛很低的行业，拼的就是价格，企业只要把价格做到最低，就能胜出，比如微波炉。而在通信这种技术密集型行业，技术创新和解决方案就是其关键成功因素。

因此，在做市场竞争地位评估时，企业应识别并专注于所在行业或细分市场的关键成功因素。

关键成功因素必须是可衡量的，并且数量有限，以便企业能够集中资源和注意力。通过确定该行业或细分市场的关键成功因素，企业可以更有效地分配资源，确保在这些关键领域获得竞争优势。这不仅有助于企业在市场中获得独特的地位，还能提高其吸引和保留客户的能力，最终实现市场份额和盈利能力的增长。企业可参考表5-10来找到所属行业的关键成功因素。

表5-10 关键成功因素量化识别表

单位：分

维度	市场推广	销售	技术服务	品牌	技术研发	供应链	总成本	生产能力	生产速度	产品质量	物流	售后服务	人力资源	资金实力	政府关系	资质牌照	产业政策	得分合计
市场推广	0	2	1	1	1	1	2	1	1	1	2	1	2	2	1	1	2	22
销售	0	0	1	1	0	1	1	1	1	1	2	1	1	1	2	1	2	17
技术服务	1	1	0	2	0	2	0	2	0	0	2	1	0	2	1	0	1	15
品牌	1	1	0	0	1	0	2	1	1	0	2	1	0	2	2	0	0	14
技术研发	1	2	2	1	0	2	0	2	0	2	1	2	1	2	1	2	1	22
供应链	1	1	0	2	0	0	0	2	2	0	2	2	1	1	2	0	0	16
总成本	0	1	2	0	2	2	0	0	2	2	0	1	2	2	2	2	0	20
生产能力	1	1	0	1	0	0	2	0	2	0	2	2	1	1	2	1	1	17
生产速度	1	1	2	1	0	1	0	1	0	0	2	1	1	0	2	2	2	17
产品质量	1	1	2	2	1	2	2	2	2	0	2	1	1	2	2	2	2	27
物流	0	0	0	0	0	0	0	0	0	0	0	0	0	0	1	0	0	1
售后服务	1	1	1	1	0	0	2	0	1	0	1	2	0	1	1	2	2	17

续表

维度	市场推广	销售	技术服务	品牌	技术研发	供应链	总成本	生产能力	生产速度	产品质量	物流	售后服务	人力资源	资金实力	政府关系	资质牌照	产业政策	得分合计
人力资源	0	1	2	2	1	1	1	1	1	1	2	1	0	1	2	0	1	18
资金实力	0	1	0	0	1	1	0	1	2	0	2	1	1	0	1	1	0	12
政府关系	1	0	1	0	0	0	0	0	0	0	1	1	0	1	0	0	1	6
资质牌照	1	1	2	1	2	0	1	0	0	2	0	2	1	2	0	1	1	18
产业政策	0	0	1	2	1	2	0	0	0	0	2	0	1	2	1	1	0	13

填写说明：
此分析法叫两两比对法，将纵向的每一个因素与横向的因素进行一一比较，如果你认为纵向的重要，请在对应的单元格内输入"2"，如果一样重要，请输入"1"，如果横向的重要，请输入"0"。最后将横向的分数相加，得到的数值，就是这些因素的重要性呈现，关键成功因素是得分排在前列的几个因素

那么如何用关键成功因素法来评估企业的竞争地位呢？

首先，找出该行业或细分市场的关键成功因素。假设市场份额、市场份额成长性、产品优势、品牌优势、营销能力和技术能力是某个细分市场的关键成功因素。

其次，确定评分标准。一般根据行业和产品的特点，制定一套评分体系。比如采用5分制，分值从1到5分不等。

然后，确定关键成功因素的权重，因为不同因素的重要性可能会有所不同。在某些行业，市场份额比产品优势更重要，如某互联网产品，高市场份额本身就能带来显著的竞争优势，但其实该产品未必是最好的，只是用户习惯了用它而已。

最后，根据评分标准，对企业在各个关键成功因素上的表现进行打分，并计算出总分（表5-11）。同样的方法也可以用来评估主要竞争对手的表现。这样企业就可以把自己和其他竞争对手的分数，通过雷达图等可视化工具显示出来，对比市场竞争地位。

表5-11 企业竞争地位分析表

关键成功因素	权重	分值/分	最终得分/分
市场份额	15%	4.0	0.6
市场份额成长性	30%	4.5	1.35
产品优势	10%	4.0	0.4
品牌优势	10%	4.5	0.45
营销能力	15%	4.5	0.675
技术能力	20%	5.0	1
合计	100%	26.5	4.475

大企业通常都具备绘制竞争地位雷达图的能力，而中小型企业因为在组织能力和人才方面存在局限，往往难以从量化角度评估竞争地位。然而，即便如此，识别关键成功因素对于中小型企业来说，依然是一个必要且可行的策略。这一做法不仅能够帮助企业领导者做出更明智的决策，而且还能帮助企业聚焦资源和精力。

完成竞争地位评估后，企业就可以画出SPAN分析矩阵，进而进行战略定位分析。

我们已经知道，市场吸引力和竞争地位两个维度组合会形成四个象限，每个象限代表了不同的战略意义和行动方向。

第一象限：高市场吸引力、低竞争地位（问题业务）。

在这个象限中的业务处于一个充满吸引力的市场，但企业在其中尚未获得强大的竞争地位。这些业务可能被称为问题产品或潜在明星，需要企业进行仔细评估。企业可依据前面提到的竞争地位评估，识别出其中的关键成功因素，再结合自身的战略以及资源，有规划、分步骤地提升这些关键成功因素，获取技能，逐步提高竞争地位。当然，考虑到公司的整体战略，企业也有可能不会在这个象限加大投入，因为同样的资源，企业会评估究竟是投到第一象限还是投到第二象限的回报更高。比如，几年前手机市场还在快速增长且市场吸引力显著的时候，中兴考虑到自身的战略和实际情况，并未在手机产品上投入大量的资源，而是把重点资源投在5G通信设备上，使得中兴的5G产品跻身行业的第一梯队。

第二象限：高市场吸引力、高竞争地位（明星业务）。

代表的是一个企业在具有高市场吸引力的领域中同时拥有高竞争地位的业务或细分市场，这些业务通常被称为明星业务，具有显著的市场份额和品牌影响力，以及强大的技术创新和客户服务能力。由于这些业务通常具有高增长潜力和利润空间，企业需要对这些业务进行持续投资，以保持市场领导地位并扩大市场份额。同时，企业必须警惕激烈的市场竞争和新进入者的威胁，不断创新和改进，以维持竞争优势。在资源分配上，企业应优先考虑这些具备高潜力的业务单元，确保它们得到充足的支持以实现长期增长和收益最大化。

第三象限：低市场吸引力、低竞争地位（瘦狗业务）。

在SPAN矩阵的这个象限中，业务既没有市场吸引力，也没有竞争地位优势。这些业务被称为瘦狗业务，往往难以为企业带来显著的回报。企业可能需要考虑逐步放弃这些业务，将资源重新分配到更有潜力的业务上。对于这些业务，企业的战略选择可能包括剥离、出售和重组，以减少损失并专注于更有潜力的市场和业务领域。

第四象限：低市场吸引力、高竞争地位（金牛业务）。

这个象限主要包含那些在市场中拥有高的竞争地位，但市场本身增长潜力有限的业务。这些业务通常被称为金牛业务，因为它们能够稳定地产生现金流，尽管市场的总体增长有限。企业的策略是提高运营效率，控制成本，并限制营销活动。这样做的目的是巩固企业在细分市场的竞争地位，并防止竞争对手进入这个细分市场。

因此，企业需根据自身资源情况，结合自身战略，选择适合的一个或几个市场进入。

（6）定目标。

在完成战略定位分析后，企业首先要准确描述自己的战略方向。

有效的战略方向描述应当能够解答几个基本问题，比如：企业的核心竞争力是什么，目标市场在哪里，接下来几年的增长策略是什么，等等（表5-12）。

表5-12 某公司的战略方向描述

战略方向	战略方向描述
有效增长	通过为客户提供创新和集成的解决方案,做厚客户界面,持续提升客户满意度,实现差异化、精细化的管理格局
	开拓中、欧两个市场,亚、非、拉等成熟市场做厚,浅开发市场快速增长
	实现A产品份额第一,B产品份额第三,收入增速达到行业前三,收入年增长30%,贡献利润率40%
卓越运营	通过流程集成,加大对一线的授权及授权后的管理与监督,完善管控模式,促进组织间协同,优化区域组织结构,健全全球整合型组织,提升合同质量,促进契约化交付,实现20××年SG&A达到××水平(坏账率降到×%,交付成本率降到×%)
	通过赋能和引导,创造一个能让员工相互协作、自主解决问题的轻松环境,促进员工勇于担责
引领行业	打造管理系统,构建未来控制点和领先优势
	优化与客户做生意的方式,将价值构筑在软件与服务上,把软件和服务打造成企业的核心竞争力
	主动开展产业链管理,构建有效竞争及利益合理分配的商业生态环境,通过政策帮助运营商做大蛋糕

在准确描述战略方向后,企业就需要确定具体的战略目标。这些目标通常包括产品目标、市场目标、管理目标等,它们必须是明确的、可量化的,并且具有一定的挑战性(表5-13)。

表5-13 某企业2021—2025年的战略目标

战略目标	2021年	2022年	2023年	2024年	2025年
销售收入	3.5亿元	7亿元	10亿元	15亿元	20亿元
销售数量	4万台	9万台	12.5万台	18.75万台	25万台
同比增长	92%	100%	42.8%	50%	33.3%
市场份额	3%	6%	7%	8.7%	9.7%
毛利率	18%	22%	27%	22%	20%

说明:
1.客户目标:突破中国10强60%的大客户。
2.区域目标:建立华南、西南两大生产制造基地。
3.产品目标:新能源产品市场占有率10%,突破中国10强80%的客户。
4.运营目标:完成信息化变革的落地,初步实现数字化运营

(7)定战略打法和关键战略举措。

战略打法是企业实现战略目标的具体方法和行动策略,它们构成了战略

计划的实际操作层面，指导企业做好市场定位和有效运用资源。而关键战略举措是实现战略打法的核心活动，与企业的关键成功因素紧密相关。明确战略方向及目标后，企业就要明确战略打法，然后确定关键战略举措。具体做法如下：

首先，企业需要识别其核心竞争力，这是制定战略打法的基础。这些竞争力分为资源型和能力型两种。资源型竞争力涵盖财务、设备等有形资源，以及品牌声誉、专利技术、组织文化等无形资源；能力型竞争力则包括管理能力、技术能力和营销能力等。战略打法应基于企业的核心竞争力确定，只有这样企业才能取得成功。企业可参照表5-14找出其核心竞争力。

表5-14 企业核心竞争力评估表

核心竞争力			权重	分值/分	最终得分/分
资源型竞争力	有形资源	财务资源			
		设备资源			
	无形资源	品牌声誉			
		专利技术			
能力型竞争力	管理能力	组织管理			
		人才管理			
	技术能力	产品研发			
		质量控制			
	营销能力	客户关系			
		渠道管理			
合计					

其次，企业应识别对其战略成功至关重要的领域，如市场占有率、成本、客户满意度等，这些将成为企业的关键成功因素。

最后，将战略打法转化为具体可执行的行动计划，即确定关键战略举措。企业可参考表5-15来明确战略打法，确定关键战略举措。

表5-15　某公司的战略打法与关键战略举措

序号	战略打法	关键战略举措
1	扩大营收规模和市场占有率	增加区域性品牌入库数量，同时加大国际性品牌开发入库力度
2	打造成本领先优势	利用广东省外的区域优势进行核心成本供应链的整合、联营、控股
3	建设智能工厂	在广东省外构建新的生产基地，实现生产周期更短、成本更低的工厂规划
4	产品创新	在成本实现领先的同时，公司需要投入更多研发资源实现体积小、容积大、质量稳的产品创新迭代

2．战略解码第二步：用战略地图描述中长期的关键战略举措

企业追求战略成功的关键，在于重点关注并将资源和精力投向那些能够为企业带来竞争力的关键成功因素（CSF）。这意味着，为了实现战略目标，企业必须重点管理那些能确保其在市场中获得竞争优势的关键成功因素，并基于这些CSF，制定一系列具体的关键战略举措。

战略地图作为战略解码不可或缺的工具，充当着衔接企业战略与具体行动计划的桥梁，它常用于描述企业中长期的关键战略举措。战略地图基于财务、客户、内部流程、学习与成长四个维度构建，这四个维度的目标之间互相关联，通过明确这些目标之间的因果关系来描绘企业的战略蓝图，指导战略目标的实现。

战略地图促使员工能够从全局和端对端的视角去理解并思考企业的战略、战略的承接，以及跨部门之间的横向协同。它的核心逻辑在于，企业通过运用无形资产（如人力资本、信息资本和组织资本）来创新和提高内部流程效率，进而向市场提供独特的客户价值，最终实现股东价值（财务目标）。

战略地图自上而下层层分解，将战略目标细化至企业最基本的能力层面。通过构建企业的基本能力，形成企业核心竞争力的基石。这个过程虽然耗时，但却是企业难以被超越的竞争力优势来源。因此，企业可从战略地图的四个维度提取关键成功因素，确定这些因素之间的因果联系，最终为实现

战略目标提供支持。

在战略地图中，关键战略举措通常以动宾短语的形式表达，比如：

（1）财务层面，扩展高利润产业、实现利润最大化、增加销售额、降低E2E（端到端）成本、提高资产利用率；

（2）客户层面，提高市场份额、最大化产品价值、提升品牌形象、构建与客户/渠道的亲密关系、提升产品质量；

（3）内部流程层面，按时开发新产品、实现中低端产品免维护、提高采购流程效率、缩短供货周期、优化供应链管理；

（4）学习与成长层面，获取国际化人才、构建先进企业文化、构筑知识管理体系、构建技术壁垒、增强IT基础设施。

3. 战略解码第三步：通过关键成功因素提炼出战略衡量指标

战略衡量指标是一套用于评估企业战略执行效果的工具，是衡量企业是否达到既定战略目标的关键指标。这些指标通常与企业的战略目标紧密相关，能够反映企业实现其长期愿景和目标的进展和效果。

许多企业在运营管理中存在绩效指标不科学、指标数据支持不足、缺乏指标基线等问题。

因此，企业需从CSF中提炼出对应的战略衡量指标。这个过程存在两种情况：

（1）当CSF可以明确导出战略衡量指标时，可直接导出；

（2）当CSF不能明确导出战略衡量指标时，需进一步分解CSF的构成要素，通过对这些要素的深入理解，导出战略备选衡量指标。

企业可以借鉴华为的做法从CSF导出战略衡量指标：首先，根据CSF达成的过程要素，梳理出CSF的构成要素；然后，依据构成要素导出战略衡量指标。也就是先梳理支撑战略实现的CSF，再进一步根据其内在的达成逻辑，分解细化成更容易落地实操的维度或目标。具体操作如下：

（1）Input（输入）。这是企业战略执行的起点，涉及所有必要的资源，包括人力、财力、物力和信息资源等。

（2）Process（过程）。过程是将输入转化为输出的一系列活动和流程。从战略的角度来看，关键活动和流程是那些直接影响战略目标实现的活动和流程，包括决策流程、创新流程、生产流程、供应链管理等。

（3）Output（输出）。输出是过程的直接结果，通常是产品、服务或某种形式的交付物，从流程视角看流程的直接输出，输出应该是可量化和可评估的，以便于衡量过程的效率和效果。

（4）Outcome（结果）。结果是输出对内外部客户产生的最终影响，这包括经济结果，如利润和收入增长，以及非经济结果，如客户满意度、品牌价值和组织能力的提升。结果通常反映了企业战略的长期影响和可持续性。

表5-16所示即针对关键举措"提升价值市场份额"，使用IPOO（Input，Process，Output，Outcome）模型导出关键举措构成要素，并针对这些构成要素导出战略备选衡量指标。

表5-16 关键举措"提升价值市场份额"的战略备选衡量指标导出

关键举措	实现过程	关键举措的构成要素	战略备选衡量指标
提升价值市场份额	Input（输入）	匹配客户需求的解决方案	客户需求包满足率
			技术排行榜
		专业服务拓展人员到位	专家到位率
	Process（过程）	规范项目运作管理	流程符合度
		改善客户关系	客户满意度
			关键客户关系改善项目完成率
	Output（输出）	获取的价值客户合同	签单率
		竞争项目的胜利	战略目标完成率
	Outcome（结果）	价值市场份额提升	价值市场份额比例
		订货增加	订货量
		利润提高	销售毛利率

找出战略备选衡量指标后就要筛选出合适的战略衡量指标。战略衡量指标须具备以下四个特性，以确保其有效性和实用性。具体为：

（1）战略相关性。战略衡量指标应与企业的战略和战略目标强相关，能够直接反映战略目标进展。

（2）可测量性。应具有明确的测量基线，能够通过客观的方法进行测量。

（3）可控性。应是企业通过努力可以控制的，受外部不可抗力影响较小。

（4）可激发性。应能够激励和引导企业及其员工采取行动，提升绩效。

企业可参考表5-17进行战略备选衡量指标评估，根据分值高低筛选出战略衡量指标。

表5-17 战略备选衡量指标选取评估表

单位：分

关键举措	关键举措构成要素	战略备选衡量指标	战略相关性	可测量性	可控性	可激发性	得分
提升价值市场份额	匹配客户需求的解决方案	客户需求包满足率	3	3	3	9	18
		技术排行榜	3	3	1	3	10
	专业服务拓展人员到位	专家到位率	1	9	3	3	16
	规范项目运作管理	流程符合度	1	3	9	3	16
	改善客户关系	客户满意度	1	3	1	3	8
		关键客户关系改善项目完成率	1	3	9	1	14
	获取的价值客户合同	签单率	3	9	3	3	18
	竞争项目的胜利	战略目标完成率	9	3	3	9	24
	价值市场份额提升	价值市场份额比例	9	3	3	9	24
	订货增加	订货量	1	9	3	1	14
	利润提高	销售毛利率	3	9	3	1	16

4. 战略解码第四步：确定年度目标及年度关键举措

企业年度目标及年度关键举措的导出，需要基于客户价值主张，分析公司产品或服务的品质关键点（Critical-to-Quality，CTQ）。这些品质关键点需从客户需求（如客户期望的产品性能、可靠性等）出发，经过深入分析得出，它们直接关系到产品或服务是否能够满足客户需求。在企业的日常运营和战略规划中，识别并持续优化这些CTQ至关重要。

在华为的战略解码体系中，Y指标是直接与CTQ相关联的绩效衡量指标，用于量化评估产品或服务在满足品质关键点方面的表现，可直观反映当前业务的执行效果与质量水平。Y指标应与企业的战略目标紧密相连，可支持企业实现其长期愿景和战略目标。

Y指标导出的一般步骤为：

（1）分析客户需求与业务战略，从客户需求和企业的长远战略出发，确定影响客户满意度和企业成功的CTQ。

（2）设定与每个CTQ相关的绩效衡量指标，即Y指标，这些指标可以量化地反映相关业务特性当前的表现水平。

基于CTQ和Y指标导出年度目标及年度关键举措示意见表5-18。

表5-18　基于CTQ和Y指标导出年度目标及年度关键举措

CTQ	Y指标	当前水平	年度业务目标	年度关键举措
产品寿命	平均使用年限	3年	5年	采用更耐用的材料 改进生产工艺
客户服务响应时间	平均响应时间	24小时	12小时	提高客服团队效率 引入自动化客服系统
说明： 1. CTQ是产品寿命，Y指标是平均使用年限；年度目标是将产品的平均使用年限从3年提高到5年；年度关键举措包括采用更耐用的材料和改进生产工艺。 2. CTQ是客户服务响应时间，Y指标是平均响应时间；目标是将平均响应时间从24小时减少到12小时；年度关键举措包括提高客服团队的效率和引入自动化客服系统					

通过这一系统的分析和计划过程，企业能够更有针对性地分配资源，优化关键业务环节，提升产品和服务的整体质量，支持战略目标的实现。这一过程虽然复杂，但对于确保企业在竞争激烈的市场中保持领先地位非常关键。

因此，公司年度目标及年度关键举措导出的方法可以总结为，基于关键成功因素（CSF）和关键举措构成要素，导出战略衡量指标，然后通过分析现状及差距，收集内外部客户声音，结合客户关键诉求（Critical Customer Requirements，CCR），识别出品质关键点（CTQ），导出Y指标，从而导出年度目标及年度关键举措（表5-19）。

表5-19　年度目标及年度关键举措导出

战略方向	关键成功因素（CSF）	关键举措构成要素	战略衡量指标	现状及差距分析	客户关键需求（CCR）	品质关键点（CTQ）	Y指标	年度目标	年度关键举措

5. 战略解码第五步：分解年度目标及年度关键举措

这一步是把上级组织的年度目标及年度关键举措分解到下级部门，并从上到下地确定各层级衡量指标的基线和目标值。常用的辅助工具有三种：TPM、CPM和BPM。

TPM，全称为Total Productivity Management，即全量分解法，通常用于财务类目标的分解。它主要针对总体的财务目标，如收入、成本和利润等，确保这些总体的财务目标被系统、一致地分解到下级部门。

【示例】假设某公司总体目标是降低10%的运营成本，即需降低总计1000万元的成本。这个目标需要通过各个部门的共同努力实现，包括生产部、采购部、销售部和行政部（表5-20）。

表5-20　某公司年度目标及年度关键举措分解

部门	年度目标	年度关键举措	目标金额	考核指标	部门负责人
生产部	削减成本	1. 引入自动化生产线以减少人工错误，提高生产效率； 2. 使用节能设备，减少能源消耗； 3. 对废料进行回收再利用	400万	1. 生产效率提升比率； 2. 能耗降低百分比； 3. 废料回收率	张经理

续表

部门	年度目标	年度关键举措	目标金额	考核指标	部门负责人
采购部	削减成本	1. 与供应商重新谈判价格，争取更优惠的批量购买协议； 2. 使用集中采购系统，降低管理成本； 3. 优化库存，减少过剩库存带来的成本	300万	1. 成本节约总额； 2. 库存周转率提升比率	李经理
销售部	削减成本	1. 优化物流路线和运输方式以减少运输成本； 2. 减少非目标市场的广告支出，集中资源于高回报区域； 3. 提高销售渠道的数字化水平，减少实体店铺维护费用	200万	1. 物流成本降低比率； 2. 广告投资回报率； 3. 数字销售比率	王经理
行政部	削减成本	1. 通过电子化办公减少纸张和印刷消耗； 2. 优化办公空间使用，减少租赁费用； 3. 精简会议和出差，推广在线会议	100万	1. 办公材料成本节约率； 2. 租赁成本节约率； 3. 出差和会议成本节约率	赵经理

说明：
1.生产部：通过衡量生产效率、能源消耗和废料回收的改善情况来跟踪成本削减的效果。
2.采购部：关注采购成本节约总额和库存周转率改善情况，以监控采购策略的实施效果。
3.销售部：追踪物流成本降低比率、广告投资回报率，以及数字销售渠道的增长情况，确保销售活动的成本效益。
4.行政部：监控办公材料、租赁和会议费用的节约效果，评估行政成本控制措施的实施效果

CPM，即Critical Parameter Management，参数分解法，通常用于处理研发产品类项目或那些需要追溯原因和结果的事项。这种方法关注识别和改进那些对系统性能有决定性影响的关键参数。

【示例】某电子设备制造公司正在开发一款新的智能手表，该产品的成功开发在于几个关键技术参数的优化，包括电池续航、屏幕显示质量和用户界面的响应速度（表5-21）。

表5-21 某电子设备制造公司年度目标及年度关键举措分解

关键参数	年度目标	年度关键举措	目标值	监控指标
电池续航	增加使用时长	1. 采用更高效的电池技术； 2. 优化电源管理软件	48小时	持续使用时长测量
屏幕显示质量	提高屏幕分辨率和色彩准确性	1. 使用更高规格的显示屏； 2. 调整色彩管理算法	1080P	分辨率和色彩测试
用户界面响应速度	缩短操作响应时间	1. 优化操作系统代码； 2. 使用更快的处理器	小于0.5秒	界面响应速度测试

BPM，全称为Business Process Management，又称流程分解法，通常针对效率、周期类事项。该方法以客户为中心，沿着业务流程，通过COPIS（Customers、Output、Process、Input、Suppliers，客户、输出、过程、输入、供应商）分析，对年度目标及关键举措进行分解（图5-5）。

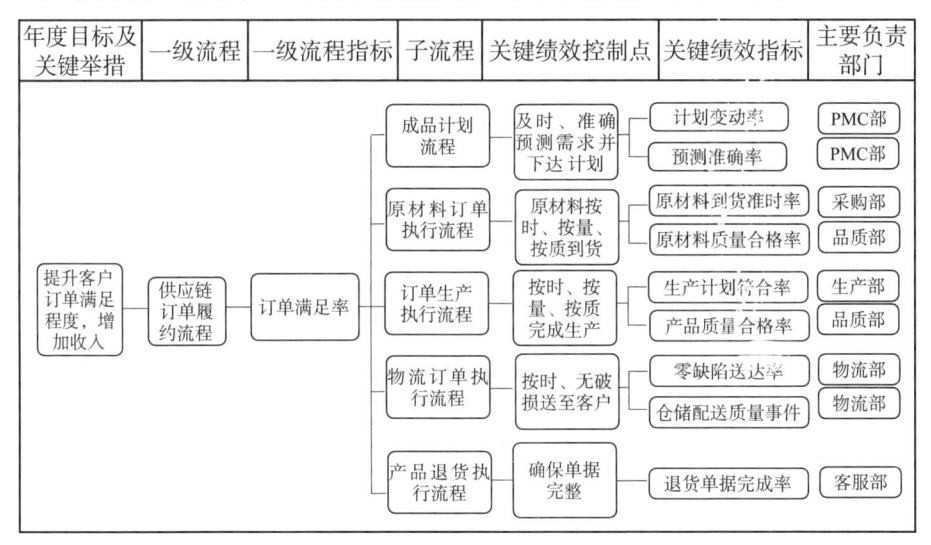

年度目标及关键举措	一级流程	一级流程指标	子流程	关键绩效控制点	关键绩效指标	主要负责部门
提升客户订单满足程度，增加收入	供应链订单履约流程	订单满足率	成品计划流程	及时、准确预测需求并下达计划	计划变动率	PMC部
					预测准确率	PMC部
			原材料订单执行流程	原材料按时、按量、按质到货	原材料到货准时率	采购部
					原材料质量合格率	品质部
			订单生产执行流程	按时、按量、按质完成生产	生产计划符合率	生产部
					产品质量合格率	品质部
			物流订单执行流程	按时、无破损送至客户	零缺陷送达率	物流部
					仓储配送质量事件	物流部
			产品退货执行流程	确保单据完整	退货单据完成率	客服部

图5-5 对"提升客户订单满足程度，增加收入"的分解

6. 战略解码第六步：确定年度重点工作

年度重点工作是当年的具体举措，包括行动计划、阶段性目标、责任部门，是企业的关键工作任务。企业基于年度目标及年度关键举措整合形成年

89

度重点工作，用一句话总结提炼出来，并设定相应的负责人。

年度重点工作主要承接年度关键举措在第一年的目标（一般是结果性指标）、组织KPI指标，从上至下进行结构化分解，从而确定各层级的衡量指标及其目标值。

年度重点工作的主要行动计划也可以用表描述，如表5-22所示。

表5-22 年度重点工作表

序号	项目名称与描述	目标	责任人	资源配置（投资及HR）	截止日期
1	××产品Charter开发	实现××功能、实现××性能	张三（××PDT团队负责人）	1000万元	2022年4月15日
2	××产品成本削减计划	成本削减10亿元	李四（质量与运营管理部负责人）	1.团队资源：××××；2.资金投入：1000万元	2022年11月15日
3	（略）	（略）	（略）	（略）	（略）

综上所述，战略解码过程整体可归纳为：

（1）战略规划（SP）阶段导出战略达成的关键成功因素（CSF）和战略衡量指标。

（2）对齐关键成功因素，导出年度目标和年度关键举措。

（3）按工作相关性原则，识别、组合形成年度重点工作。

（4）识别导出重点工作子项目。

战略解码过程见图5-6。

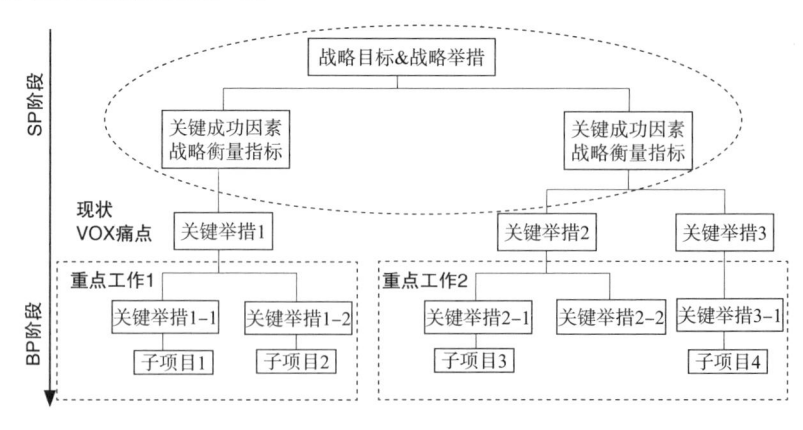

图5-6 战略解码过程

第六章　目标设定：想要成功就要瞄着打

目标和指标是绩效管理中两个相关但不同的概念，目标是一定周期内想要达到的结果，指标则是衡量目标的标尺。一般情况下，要先有目标才有指标，绩效目标传达给企业的是绩效周期内需要达到的结果，而绩效指标则是用来衡量及评价绩效周期的工作结果的工具。

第一节　绩效目标与绩效指标的关系

在绩效管理实践中，绩效目标和绩效指标是两个密切相关但又有区别的概念。

首先，绩效目标是绩效管理的核心。

绩效管理的第一步是设定绩效目标，绩效目标是组织或个人在一段时间内期望达到的结果。绩效目标与组织的战略目标及个人职责相关联，并能够衡量和量化。

通常情况下，企业从战略出发，建立统一的目标管理体系，这是企业管理下属、激发员工工作积极性的重要手段。企业或组织通过目标的清晰界定来引导团队及其成员专注于关键任务和重点工作，以实现所期望的结果。一般来说，部门目标和个人目标皆来源于企业的经营目标，企业的经营目标经过层层分解形成了各级部门和员工的绩效目标。在绩效管理中，为员工设立明确的绩效目标，可以让员工跟企业共同成长。只有目标统一，执行目标的策略和方法才能统一，员工才知道自己该做什么，才能跟企业一起朝着正确的方向前进。

其次，绩效指标是实现绩效目标的重要手段。

绩效指标是衡量个人、团队和企业目标实现情况的工具，是可衡量、可量化、可追踪目标达成情况的具体标准。通过评估工作进度、工作质量及工作完成情况等，绩效指标可以帮助管理者了解目标的实现水平，及时发现目标实现过程中存在的问题，并采取相应的纠偏措施。绩效指标一般涵盖财务、客户、内部流程、学习与成长等多个维度的内容。绩效指标为绩效目标的实现提供了具体的数据支撑和进展追踪的依据。目前，有多种绩效指标的设定方法，比如关键绩效指标（KPI）、平衡计分卡（BSC）等。

再次，绩效目标和绩效指标是相辅相成的。

绩效目标是期望达成的结果，是战略目标和经营目标的体现。绩效指标是用于衡量绩效目标实现情况的具体标准，是可衡量、可量化的，是绩效目标实现状况的数据化表达。绩效目标为绩效指标的制定提供了明确的方向和依据，而绩效指标则是达成绩效目标的具体手段和工具。绩效目标的性质决定绩效指标的选择，而绩效指标的刻度需要灵敏反映绩效目标的实现状况，通过追踪和分析绩效指标的数据，可以确定是否已经实现或接近绩效目标。

最后，先有目标再有指标，有了指标再考虑指标的目标值。

一般情况下，绩效目标的设定应先于绩效指标。目标确定了组织或个人希望实现的结果，而指标是为了量化这些目标并提供实现情况的具体度量。在设定目标时，需要系统地考虑通过什么指标来衡量这些目标；在设定指标时，需要确定目标值，即期望在特定时间内需要达到的具体数值，这个目标值是指标的具体量化标准，用于度量绩效目标的实现情况（表6-1）。

表6-1 绩效目标与绩效指标的对比

对比项	绩效目标	绩效指标
定义	一定周期内想要达成的结果	衡量目标的标尺
功能	促进预设挑战成果实现	对目标结果的衡量
结构	任务、程度、时限	指标名称、指标定义、考核周期、指标权重、数据来源、统计方法、计分方式
关系	关联关系，是指标的前端	关联关系，是目标的衡量标准

第二节 绩效目标：一定周期内想要达成的结果

绩效目标是一个广泛的、确定性陈述，它描述了组织或个人在特定时间段期望实现的结果或取得的成绩。绩效目标通常与组织的战略目标、使命和愿景相关联，用来定义所期望的长期或短期成就，以便使组织和个人的努力与愿景一致。通常，绩效目标是具有挑战性的、激励性的，可以激励员工朝着实现愿景和战略目标的方向努力。绩效目标是对所期望结果的清晰描述，它可以是定性的（描述性的）也可以是定量的（可以量化的），具体取决于它的性质。绩效目标通常与时间范围相关联，即在特定时间内想要达成的结果。例如，一个常见的绩效目标是"在下一个财政年度内销售额提高20%"。

1. 绩效目标的结构

一个好的绩效目标必须包括任务、程度、时限三个维度的内容，同时还需要用"权重"这一维度来表述绩效目标的优先级。绩效目标的表述结构——ALTP公式：

绩效目标=任务（Action，做什么）+程度（Level，达到什么程度，目标值、挑战值）+时限（Time-limit，什么时间内达成）+权重（Priority，优先级是怎样的）。

任务、程度和时限的具体内容为：

任务即明确指出需要完成的具体工作，是绩效目标的核心。任务描述应清晰、具体，使员工能够理解他们需要完成的工作内容，如提高销售额、改善客户服务、提高生产效率等。

程度关注任务的量化和质量，即任务应该达到的程度或水平。程度的设定使任务具有可衡量性，便于评估时能够明确任务需要达到的标准，如销售额提高10%、提高客户满意度至85%、生产成本减少20%等。

时限即明确任务完成的时间期限。设定任务完成的截止日期有助于增强工作的紧迫性，促使员工进行有效的自我时间管理，确保在规定的时间期限内完成任务，如在下一季度结束前、在年度结束前、在2025年7月30日前完成等。

好的绩效目标应该在这三个维度上具体明确，以便员工能够对工作任务有清晰的认知，并在绩效目标实现过程中衡量任务的完成程度。这种三维结构有助于提高目标的可管理性和可衡量性，激发员工的执行力。

当三维缺少某个维度时，绩效目标的整体表述将出现缺陷或不足之处：

（1）当目标只有任务和程度，而缺少时限，即"任务+程度-时限"时，这种目标只是表达了一种期望。这种只有工作任务、没有任务完成时间期限的目标容易让员工缺乏紧迫感，并难以衡量任务的完成进度，而且，即使任务完成了，也难以及时给予奖励和认可。

（2）当目标只有任务和时限，而缺少程度，即"任务+时限-程度"时，这种目标只是记流水账。没有任务完成标准的目标往往缺乏挑战性，难以区分员工的绩效水平，从而导致目标缺乏导向性，无法实现绩效个性化。

（3）当目标只有程度+时限，而缺少任务，即"程度+时限-任务"时，这种目标其实是一种不分东西的盲从。这种目标缺乏明确的方向，不具备可操作性，无法引导员工的工作行为（图6-1）。

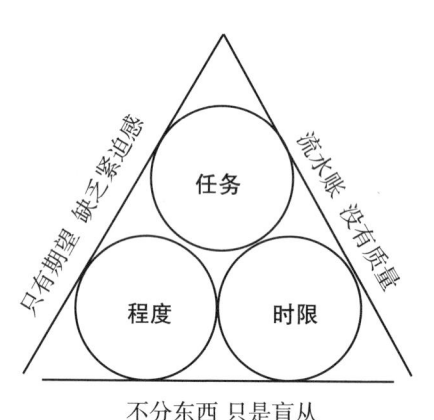

不分东西 只是盲从
图6-1 目标的三维结构

科学合理地制定绩效目标是确保绩效管理顺利落地的基础。好的绩效目标让员工明确自己的工作与企业战略落地之间的关系，从而促使员工与上级就工作目标达成共识；好的绩效目标为员工提供了衡量个人"成功"和"进步"的标准，让员工的成长路径更直观；好的绩效目标通过明确个人和团队的工作方向和焦点，使他们能够聚焦于关键任务，提升工作效率，从而增加成功的可能性；好的绩效目标是公司目标体系的一部分，整体规划与协同的绩效目标有助于团队成员之间紧密合作，可以提高团队整体的工作绩效；好的绩效目标可以凝聚员工的共同目标感，从而建立团队认同和使命认同，激发员工的工作热情，并形成团结协作的绩效文化氛围，助推公司整体目标的实现。

下面我们以产品经理岗的绩效目标设计为例来实践应用一下。

产品经理王伟的一项重点工作内容是"提高客户满意度"，那么这个绩效目标按ALTP公式设计就是：

目标=任务（Action：重点客户的落地和产品交付）+程度（Level：目标值，10个客户；挑战值，12个客户）+时限（Time-limit：1年）+权重（Priority：30%）

所以，产品经理王伟该项工作内容的绩效目标就是：1年内实现10个重点客户的落地和产品交付，挑战12个（权重30%）。

绩效目标设计完成后，我们可以按照下面的步骤检查一下这个绩效目标设计是否合理：

（1）公式检查。检查绩效目标本身是否符合ALTP公式的内容。

（2）关联检查。检查绩效目标是否与岗位重点工作直接关联，是否很好地承接了公司或部门目标。

（3）权重检查。权重是否与公司或部门目标协同一致，权重分布是否合理。

目标设计的两个核心原则：一是目标关联度原则，即部门目标跟公司目标强关联，岗位目标跟部门目标强关联；二是目标量化原则，即目标要尽可能量化，不能量化的就细化或行为化，避免设立难以衡量的目标或评估成本过高的目标。

对于职能工作或间接支撑业务部门的岗位，在制定目标时应遵循"三看"原则：一看完成时间，即工作完成是否及时；二看完成质量，即工作成果能否更多地支撑前端业务部门的业务需求；三看成本支出，即完成主要工作时的成本是否合理。

2. 绩效目标的类型

我们可以根据绩效目标的属性、组织层级、量化程度和期限类型对其进行分类。

根据绩效目标的属性，可分为结果目标和行为目标。

（1）结果目标：关注实际业绩实现的某种成果，强调在特定时间范围内达成的量化结果。这类目标通常包括销售增长、收入提高、成本降低、市场份额增加等。

（2）行为目标：侧重于员工的行为、态度和方法，以确保他们以期望的方式履行职责。这包括管理团队的领导风格、客户服务水平、团队合作和创新能力等。行为目标有助于塑造组织文化和价值观，以提高整体绩效。

根据绩效目标的组织层级，可分为公司目标、部门目标和个人目标。

（1）公司目标：公司目标通常包含两个部分，一是战略目标，一是经营目标。战略目标与组织的长期愿景、战略计划相关，它提供了组织在市场竞争中的定位和整体方向。经营目标与公司年度经营计划相关，通常涉及财务目标、业务目标和内部管理目标。

（2）部门目标：部门目标源于公司目标，反映特定部门或团队在实现组织战略和长期愿景方面的定位和方向。这些目标通常在战术层面发挥作用。

（3）个人目标：个人目标是基层员工实际执行任务的基础，与员工的工作任务和岗位职责相关。这些目标通常由公司或部门目标派生而来，旨在支持公司或部门目标的实现。个人目标可能包括完成特定项目、提高生产力、提升技能、达到销售目标或其他具体任务。

根据绩效目标的量化程度，可分为定性目标和定量目标。

（1）定性目标：这些目标通常是描述性的，不包含具体的数量指标。它们侧重于用描述性语言和主观性表达。例如，一个定性目标可能是"提高客户满意度"或"改善员工合作关系"等。虽然这些目标没有明确的量化指标，但它们仍然是有价值的，因为它们可以引导组织朝着某种方向努力。

（2）定量目标：这些目标是高度量化的，通常由具体的数量或百分比指标支持。定量目标可以精确衡量和监测，因为它们提供了明确的数值目标，是具体和可衡量的。例如，一个定量目标可能是"提高销售额，每个季度增长10%"或"降低生产成本，每年降低5%"等。

定性目标通常用于描述组织愿景、战略导向或那些较为模糊的目标，但在实践中，通常会进一步细化为半定量或定量目标以便于实际测量和跟踪。定量目标是最直接的目标类型，通常用于描述具体的业绩、绩效和成果目标，有明确的量化指标。

绩效目标的期限类型有助于明确目标的时间范围，以便更好地管理、监控和评估绩效。一般而言，根据三个主要期限类型可以将绩效目标分为短期目标、中期目标和长期目标。

（1）短期目标：对公司而言，短期目标通常指1年内的目标，聚焦于年度经营目标和年度经营计划。对部门和个人而言，短期是1个月或1季度，旨在取得快速的、即时的成果，通常与日常运营和年度经营计划紧密相关。例如，提高每月销售额、缩短生产周期或客户服务响应时间都可以是短期目标。

（2）中期目标：对公司而言，中期目标通常指3年左右的战略目标，中期目标具有更大的复杂性和挑战性，通常需要适合的时间来实现。对部门和个人而言，中期是半年，聚焦于年度经营目标的年中结果，以评估年度经营目标的实现程度和下半年需要实施的计划与管控举措。

（3）长期目标：对公司而言，长期目标指5年以上的战略目标，通常与组织的战略愿景和远期发展计划相关，需要更长的时间来实现。对部门和个人而言，长期目标是1年的目标，用于承接公司年度经营目标的分解和落地。

第三节　目标的SMART原则

无论是团队的工作目标，还是员工的绩效目标，都必须符合SMART原则，即绩效目标需具备以下5个特性：

（1）S（Specific），具体的。目标应是清晰和具体的，不能笼统或模棱两可，要让员工理解目标的含义，确保团队中每个人对目标的理解是一致的。

（2）M（Measurable），可衡量的。目标必须是可以量化或以明确方式描述的，而且验证这些目标的数据或信息是可以获得的。这意味着我们可以使用具体的度量标准，如货币金额、百分比或数量，来评估目标的完成情况。

（3）A（Attainable），可实现的。目标应该具有挑战性，但同时不能不切实际，应确保所设目标在员工付出努力的情况下是可以实现的。企业应避免设立过高或过低的目标。

（4）R（Relevant），相关的。目标应与其他业务指标具有一定的相关性，与员工的本职工作相关联。

（5）T（Time-bound），有时间限制的。目标必须设定一个明确的截止日期或时间框架。这有助于员工集中精力，并在完成目标的过程中有紧迫感。

【案例1】

随着年底临近，佳晟公司迎来了制定新一年目标的忙碌期。

销售部总监张伟正忙于制定销售经理、客服经理、大客户经理等直管下级的年度目标。张伟的方法是每位经理自己先拟定下一年度的目标，然后上报给他。

张伟会根据上报的材料与每位经理一对一沟通，结合部门的目标来最终确定每个人的年度目标。

客服经理刘兰提前两天提交了她的下一年度的目标。今天，张伟邀请她一起讨论和梳理她的下一年度的目标。

张伟看到刘兰的第一个年度目标是"订单及时无差错地交付"。他回想起之前参加过的绩效管理课，课上老师一再强调绩效目标要符合SMART原则。他打算用SMART原则来帮助刘兰重新梳理这个目标。

张伟：刘经理，绩效目标需要满足SMART原则，你知道吗？

刘兰：是的，SMART原则有5个，分别是"具体的，可衡量的，可实现的，相关的，有时间限制的"。

张伟：不错，记得挺全的。那你觉得这个"订单及时无差错地交付"符合目标的SMART原则吗？我们一个一个来看吧！

刘兰：好的。

张伟：第一个原则S，具体的，你觉得你这个目标具体吗？

刘兰：我认为是具体的，我这个目标指的是订单交付这项工作，并针对及时性提出要求，是符合的。

张伟：我也认同，那符合第二项原则M，可衡量吗？

刘兰：及时的意思就是要满足客户要求，可以衡量。

张伟：怎么衡量呢？

刘兰：……

张伟：衡量，要么用数据，要么用程度，你这项目标都没有这个指向，对于订单及时性来讲，我认为用数据更好，所以"及时"这个词可以用"及时率"代替，这样就指明了衡量方式，使得这个目标变得可衡量。

刘兰：张总，您这么一讲，我更清晰了。

张伟：咱们继续，下一个A，对应什么原则？

刘兰：可实现的。

张伟：这个满足吗？

刘兰：张总，您这么一说，我知道我没有定数据，我们现在订单交付及时率是85%，我觉得明年可以定90%，虽然有一定的挑战性，但我认为还是有方法实现的。

张伟：很好！下一个，R，相关性，你理解相关性的意思吗？

> 刘兰：不好意思，张总，您是怎么理解的？
>
> 张伟：相关性，指与你的工作强相关，你认为这个订单交付及时率90%与你的工作是否强相关？
>
> 刘兰：这是我最重要的工作，肯定强相关了。
>
> 张伟：很好，还有最后一项。T，有时间限制的，你这个目标匹配吗？
>
> 刘兰：匹配的，我们定的是下一年度的目标，所以时间限制是一年，考核也是以年为周期。
>
> 张伟：是的。
>
> 张伟：通过我们刚才的沟通，你认为这个目标最终应该是什么样子。
>
> 刘兰：年度订单交付及时率提升至90%。
>
> 张伟：对的，那这个目标我们就这么定了……

第四节　好目标的共性

一个优秀的绩效目标除了遵循SMART原则，还需具备以下4个特性。

1. 场景感

场景感，指的是所制定的目标及其实现结果，能够让承接的员工在脑海中形成目标实现时的愉悦场景，从而激活员工内在的动力和意愿。

优秀的指战员和领导者都擅长鼓舞下属，善于讲形象的故事，比如，"胜举杯同庆，败拼死相救""××目标实现了，这里的每一位员工都有房子住，都有车开""××产品上市的那一天，所有的中国人都会询问我们的产品在哪里买"……

那么，应该如何构建有场景感的绩效目标呢？

第一步，了解绩效目标。管理者需要了解所要设置的绩效目标，包括完成该目标的常规方法和达成时的典型场景。只有了解以上信息，才能知道员工对目标的当前认知，以及他的行为模式和心理模型是什么样的。

第二步，提取关键场景。通过梳理实现绩效目标的任务流程，预想各个流程节点的场景，然后从中提取关键场景。

第三步，对提取的与绩效目标相关的关键场景进行激励性描述，使其能够激发员工的想象力和积极性。

具有场景感的目标，一般采用动宾结构的短语表达，力求简短、清晰、有力。同时，在动宾短语的后面，还会增加半句，以说明目标实现的场景，即有场景感的目标=动词+宾语+场景。比如："提高市场占有率3%，成为行业前三""成功发布××产品，打造行业新标杆""实现业务目标10亿元，全体出国游""出货合格率99%，成为公司最具执行力团队"等。

一个好的目标不仅仅是一项任务，更是一种能够激发员工主动性的情境设定。这种情境设定不仅让员工为了完成任务而努力，更重要的是让他们看到任务背后的价值，从而增强他们对目标的认同感和提高他们的投入度。

2. 阶梯性

大目标常常显得很遥远，员工可能会觉得难以实现。但如果我们能把大目标拆解成一个个的小目标，那么大目标就变得更容易实现，员工的接受度也变得更高了。因此，一个好的目标应该具备阶梯性。

但很多人对于阶梯性的理解较为机械与单一。比如，如果目标是"提高英语应用能力"，大多数人定的阶梯性目标是"每天背30个单词，看10页英文原著"。但长时间重复这个行为，会让人产生懈怠与疲惫，最终导致无法坚持。

那么，如何合理设置阶梯性目标呢？还是以"提高英语应用能力"为例，阶梯性目标的设置应该是：

第一阶段目标，能够进行日常会话。先熟悉《走遍美国》，然后出趟国，能把吃、住、行相关的问题说清楚、听明白。

第二阶段目标，能够读懂英文报纸。这要求个人的词汇量达到六七千左右，能够理解更复杂的语言结构和表达方式。

第三阶段目标，能够看懂不配字幕的美剧。这不仅要求个人有更大的词汇量，还需要理解英语国家的生活习俗与文化特点，以及熟悉连读、俚语或带地方口音的缩略语等。

第四阶段目标，能用英语发表一个10分钟的演讲。这要求个人的语法能力和口语达到高水平，除了词汇积累，还得练习语法结构和公开演讲技巧。

从这个例子我们可以看到，阶梯性目标不是无差别的数量堆积或目标重复，而是每个阶段都有不一样的里程碑，完成后都能获得成就感。最关键的是，每个阶段都是全新的挑战，都要用到不同的技能和方式，这样就可以激发员工的求知欲和探索精神。

因此，阶梯性目标在设置时需满足以下几个要求：

（1）适度的挑战性。每个阶段的目标都应具有适度的挑战性，既不过于容易让员工失去激情，也不过于困难让他们感到沮丧。适度的挑战性确保员工在完成每个阶段的目标时都有成就感，并保持对未来更高目标的渴望。

（2）难度逐级提升。好的目标应该呈现出难度逐级提升的趋势，即随着时间的推移，目标的难度应逐渐提升。这种逐级提升能够推动员工不断提高自己的绩效水平，有助于员工形成超越自我的心态，激发他们持续进步的愿望。

（3）目标之间的强相关。阶梯性目标之间应该相互关联，前一个阶段的成果对下一个阶段的目标实现具有积极的影响。这种关联性使得员工能够理解目标之间的逻辑关系，感知自己的付出和成果之间的联系。

（4）有可量化的里程碑。阶梯性的目标需要设置可量化的里程碑，以便员工能够清晰地了解目标的完成情况。里程碑的达成不仅是对员工努力的认可，也是激励他们继续前进的动力。

3. 能成为管理抓手

什么是管理抓手呢？管理抓手指的是管理过程中的重要工作、重要举措，包括突破口、切入点、策略点等，也包括一般的工作途径、方法、契机、手段、载体等。管理抓手是管理举措落地的监控手段，是把控管理工作沿着管理目标方向前进的有效着力点。

目标是否实现，往往要到时间周期结束后才能知道。如果目标实现过程中缺少合适的监控手段，我们可能无法得到想要的结果。然而，如果一个目标具备了管理抓手的特性，通过设置目标的关键管控点，我们就能更有效地确保目标的实现。

例如，如果我们想要与1个客户签订合作合同，假设成功率为50%，我们就需要有2个正在商务洽谈的客户。如果从目标客户到商务洽谈客户的转化率是25%，我们就需要有8个目标客户。进一步地，如果从潜在客户到目标客户的转化率是10%，我们至少需要找到80个潜在客户。也就是说，在管理过程中，我们通过监控业务人员是否完成了对潜在客户、目标客户、商务洽谈客户的管理工作这个关键管控点，就能更有效地确保目标的实现。

因此，一个好目标应该具备管理抓手特性。要让一个目标能成为管理抓手，我们可以这么做：

（1）以终为始。预设完成项目或行动所需达到的结果。以这些结果为起点，沿着整个项目或行动所需经过的流程、环节，反向推导出过程数据。

（2）找出关键环节。识别项目或行动中的关键环节，分析在这些环节中的有效动作是什么、会受到哪些影响、需要关注哪些维度、突破口是什么、劲往哪里使、哪几个关键数据作为切入点等，找到那个可以以点带面，以面带全的关键数据点。

（3）制定抓手工具。根据关键数据的标准要求，制定抓手工具，严格把控进度。

（4）核查关键数据。利用抓手工具定期做检核和复盘，比如通过日报、周报或在线实时共享数据现况，进行调控和纠偏。

（5）迭代优化。根据检核和复盘的结果，不断进行迭代优化，从而更快更好地拿到结果。

一个具有管理抓手性质的目标，能够更好地推动绩效管理的执行，确保业务战略的实现。

4. 能传递责任

目标的背后是责任的传递。当员工认为完成某个目标是他的责任时，他就会更加努力。因此，企业如果想要员工努力去达成某个目标，就需要让他认同和接受这个目标，并明白这个目标背后所传递的责任。

责任传递不仅是管理的基石，更是推动团队发展的重要动力。只有管理者将目标背后的责任清晰地传递给团队里的每个成员，才能实现有效的管理，并激发出团队最大的潜能。

这种责任传递意味着每个团队成员都应清楚地了解自己在战略目标实现过程中的角色和职责，认识到自己的工作对团队和企业的重要性。这种清晰的角色认知能够让每个人都有方向感和目标感，都有动力去努力实现目标。

责任传递本身也是对团队成员的一种信任和尊重。它表明管理者相信团队成员有能力承担责任，完成任务。这种信任和尊重能够增强团队的凝聚力，激发团队的创新力。

总的来说，责任传递是实现有效管理的关键，是激励团队发展的动力，也是建立高效团队的基础。管理者不仅要根据工作实际情况为下属制定合理的绩效目标，更要在制定目标之后，深入挖掘并清晰地传达这些目标背后所承载的责任意义。管理者需要识别并明确每个目标对公司、部门以及个人的责任影响，并确保这些信息被准确无误地传递给每一位员工。员工理解并接受了这些责任，才能够与团队的目标保持一致，形成共同的愿景和动力。只有团队成员在目标上达成共识，团队整体才能上下同频，上下同欲。

责任传递也体现在目标的制定和执行过程中。目标不仅是一项任务，更是个人、团队和组织对业务成功的责任承诺。因此，为了让目标有效地传递责任，我们在目标制定和执行过程中，还需要做到以下几点：

（1）明确责任归属。在目标设定阶段，必须清晰地指定责任归属，即明确哪些团队或个人负责实现这些目标。这样做有助于确保每位团队成员都了解自己在目标实现过程中的角色和职责，从而避免责任不明确或相互推诿的情况。

（2）关注整体业务成功。目标的设定应超越单一任务的完成，着眼于整体业务的成功。每个目标都应该对公司的长期目标产生积极且可量化的影响。通过将目标与公司战略紧密结合，确保了目标背后是对公司成功的承诺。

（3）建立绩效文化。营造一种敢于承担责任的绩效文化，对目标背后的责任传递至关重要。这要求员工理解他们的目标与公司战略之间的联系，并认识到目标实现对公司和个人的重要意义。绩效文化鼓励员工追求卓越,理解他们在业务生态系统中的作用,并将对目标的责任承诺融入日常工作中。

第五节　目标值的设定

确定目标值是绩效管理的一个关键步骤,它对于确保企业资源的合理配置和使用、激励员工朝着公司目标努力具有重要作用。绩效目标的设定有以下几种方式:

(1)基于历史数据的目标设定,即通过分析历史绩效数据来设定未来的绩效目标。这种方法由数据驱动,相对客观,员工易于接受。但需注意,它可能未充分考虑市场和技术的快速变化,有时可能导致目标设定过于保守。

(2)基于市场比较的目标设定,即通过比较同行业内其他企业的表现来设定目标。这种方法有助于保持企业竞争力,确保不落后于行业标准。采用这种方法的挑战是需要获取可靠的行业数据,并需要考虑企业内部特有的条件。

(3)基于战略目标分解或管理层期望的目标设定,即目标设定基于管理层的期望和企业战略方向。这种方法能够确保目标与企业长远目标和愿景一致,但需警惕可能存在主观性较强和与实际执行不匹配的风险。

(4)基于协商的目标设定(参与式目标设定),即通过员工和管理层协商来确定目标。这种方法能够增加员工的参与感和责任感,提高目标达成率。但协商过程可能比较费时,且需要良好的沟通机制。

至于最终的具体目标值由谁来确定,这通常取决于企业的具体情况、文化和战略方向。目标值的确定过程涉及三个关键角色:被考核人、考核人以及绩效考核组织(如管理团队)。决策路径通常有两种:一种是先自下而上由个人提出目标值,再自上而下进行调整并最终达成共识;还有一种是绩效目标值逐层上报,最后由公司经营或战略委员会评审和最终决策。

目标值的设定有个基本原则，即基准目标值要么高于行业平均水平，要么高于公司之前的绩效水平，两者必取其一，以推动公司业绩的持续提升。

目标值的设定通常采用三段式，具体为：

（1）保底值。团队里90%的人都能达到的目标值为"保底值"，即最低目标值，也称"最低值""下限值""零点值"。保底值是绩效指标达成结果的最低要求，实际值达不到保底值是不可接受的，对应的考核得分可以为60分、0分或者其他分值。保底值除了根据"目标达成员工所占的比例"设置外，还可根据基准值设定，可设定为基准值的80%或90%，也可根据公司战略、年度目标、指标历史数据、行业标杆等来确定。

（2）基准值。团队里50%的人都能达到的目标值为"基准值"，即基准目标值，也称"目标值""基本值"。基准值是维持公司正常运营的基本水准，是正常目标值。如实际值没有达到该值，说明运营结果异常，需进行检讨，并提出整改对策。基准值通常设定为合格分数（如100分），并且可以略高于历史数据。

（3）挑战值。团队里10%的人能达到的目标值为"挑战值"，即更有利于公司发展的目标值，也称"发展值""上限值"等。挑战值是在基准值的基础上设定的，是需要经过超常努力才有可能达到的目标值。挑战值可设定为基准值的120%或其他根据公司实际情况确定的比例。达到或超过挑战值，绩效考核得分应为最高分（如120分）。

管理者在设定目标值时，应适度高追求，以推动公司良性发展。目标值应既能激励员工，又不至于因过高而造成挫败感。目标值不是一成不变的，应根据市场环境、公司战略、技术进步等因素进行动态调整，确保目标值始终保持相关性和激励性。

第六节　同岗同目标还是同岗不同目标

在目标设置过程中，中层管理者经常会遇到这样的问题：相同岗位的员工是实行"同岗同目标"，还是实行"同岗不同目标"？例如，对于同一岗位的两位员工，一位是来公司多年的在岗熟手，另一位是新加入的"新兵蛋子"，在设置绩效目标时，应该为他们设定相同的绩效目标还是不同的绩效目标呢？什么情况下选择相同目标，什么情况下选择不同目标呢？

实际上，"同岗同目标"和"同岗不同目标"是两种常用的绩效目标设定策略，每种策略都有其优缺点，最后选择哪一种取决于企业的绩效管理情境及岗位管理需求。

1. "同岗同目标"策略

"同岗同目标"策略是一种为相同岗位上的所有员工设定相同绩效目标的做法，这种策略有其明显的优点和缺点。

（1）优点。

√ 促进团队合作。当团队成员共同追求同一目标时，有助于凝聚团队力量，形成"胜则举杯同庆，败则拼死相救"的团队氛围。

√ 简化管理。采用统一的目标设定，可以简化管理程序，使得目标设定和绩效评估过程更为简单，便于管理者快速把握团队的整体表现和评估成员的贡献。

（2）缺点。

√ 忽视个体差异。员工的能力和擅长领域不尽相同，无区别地用同一目标，可能无法充分考虑每个员工的个人特点和潜力，从而无法满足他们的特定需求和发展期望。

√ 激励形式有限。同岗同目标势必采取统一的激励手段，没有考虑到员工需求和动机的差异。一些员工可能因为目标缺乏个性化和吸引力而没有足够的动力，这可能会影响他们的积极性和工作表现。

2. "同岗不同目标"策略

"同岗不同目标"策略是根据员工的个人能力、职业兴趣和发展潜力为相同岗位上的不同员工设定不同的绩效目标，这种策略有其独特的优势和挑战。

（1）优点。

√ 个性化激励。为每位员工设定个性化的目标，可以更有效地激发他们的工作热情和动力。

√ 注重专业发展。个性化的目标设置有助于满足员工的职业发展需求，鼓励他们在特定领域内深化专业能力和知识，从而促进个人成长和职业发展。

（2）缺点。

√ 团队协作不足。不同绩效目标将导致团队内部协作和信息共享方面动力不足，影响团队内部的协作氛围和整体目标的协同实现。

√ 管理复杂性增加。个性化目标的设定和跟踪需要更复杂的管理技能和更多的数据支持，增加了管理者的负担。

3. 如何选择

选择"同岗同目标"还是"同岗不同目标"，需要综合考虑以下几点：

（1）业务特点。绩效目标应服务于企业战略，管理者需根据企业的实际情况具体分析，以确定用哪种策略更合适。

（2）员工特点。员工的个性和职业偏好对绩效目标的接受度有显著影响。一些员工可能更倾向于团队合作的环境，而另一些可能更重视个人成长和发展。了解并考虑员工的这些偏好，有助于选择更符合员工期望的绩效目标设定策略。

（3）企业文化和绩效管理水平。企业文化和绩效管理的成熟度也是重点考虑因素。有的公司提倡集体主义，有的公司注重员工个性化发展，不同的企业文化和绩效管理实践水平，决定了企业能够支持哪种策略的实施。

（4）工作性质对沟通和协作的要求。如果团队工作需要高强度的协作和信息共享，用"同岗同目标"更合适；如果团队工作对团队协作和信息共享要求不高，且更强调员工的个性化专业发展，则选择"同岗不同目标"更合适。

第七章 目标分解：千斤重担人人挑

企业在确定经营目标之后，就要对这些目标进行有效的分解，将它们转化为部门和个人的分目标，然后管理者再根据分目标的完成情况对下属进行考核，这样才能确保目标能够顺利达成。

目标分解就是将企业总体目标从纵向和横向两个维度上分解到各个部门、岗位，直至每一位员工，从而构建起一个全面的目标体系。目标分解是明确目标责任的基础，也是总体目标得以实现的关键。通过有效的目标分解，企业能够建立起一个清晰的、层级化的目标体系，为每位员工提供明确的工作方向和责任指引（图7-1）。

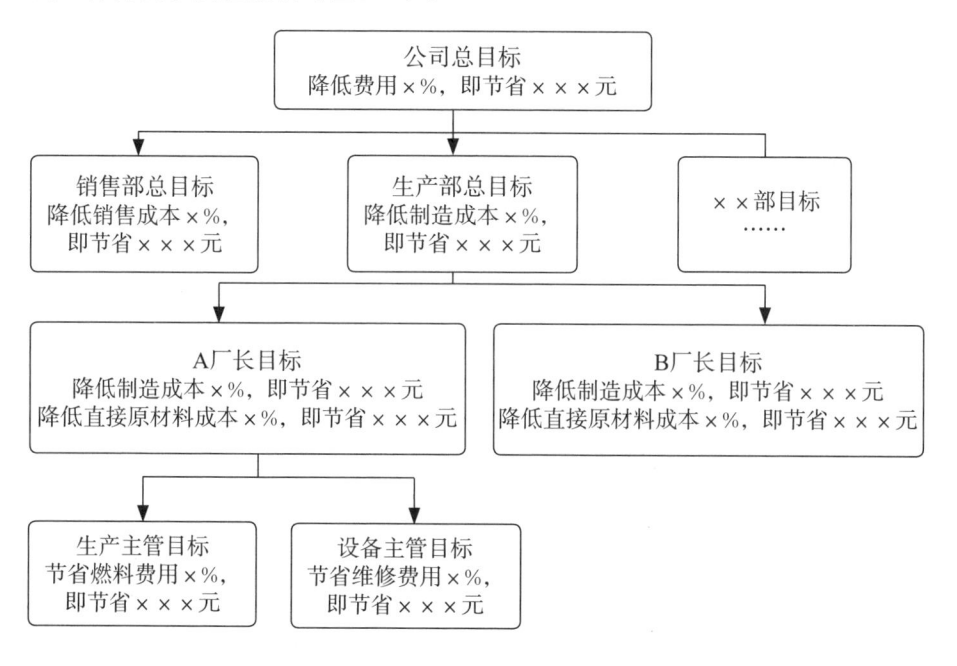

```
                    公司总目标
                降低费用×%，即节省×××元
        ┌───────────────┼───────────────┐
   销售部总目标      生产部总目标        ××部目标
 降低销售成本×%，  降低制造成本×%，      ……
  即节省×××元      即节省×××元
                   ┌───────┴───────┐
               A厂长目标         B厂长目标
         降低制造成本×%，即节省×××元   降低制造成本×%，即节省×××元
         降低直接原材料成本×%，即节省×××元   降低直接原材料成本×%，即节省×××元
         ┌───────┴───────┐
     生产主管目标       设备主管目标
   节省燃料费用×%，    节省维修费用×%，
    即节省×××元        即节省×××元
```

图7-1　目标分解示例

1. 公司目标的分解维度

公司目标的分解不仅关系着高层管理者，也关系着组织结构中的每一个层级、每一个部门。因此，进行公司目标分解时，需要综合考虑各种影响因素，比如组织结构、经济性、地理范围、周期等。图7-2为一些常用的公司目标分解维度。

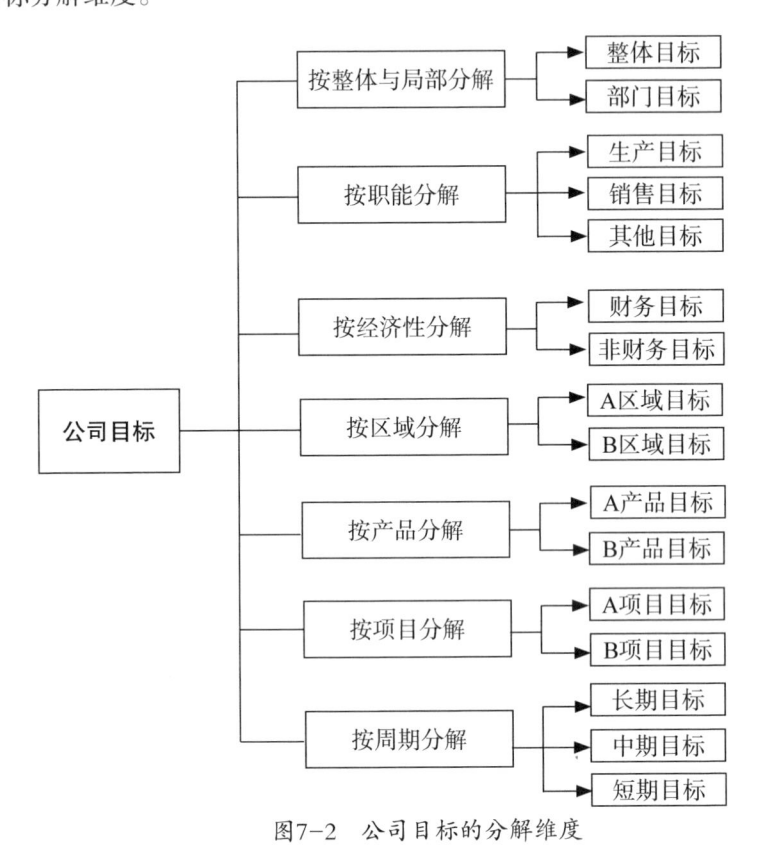

```
                    ┌─ 按整体与局部分解 ─┬─ 整体目标
                    │                  └─ 部门目标
                    │                  ┌─ 生产目标
                    ├─ 按职能分解 ──────┼─ 销售目标
                    │                  └─ 其他目标
                    │                  ┌─ 财务目标
                    ├─ 按经济性分解 ────┴─ 非财务目标
    公司目标 ───────┤                  ┌─ A区域目标
                    ├─ 按区域分解 ──────┴─ B区域目标
                    │                  ┌─ A产品目标
                    ├─ 按产品分解 ──────┴─ B产品目标
                    │                  ┌─ A项目目标
                    ├─ 按项目分解 ──────┴─ B项目目标
                    │                  ┌─ 长期目标
                    └─ 按周期分解 ──────┼─ 中期目标
                                       └─ 短期目标
```

图7-2 公司目标的分解维度

2. 部门目标的分解维度

将公司目标分解到部门，形成部门目标后，还要对部门目标进行进一步分解，常见的几种分解维度见图7-3。表7-1为按岗位对部门目标进行分解。

实操篇 | 目标分解：千斤重担人人挑

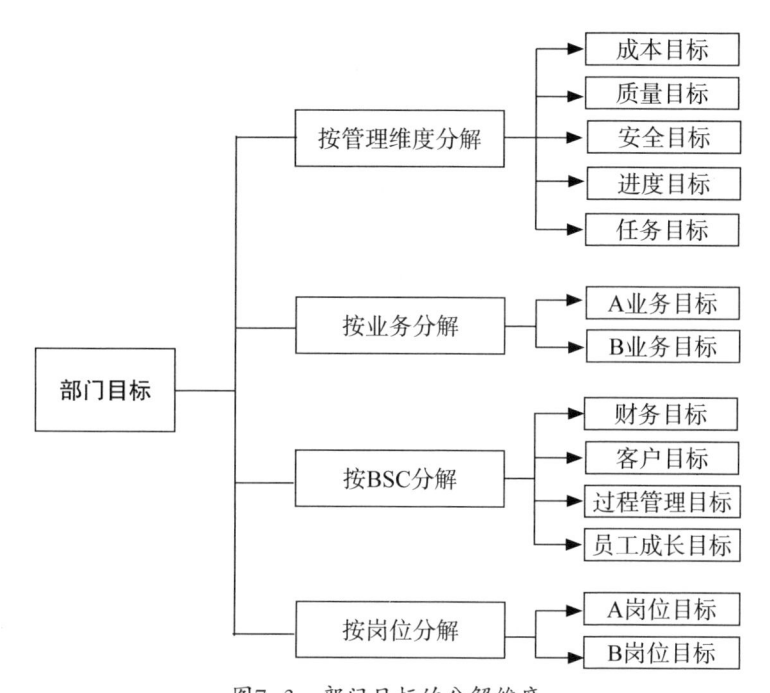

```
                              ┌─→ 成本目标
                              ├─→ 质量目标
              ┌─→ 按管理维度分解 ├─→ 安全目标
              │               ├─→ 进度目标
              │               └─→ 任务目标
              │
              │               ┌─→ A业务目标
              ├─→ 按业务分解   └─→ B业务目标
  部门目标    │
              │               ┌─→ 财务目标
              ├─→ 按BSC分解   ├─→ 客户目标
              │               ├─→ 过程管理目标
              │               └─→ 员工成长目标
              │
              └─→ 按岗位分解   ┌─→ A岗位目标
                              └─→ B岗位目标
```

图7-3　部门目标的分解维度

表7-1　部门目标按岗位分解

岗位	部门绩效目标分解
技术部经理	能耗降低率达__%
	力争拥有__项专利技术
	技术信息无外泄现象
	年度内培养出__名技术骨干
工艺部经理	完成生产工艺设计任务
	改进工艺，降低生产消耗
	完成工艺试验
	做好工艺安全管理
	做好部门员工培训工作
物流运输主管	组织完成货物运输工作
	确保货物运输安全
	控制运输成本，降低运输费用

111

第一节　鱼骨图目标分解法

鱼骨图目标分解法是一种在企业绩效管理方案设计中广泛应用的方法。它通过鱼骨图工具将企业年度战略目标细化为可执行的行动计划。这种工具最初是由日本管理大师石川馨先生开发，用于发现问题的根本原因，后来扩展到企业的战略目标制定及目标分解。

下面我们来看一看鱼骨图目标分解法的实施步骤。

第一步，绘鱼头（战略目标）。明确企业的战略目标，将其作为鱼骨图的起点。这个战略目标可以是公司的总体战略目标，也可以是特定项目或部门的目标。战略目标可能有多个，可以分别绘制相应的鱼骨图。

第二步，画大骨（主要影响因素）。识别并列出影响战略目标达成的主要因素，这些因素构成了鱼骨图的主要"大骨"。不同类型的组织或部门，影响其目标达成的因素各不相同。如图7-4所示，影响该战略目标达成的6个主要因素为客户服务、利润与增长、核心技术能力、业务运营、人力资源、流程和IT。

第三步，画中骨（子因素细分）。通过集体共创方式，收集团队意见，列出每个主要影响因素下面的可能子因素，绘制成"中骨"。这些"中骨"通常是潜在问题、挑战或机会，是影响目标实现的关键因素。以"利润与增长"为例，可以进一步分解为利润、销售收入等财务指标。

第四步，画小刺（细化为可执行目标）。将"中骨"进一步细化为"小刺"，即具体的、可执行的小目标或行动点，这些"小刺"应当是明确的、能够直接对战略目标产生影响的。可以根据时序（年度/季度）、因果链（有序的事件序列，如运营全流程指标拆解）或空间（组织架构、产品线等）将"中骨"分解为"小刺"。

第五步，建立鱼骨图（分析和按优先级排序各影响因素）。分析主要影响因素对战略目标达成的贡献程度，并进行优先级排序。确保细化的可执行目标/指标符合SMART原则，并圈出其中核心的部分作为公司或部门的绩效考核指标。

第六步，画鱼尾巴（完成鱼骨图）。在完成所有目标的分解和分析后，完善鱼骨图的其他部分，确保整个图示清晰、完整，便于理解和执行。

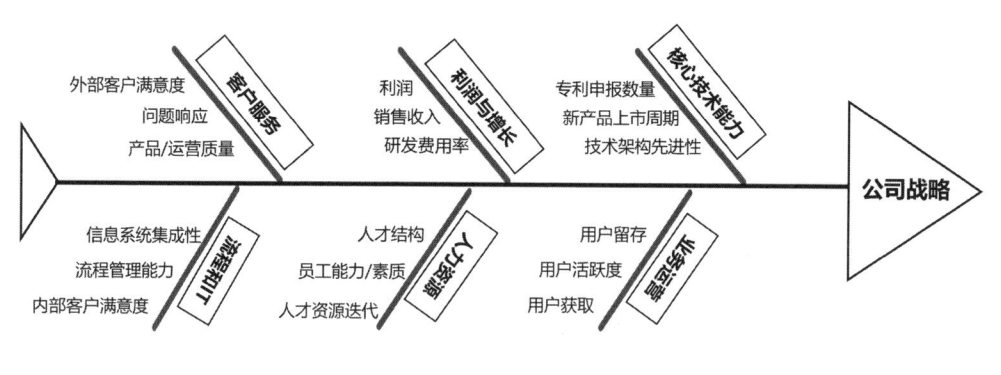

图7-4 鱼骨图目标分解

第二节 OGSM目标分解法

OGSM是一种帮助企业将长期目标细化为具体行动计划和操作步骤的管理工具，由Objective（目的）、Goal（目标）、Strategy（策略）和Measurement（检核/测量）四个维度组成。

OGSM能够帮助企业将长期目标分解并转化为具体的行动计划和操作步骤。这种明确的目标分解，让团队成员能够更紧密地协作，共同推进组织朝着实现整体战略愿景的方向努力。在实践中，OGSM经常扩展为OGSM-T（表7-2），这里的"T"代表Tactics，即行动计划。这一扩展是对策略的进一步细化，它帮助组织将战略目标转化为可执行的具体行动，并确保这些行动可以通过持续的监控和优化来达成既定目标。

表7-2 OGSM-T模板

Objective （目的）	Goal （目标）	Strategy （策略）	Measurement （检核/测量）	Tactics （行动计划）

OGSM-T的特点在于它构建了一个自上而下分解的自洽体系，同时也支持自下而上做反向校验，确保下层的策略和行动方案能够支持上一层级策略和行动方案的达成（图7-5）。

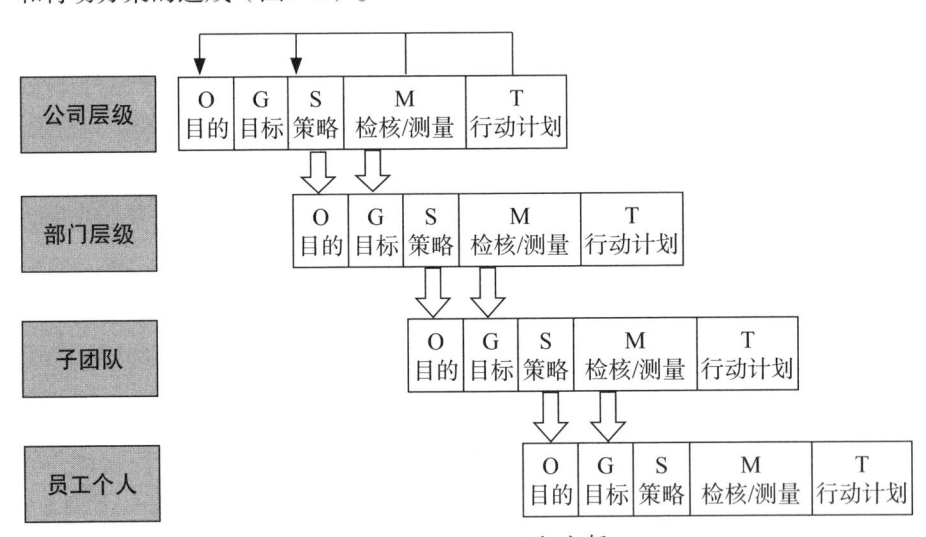

图7-5 OGSM-T目标分解

O：Objective，目的（长期目标），公司期待达成的目的是什么，即公司或团队所追求的明确、可衡量、具体的长期目标。简单来讲，就是给组织构建一个成功画像。长期目标对整个组织有战略性影响，是一种引领性的愿景。

G：Goal，目标（短期目标），即把长期目标变成具象化的短期目标。目的通常由长期目标的关键词拆解而来。例如，某物流公司明年的"目的"

是"成为最令人安心的物流伙伴"，其关键词就是"最令人安心"和"物流"。对应目标，"最令人安心"的指标就是客户的满意度，"物流"的关键指标就是送货的及时率。

S：Strategy，策略，即确定实现每个目标的关键行动或方法，是为了达成目标需要做的选择和聚焦。做策略就是做取舍，战略机会点很多，管理者需要对这些策略做减法。公司层面的"策略"最好不要超过5条，其中4条是业务线的，1条是组织线的。

M：Measurement，检核/测量，即用哪些具体的指标来衡量策略的成功。把策略拆解成一个一个的小指标，通过这些小指标来确保策略的达成，最后推动组织更高层面的长期目标的达成。企业可参考表7-3用OGSM-T来进行目标分解。

表7-3　某电商公司战略目标分解

Objective（目的）	Goal（目标）	Strategy（策略）	Measurement（检核/测量）	Tactics（行动计划）
在3年内成为电商行业的领导者	1. 在3年内GMV（总交易额）增长100%；2. 在3年内注册用户数达到1亿	持续优化核心业务功能，提升用户体验	1. GMV增长率；2. 注册用户数；3. 月活跃用户数；4. 客户复购率；5. 平均配送时长	每季度上线1~2个新功能模块，提升搜索、推荐、下单等核心体验
		加大品牌推广和营销投入，提高平台知名度		制定年度品牌广告投放计划，投放各类网络广告，进行自媒体推广，开展线下活动等
				与50家重点品牌建立直供合作，实现180天内包邮服务覆盖90%的地区
		优化供应链体系，提升配送效率		建立智能化仓储调度系统，实现95%的订单次日达
				开展用户反馈收集和分析，持续改善产品和服务

作为一种用于目标分解的管理工具，OGSM-T的各维度扮演着不同的角色：

（1）"O"是重中之重。公司最高层需要清晰地界定愿景和战略目标。管理团队基于此共同决定公司的战略目标，并制定相应的策略。他们需要就部门的年度目标达成共识，商讨并确定衡量指标，拟定年终奖方案，并成立全面预算委员会，以确保战略目的的实现。

（2）"GSM"是各个部门需要做的事。各个部门需要根据战略目标和策略制定自己部门的目标，找到策略抓手，并将衡量指标细化。在此过程中，部门要输出具体的部门目标、策略、子团队OGSM-T计划、预算方案和激励方案等。

（3）"T"是行动方案的执行计划。计划必须落实到个人，细化为个人的目标和行动步骤。只有将计划落实到个人，才能形成一个管理闭环，否则战略目标就只是一个空洞的口号。

无论是世界500强企业，还是个人，都可以用OGSM-T来进行目标分解。将宏大的目标层层分解形成可执行的行动方案，以便于执行及监控其运行情况。

第三节　路径分解法

路径分解法可以将一个复杂或宽泛的目标分解为一系列更小的、更具体的、可执行的步骤或阶段。它可根据不同的应用方向细分为不同的方法，如产品路径分解法、客户路径分解法、团队路径分解法、时间路径分解法等。

1. 产品路径分解法

产品路径分解法是一种根据产品类型制定策略和任务的方法。它通过将产品根据其性质、市场定位等划分为不同类型，并为每种类型设定明确的目标和策略，来帮助企业更有效地实现业务目标。我们通常把产品分为引流产品、走量产品、利润产品及概念产品四种类型，针对这四种类型，我们可以设定不同的目标和策略，具体如下。

（1）引流产品，也叫"眼球型"产品。顾名思义，就是用来吸引用户关注和市场流量，提高品牌知名度的产品。目标设置侧重于市场份额和知名度的提升。

（2）走量产品，也叫"流量型"产品，是常规的、销量稳定的主打产品。这类产品通过量化销售目标来提高市场份额，追求市场占有率的增长。目标设置关注市场份额和市场占有率。

（3）利润产品，也叫"价值型"产品。这类产品是为了满足有更高价值需求的客户而设计的，利润可观，但销量一般。目标设置主要围绕利润最大化，包括销售利润和毛利率等指标。

（4）概念产品，也叫"不卖型"产品。这类产品的用处是通过概念创新和新技术的应用来测试市场反应，并探索未来走量产品的市场方向。同时，它们也用于提升品牌形象，提高公司整体产品在客户群中的档次认知。这类产品的目标设置要从设立这类产品的目的着手，比如提升品牌形象。

2. 客户路径分解法

客户路径分解法是一种根据客户类型划分目标和任务的方法。它通过将企业的客户划分为新客户、老客户和大客户，为每类客户设定匹配的目标和任务，实现企业的整体目标。

（1）新客户。看一家企业是否有持续发展的潜力，只需看一看这个企业全年销量中新客户的占比即可。新客户占比越大，企业持续发展的潜力越大。因此，在目标分解与设置上，新客户的获取率和首次交易额一般都是企业关注的重点。

（2）老客户。老客户复购是确保企业现金流稳定的关键。因此，提升老客户的忠诚度非常重要，企业可通过实施个性化服务、产品升级、技术支持等方式来增加客户黏性。客户黏性主要看两个关键指标：复购率和转介绍率。复购率，也就是老客户二次及以上的购买概率。不同的产品类别会有不同的复购率，所以除了复购率，企业还需关注转介绍率，即老客户对你的产品的转介绍概率。一般来说，复购率代表了产品的质量，而转介绍率代表着产品的价值。因此，在目标分解与设置上，老客户的复购率和转介绍率应是关注的重点。

（3）大客户。在所有新、老客户群体中，企业需要找到属于自己的大客户群体，并针对大客户群体设计专门的营销策略和服务策略。一家企业的大客户数量越多，证明它的产品利润和附加值越高。企业需保持与大客户的紧密关系，通过分派专业销售团队负责大客户关系、定期拜访、提供定制服务等方式，确保大客户的满意度，提高大客户的订单频次和规模。在目标分解与设置上，大客户满意度、规模、订单频次应是关注的重点。

3. 团队路径分解法

团队路径分解法通过在公司内部细致划分不同小组，并为每个小组设定独立的目标和任务，来提高小组的工作效率，实现企业整体的战略目标。下面以把销售团队划分为多个销售小团队为例来展示一下团队路径分解法的实际应用。

（1）销售小组划分。将整个销售团队根据产品、地区、客户类型等因素细分为不同的小组。

（2）整体目标设定。设定整个销售团队的整体目标，包括销售额、市场份额、客户满意度等。

（3）整体目标分解，即销售小组目标设定。设定各个销售小组的目标，包括销售额和客户满意度。可根据每个销售小组的实际情况，对其所负责的产品或地区设定销售额目标；可根据销售小组服务的客户类型，设定相应的客户满意度目标。

（4）策略路径匹配。根据销售小组的具体情况，匹配资源和销售策略。这里需要根据每个销售小组成员的能力和专长，合理分配资源，确保每个小组都能充分发挥优势。如果销售小组负责的客户类型各异，还需要根据不同客户群体制定差异化的销售策略。

实施团队路径分解法的重点是认识到每个团队的资源配置、能力及客户群体不尽相同。因此，不能将目标简单地"平分"到每个执行团队。很多中小型企业为了所谓的"公平"，将设定的总目标平均分配给不同的团队。最终发现，有些团队轻松完成了自己的目标，而有些团队无论怎么努力都无法完成。正确的做法是根据每个团队的特点、属性、资源等给予不同的目标任务，实现真正的"区别对待"。

4. 时间路径分解法

时间路径分解法是一种基于时间节点的目标分解方法。它根据所在行业的市场特点和内部运营情况，将整体目标有策略地分解到不同的时间节点，以最终达成整体的年度目标。时间路径分解法具体的实施步骤为：

（1）行业市场分析。对所在行业的市场进行深入分析，了解淡旺季需求变化、促销时间点、行业大事件等，为时间路径的划分提供依据。

（2）整体目标设定。设定公司整体的年度或季度目标，包括销售额、市场份额、客户满意度等。

（3）时间路径划分。首先，根据行业特点，确定关键的时间节点，如项目启动、产品发布、促销季等。然后，将整体目标分解到不同的季度或月份，根据行业市场的波动和公司运营的实际情况，对时间进行合理的划分。

（4）节点目标设定。针对每个时间节点，设定具体的目标，可以是销售目标、市场份额目标、新产品上市目标等。

（5）节点路径规划。首先，根据每个时间节点的任务需求，合理分配资源，确保在关键时刻有足够的支持。其次，针对每个时间节点的特点，确定相应的策略和计划，以应对市场变化。

第四节　目标协同分解法

目标协同分解法，强调组织内部不同部门或团队之间协同合作，共同将组织的整体目标分解为可执行的子目标和任务。这种方法的核心在于确保所有参与者对目标有共同的理解，并且各自的工作能够相互支持，共同推进组织的整体目标实现。目标协同分解法包括三种不同的分解情形：传递分解、分权分解和按责分解。

1. 传递分解

传递分解即由下级部门独立承接上级的目标，实现目标的直接传递。这种方式适用于目标明确、责任较为单一的情况。

（1）情境描述：某些情况下，某下级部门或团队具有独立完成某一目标的能力和资源。

（2）分解方式：上级制定目标，只交给某下级部门或团队，由该部门或团队负责这个目标的实现。

（3）分解举例：在某制造型企业，其质量部门具备独立管理产品质量的能力。现在，该企业的整体目标是提高产品质量，于是它将"提高产品质量"这个目标全部交由质量部门承接，由这个部门独立负责实现。

2. 分权分解

分权分解即由多个下级部门或团队共同承接上级的目标，每个部门或团队根据自己的职责和能力分担相应的任务。这种分解方式鼓励团队合作，共同实现目标。

①情境描述：有些目标需要多个性质相同的部门或团队共同承接才能实现。

②分解方式：上级制定整体目标后，将其分解给多个下级部门或团队，由各个下级部门或团队根据各自的能力与资源，负责完成整体目标中的某个分目标。这些分目标的汇总就是企业的整体目标。

【案例1】

某科技公司销售部2023年销售目标为6000万元，销售部门有两个小组，A组和B组，A组去年完成了3000万元，B组完成了1000万元，根据去年的完成比例，则今年的目标分解为：

A组下半年目标=6000×（3000÷4000）=4500（万元）；

B组下半年目标=6000×（1000÷4000）=1500（万元）。

本着"好地种好粮，反对平均主义"的原则，结合A、B两组的资源与能力，评估各组的可行增长率，将目标进行修正。

A组去年完成3000万元，以去年为基数，由于基数较大，今年要求的增长率为40%；B组去年完成1000万元，以去年为基数，由于基数较小，今年要求的增长率为80%。因此，各组的目标为：

A组目标=3000×（1+40%）=4200（万元）；

B组目标=1000×（1+80%）=1800（万元）。

3. 按责分解

按责分解即不同的下级部门根据各自的职责和专长分别承接目标，协同完成上级的整体目标。这种分解方式强调责任明确和专业分工，以提升目标实现的效果。

（1）情境描述：对于一个综合目标，不同下级部门根据自己的职责和专长，分别承接目标的各个方面。

（2）分解方式：上级制定整体目标，然后根据各下级部门的职能定位和资源优势，将目标按责任分类分配给对应的下级部门，形成下级部门的年度责任目标。

（3）分解步骤：

√ 整体目标设定。上级明确整体目标，并确保目标是具体和可衡量的。

√ 下级角色分析。分析各个下级部门的职责、能力、资源和专长，明确各下级部门在整体目标实现中的角色。

√ 目标责任分解。根据不同下级部门的职责、能力及专长，分配不同的任务目标。

√ 协同机制建立。对于需要协同完成的目标，建立协同机制，包括拉群进行信息共享、召开周例会进行复盘沟通等（表7-4）。

表7-4 按责分解目标模板

上级部门	下级部门1	下级部门2	下级部门3	下级部门4
上级目标 （指标+目标值）	是否关联（√）	是否关联（×）	是否关联（×）	是否关联（√）
	根据公司目标提炼部门1的部门目标	—	—	根据公司目标提炼部门4的部门目标

【案例2】

某科技公司计划2024年年销售收入达到2亿元。于是，该公司将销售收入作为财务数据，将实现销售目标所需的所有工作分解到公司各个部门，按照责任不同、目标不同的逻辑，设定各个部门的年度目标，具体如表7-5所示。

表7-5 某科技公司目标按责分解示意

总部	市场部	销售部	人力资源部	……
销售收入达到2亿元	是否关联（√） 引流客户数达到1000家	是否关联（√） 销售收入2亿元	是否关联（√） 3月份业务人员到岗10人	……

第八章 指标拟定：人人头上有指标

关键绩效指标（KPI）是一套用于评估组织、团队或个人绩效的定量指标。这些指标之所以被称为"关键"，是因为它们直接关联到组织的战略目标和核心业务活动，能够为绩效和进度提供关键数据。KPI不仅是将企业战略目标分解为可操作性战术目标的定量监控工具，也是反映战略目标实现情况的检测指针。在企业管理中，KPI体系通常包含三个层面的指标：公司KPI、部门KPI和个人KPI，这些指标既独立又相互关联。这样的设置旨在确保企业战略的顺利实施，并明确部门和个人的责任与绩效标准（图8-1）。

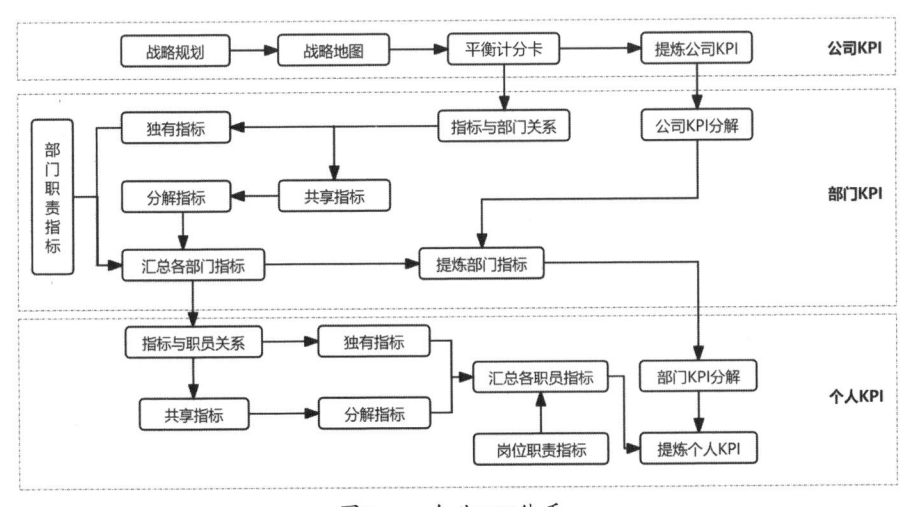

图8-1 企业KPI体系

在设计绩效考核方案时，绩效指标的设计是实现方案落地并激励员工提高绩效的关键。一个精心设计的绩效指标体系不仅能够为员工提供清晰的工作指导，还能驱动他们朝着团队和组织的目标努力，同时减少组织内部的资源浪费。一个优秀的绩效指标体系首先应具备系统性和完整性的指标结构。绩效指标通常由指标名称、指标定义、指标权重、考核周期、目标值、数据来源和衡量标准这几个部分构成。

第一节　指标名称和指标定义：达成共识，消除歧义

1. 指标名称

绩效指标的名称应确保表达清晰、简练，并能够准确传达指标的性质。绩效指标名称通常的表述结构是：

（1）名词+动词+量词，如"市场份额增长5%""销售额增长30%""客户满意度提升5%"等。

（2）动词+（形、状）名词+量词，如"提高市场份额至30%""提升客户满意度至90%"等。

（3）目标关键词+具体量词，如"降低成本至每件10美元"等。

2. 指标定义

指标定义是对绩效指标的具体描述，它明确了指标的度量对象和标准，也为各级员工提供了明确的工作方向和量化的目标标准。在制定指标定义时，需明确以下几项内容：

（1）度量对象。明确指标所要衡量的具体对象或业务领域。

（2）度量单位。指定指标的度量单位，确保度量的一致性和可比性。

（3）计算方式。描述指标的具体计算方式，包括数学公式和算法。

【示例】绩效指标"销售增长率"。

指标名称：销售增长率；

指标定义：指在特定周期内，公司销售额相较于上一周期的增长百分比；

计算方式：销售增长率＝$\left(\dfrac{本期销售额－上期销售额}{上期销售额}\right)\times 100\%$；

度量对象：公司整体销售额；

度量单位：%。

第二节　指标提炼：抓住考核的"牛鼻子"

在构建企业绩效管理体系时，考核指标的提炼是一个关键步骤。要有效提炼指标，就需要明确指标的来源。通常，指标源于两个层面：企业战略和企业运作，包括战略目标分解、年度关键举措、岗位职责及核心业务流程四个方面。

1. 从战略目标分解中提炼指标

考核指标应该与企业的战略目标保持一致，并要能通过考核指标的表现反映战略目标的实现情况。一般情况下，将企业战略分解为更具体的目标，然后提炼与之相对应的考核指标，是考核指标的一个关键来源。例如，如果企业战略是市场份额的提升，相应考核指标应该包括市场占有率、新客户获取数等。从战略目标分解中提炼考核指标的具体方法请参照上一章节的内容。

实操步骤：

（1）了解公司战略。了解企业的战略规划和战略方向及长中短期目标。

（2）划分目标层级。将公司战略目标分解为不同层级的目标，形成目标分解的树状结构。

（3）设计考核指标。针对每个层级目标设计关键绩效考核指标，确保涵盖各个业务领域。

（4）具体化指标。将每个考核指标具体化，明确指标的计量单位和计算方式。

（5）形成绩效指标库。根据上述方法，迭代调整，形成公司特有的绩效指标库。

2. 从年度关键举措中提炼指标

年度关键举措是企业经营计划的重要组成部分，它们对公司高层制定量化和任务型指标具有直接的影响。这些举措对公司高层而言，既是经营计划的一部分，也是衡量工作表现的关键指标。对于部门和具体岗位而言，其年度关键举措就是对上级指标的分解。因此，上级指标是下级指标的来源之一。上级指标的实现需要下级部门的支持和贡献。通过这种逐级分解，可以确保整个组织的绩效目标一致，从而实现组织的整体战略。例如，如果企业高层设定了年度财务指标，如利润增长或成本控制，这些指标可以被分解到各个部门，形成具体的财务指标。这样，每个部门都有其特定的财务指标，这些指标与公司年度财务指标相一致，从而确保公司年度财务指标的实现。

这里我们可以用四维度分解法从年度关键举措中提炼指标，具体步骤如下：

（1）明确事件目标与维度。

√ 确定事件目标。确定具体事件的目标，即该事件期望达到的结果。

√ 明确四维度。将事件目标按时间、质量、数量和成本四个维度划分。

（2）确定指标。

√ 时间维度指标。关注事件发生、持续和结束的时间，可包括时效性、进度等指标。

√ 质量维度指标。着眼于事件产出的质量，包括准确性、完整性等，可包括错误率、精度等指标。

√ 数量维度指标。关注事件的数量、频率等，可包括效率、资源利用率等指标。

√ 成本维度指标。关注事件的经济成本，可包括成本控制、资源利用等指标。

（3）设定指标权重与目标值。

√权重设定。为每个维度下的指标设定相应的权重，以反映其在整体事件中的重要性。

√目标值设定。为每个指标设定具体的目标值，即期望在该维度下达到的具体水平。

（4）建立指标衡量标准。

√数据收集与监测。设定数据收集点，确保能够实时或定期获取事件相关数据。

√指标得分计算。设定指标得分的计算公式，将实际数据与目标值进行比较，算出指标得分。

√绩效报告与反馈。建立定期报告机制，向利益相关方提供绩效报告，反馈指标的实际表现。

四维度分解法可帮助组织全面深入地理解和提取事件的绩效指标，从而更好地进行绩效管理和业务优化。企业可参考表8-1应用四维度分解法从年度关键举措中提炼指标。

表8-1 四维度分解法提炼指标

工作事件	指标											
	时间			质量			数量			成本		
	KPI_1	KPI_2	KPI_3	KPI_1	KPI_2	KPI_3	KPI_1	KPI_2	KPI_3	KPI_1	KPI_2	KPI_3
1												
2												
3												
	×天、截止日期			定性评价、合格率			×个、×次			收入、利润		

3. 从岗位职责中提炼指标

考核指标不仅来源于企业战略和年度关键举措，还可以直接从部门职能、岗位职责和具体任务中获得。尤其是岗位职责，它是考核指标的重要来源之一。从岗位职责中提炼指标时，需系统考虑岗位的主要职责、关键任务，以及该岗位在整个业务流程中的角色。例如，销售岗位的指标往往涉及销售额、客户满意度等。

（1）提炼逻辑：职责—成果—客户—客户需求—衡量需求指标。

（2）实操步骤：

√ 组织工作坊。组织由岗位相关人员、绩效管理专家和业务代表共同参与的工作坊，一起讨论和确定考核指标。

√ 分解职责。详细梳理岗位的主要职责，确保每个参与人员都能全面理解岗位职责，在此基础上，对相关岗位职责进行逐一分解，确保每个职责都清晰可辨。

√ 明确工作成果。推导出正常履行相关职责所能得到的成果，明确该职责对应的工作目标。

√ 确定客户。确定与这些成果相关的客户，可以是内部部门，也可以是外部客户。

√ 识别需求。识别这些客户对正常履行该职责所得成果的期望及需求，如期望的服务内容、产品质量、时效性等。

√ 设计指标。基于成果、客户和需求，设计能够准确反映岗位履职情况的绩效指标。

通过这种方法，企业可以确保提炼出的绩效指标既符合岗位职责，又能够满足客户需求，从而推动组织目标的实现（表8-2）。

表8-2 人力资源岗位的指标提炼

职责	成果	客户	客户需求	衡量需求指标
依据业务部门的用人需求，选择合适的渠道发布信息，吸引求职者面试	招聘JD[①]	上级	有吸引力	核心岗位招聘JD一次通过率
	面试候选人	用人部门面试官	质量条件符合要求	业务部门初试评价分数及格的面试候选人占比

4. 从核心业务流程中提炼指标

提炼考核指标的另一个角度是从核心业务流程中提炼，这种方法确保了指标与业务运作的关键环节和流程相对应，从而直接关联业务目标。例

[①] "JD"通常指Job Description，职位描述；"核心岗位招聘JD一次通过率"指的是在招聘流程中，首次提交的职位描述（JD）被审核通过，无须修改或重写的比例。

如，在制造业中，生产效率、产品质量等指标就是从核心业务流程中提炼出来的。

（1）提炼逻辑：两个维度，流程活动和流程成果（图8-2）。

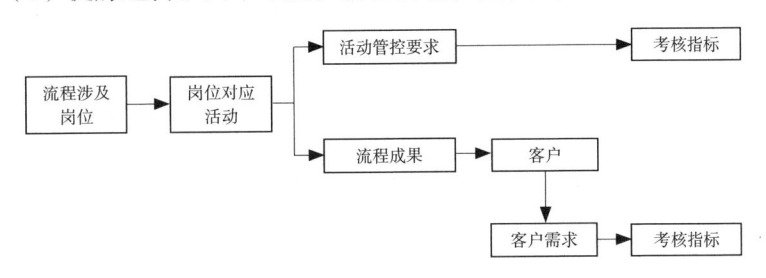

图8-2　从核心业务流程中提炼指标的逻辑

（2）实操步骤：

√ 召集业务流程相关岗位代表组成工作小组。

√ 组织流程梳理工作坊，确保全体成员对业务流程的理解一致。

√ 由岗位代表梳理岗位对应活动，并将活动的关键管控要求提炼出来，然后由工作小组一起讨论梳理，将关键管控要求直接关联可能的考核指标。

√ 确认每个岗位所从事活动的业务流程成果，然后识别并梳理客户的需求，将流程成果和客户需求直接关联可能的考核指标。在这个过程中，要确保每个需求都有相应的度量方式。

√ 明确每个指标的责任人，确保有人负责推动和监督。

这种提炼方法可以确保从核心业务流程中提炼出的绩效指标与岗位活动和业务流程成果紧密关联，可直接反映团队在业务流程中的关键表现。

【示例】西红柿蛋汤的考核指标提炼。

西红柿蛋汤的制作流程见图8-3，由此我们提炼出西红柿蛋汤的考核指标如表8-3所示。

图8-3　西红柿蛋汤的制作流程

表8-3 西红柿蛋汤的考核指标

流程	岗位	过程活动			流程成果		
		活动名称	管控要求	指标	输出成果	顾客要求	指标
西红柿蛋汤制作流程	厨师	挑选食材	新鲜	食材抽查品质达标率	西红柿蛋汤	鲜美	顾客评价指数
		食材准备	标准到位	配好食材的合规率			
		蛋汤制作	安全	安全意外事故发生率			

从核心业务流程中提炼指标的重点是分析流程中不同部门间的流程关系，然后从时间、数量、质量和成本这四个维度，监控每个部门的流程成果（如产品质量等），并从中提炼出相应的考核指标（表8-4）。

表8-4 某公司生产保障部的绩效指标

业务流程	流程成果	评价标准			
		时间	数量	质量	成本
模具计划	满足刀片一厂需要	接到技检中心开模通知后，在一个工作日内完成计划下达	准确	计划内容翔实周密	—
水电气供应	满足刀片一厂正常生产需要	—	—	无突发性水电气供应中断	—
电气设备维护	满足刀片一厂正常生产需要	车间电气设备发生故障时，必须在30分钟内赶到现场	—	同一故障重复发生频次控制在合理范围内	以最低的维修成本完成维修工作

第三节 指标权重：权重的背后是资源聚焦

指标权重是对不同绩效指标进行量化评估和排序的关键要素。权重的设定既关乎整体绩效评价的公正性，也直接影响员工和团队在目标达成中的工作排序和优先等级。

1. 指标权重定义

指标权重是指在绩效指标体系中，每个指标相对于整体目标的重要性和贡献度所占的比例。权重通常以百分比形式呈现。

2. 指标权重设定原则

（1）战略对齐原则。企业应依据战略方向和战略目标来设定指标权重，优先考虑那些直接支持企业战略的关键绩效指标，确保这些指标与企业整体发展方向一致，从而推动企业朝着既定目标稳步前进。

（2）价值贡献原则。辨别每个绩效指标对企业价值贡献的大小，权重更多地分配给那些对企业的长期发展、竞争力提升有更显著影响的指标。

（3）可控性原则。权重的设定需要考虑指标的可控性，确保员工或团队对指标实现有一定的控制力。过于依赖外部因素的指标，其权重可以适度降低。

（4）客观性原则。权重设定应基于客观数据和事实，避免主观随意性，可结合数据分析、专家意见和历史绩效等多维度信息综合考量。

3. 指标权重设定步骤

（1）量化指标贡献。量化每个指标对企业整体目标的贡献，使用评分体系或专业分析方法来确定指标的相对重要性。

（2）分配百分比。根据上述分析为每个指标分配合适的百分比，确保所有指标的权重之和为100%。

（3）定期调整与迭代。随着企业战略和业务环境的变化，定期评估和调整指标权重，确保权重体系符合公司整体发展方向。

通过以上步骤，企业可以建立一个科学合理的指标权重体系，让每个绩效指标都能够在整体战略方向下发挥应有的作用。这不仅可以提高绩效评估的公正性和准确性，同时还可以帮助员工和团队更好地理解公司的战略重点，进而有针对性地开展工作。

4. 不同职族序列人员的指标权重设定

绩效指标权重的设定应反映不同岗位的工作重点和职能要求，不同类别人员的绩效考核差异需要通过指标权重来实现（表8-5）。以下是针对不同职族序列人员的指标权重设定建议：

（1）经理级及以上的管理人员的绩效考核侧重整体业绩和效益，经济效益类指标权重应大于或等于40%；

（2）职能类人员的绩效考核侧重个人日常任务，非经济类个人指标权重应大于或等于40%；

（3）营销类人员的绩效考核侧重个人业绩和效益，经济效益类指标权重应大于或等于40%；

（4）研发类和技术类人员的绩效考核侧重能力和任务，能力类指标权重应大于或等于30%；

（5）操作类人员的绩效考核侧重个人业绩和态度，经济效益类指标（如产量）和态度类指标权重各占30%。

表8-5 不同职族序列人员的指标权重

指标类型	所有职族序列经理级及以上人员	经理级以下人员				
		职能族	营销族	研发族	技术族	操作族
经济效益类指标	40%	10%	40%	20%	20%	30%
非经济类个人指标	20%	40%	20%	30%	30%	20%
能力类指标	20%	20%	20%	30%	30%	20%
态度类指标	20%	30%	20%	20%	20%	30%
阐释	侧重整体业绩和效益	侧重个人日常任务	侧重个人业绩和效益	侧重能力和任务	侧重能力和任务	侧重个人业绩和态度

5. 指标权重设定实操参考

设置绩效指标考核权重时，各指标的权重大小应有明显差异，能突出考核重点，规避导向不明。权重设定在遵循上述原则的基础上，还需根据组织及岗位的变化而变化。在设定指标权重时，可采取以下策略：

（1）根据对公司战略的影响程度确定权重。

（2）根据个人对结果的影响程度确定权重。

（3）权重分配在同级别、同类岗位之间应具有一致性，又兼具每个岗位独特性。

（4）每个指标的权重不低于5%，不大于30%。

（5）权重的百分比值一般取5的整数倍。

（6）一般"主导类"权重为20%～30%，"分担类"权重为10%～15%，"支持类"权重为5%～10%。

企业也可以用矩阵比较法来设计指标权重。矩阵比较法的实施步骤为：用矩阵的形式排列各考核指标，将指标两两对比，相对更重要的指标在横向表格上填1，相对不重要的指标在其对应的横向表格上填0。然后，将横向数据相加，最后得出的数值越大，代表该指标越重要。最后，根据计数分配各指标的百分比权重，并依据前述指标权重设定策略进行修正。具体可见表8-6。

表8-6　矩阵比较法设计指标权重

指标	指标1	指标2	指标3	指标4	指标5	计数	权重	修正
指标1	1	1	1	1	0	4	27%	30%
指标2	0	1	1	1	0	3	20%	20%
指标3	0	0	1	1	0	2	13%	10%
指标4	0	0	0	1	0	1	7%	10%
指标5	1	1	1	1	1	5	33%	30%
合计						15	100%	100%

第四节　考核周期：主体不同，周期不同

在绩效管理中，考核周期是评价和衡量绩效的时间间隔，对指标的选择和绩效评估有着重要的影响。

1. 考核周期定义

考核周期是指对员工或团队的工作绩效进行评价和反馈的周期。常见的考核周期包括年度、半年度、季度和月度。

2. 考核周期设置要点

（1）匹配业务特性。

业务周期。设置考核周期时，需要与公司的业务周期相匹配。有些行业可能有明显的季节性，而有些行业则可能更适合较长的考核周期，如年度。

产品生命周期。对于产品生命周期较短的企业，较短的考核周期更为适宜，以便其快速响应市场变化。

项目性质。对于项目型企业，考核周期应与项目的实际周期一致，确保项目周期内的绩效得到及时的评价。

（2）对齐战略目标。

对短期战略目标的考核。如果目标强调的是短期业绩，可以选择较短的考核周期，如季度或月度，以更快地响应和调整。

对长期战略目标的考核。一般来说，长期战略目标的实施可能需要更长的周期，选择半年度或年度考核会更适合，以便更全面地评估业务的长期表现。

（3）考虑岗位工作性质。

复杂性。对于工作较为简单且较容易量化的岗位，较短的考核周期可能更为合适，以便更好地调整目标和提供反馈，比如生产一线的操作岗位、营销一线的业务岗位等。对于工作较为复杂且不容易量化的岗位，较长的考核周期可能更为合适，比如长周期的技术研发等。

专业性。对于从事较为专业和复杂工作的岗位，可能需要更长的考核周期，以充分体现绩效的影响，比如高层管理岗、产品研发岗等。

（4）考虑技术变革和市场变化。

技术变革。对于处于技术变革较快行业的企业，较短的考核周期可以更好地适应技术变革。

市场变化。根据市场的变化速度、行业竞争状况，灵活选择考核周期以适应市场变化。

3. 考核周期设置步骤

（1）依据战略目标设置考核周期，确保可支持战略的有效执行。

（2）分析业务周期，了解公司所处行业的业务周期，以确定考核周期的合理性。

（3）分析岗位工作性质，确定不同岗位系列的考核周期。

（4）根据公司业务发展和变化，灵活调整考核周期，以保持考核周期与业务周期一致。

考核周期的设置需要考虑多个因素，确保绩效考核能够全面地评估员工和团队的表现，为企业长远发展提供有力支持（表8-7）。

表8-7　不同职族序列各层级人员的考核周期

职族序列	营销族	制造族	研发技术族	职能族
经营层	年度、季度			
管理层	年度、季度	年度、月度	年度、月度	年度、季度
职员层	月度	月度	月度	月度

第五节　数据来源：科学、公正、客观

在绩效管理体系中，明确每个考核指标的数据来源是有效实施绩效管理的关键，也是保障绩效结果能够客观反映员工和团队实际工作表现的关键。

1. 数据来源

（1）内部系统。

包括企业内部的ERP系统、CRM系统、生产管理系统等。这些系统通常包含很多企业日常运营数据，比如销售额、库存量等。

ERP系统。如果公司使用ERP系统，很多运营和财务数据便可以直接从ERP系统中获取，使用时需确保系统数据即时、准确。

CRM系统。CRM系统的数据通常可用于客户满意度、市场份额等指标。

（2）应用软件。

业务软件。一些业务软件可能包含有关产品销售、生产效率等方面的

数据，也可作为指标的数据来源。

人力资源软件。从人力资源软件中获取员工绩效、培训等数据。

财务软件。从财务软件获取与财务相关的数据。

（3）日常运营数据收集。

工作记录或工作报告。一些指标的数据可来自员工工作记录或工作报告，比如出入库记录、个人发展计划、项目进展等。

调查问卷。从员工、客户或其他相关方的调查问卷中获取数据。

（4）第三方。

市场调研。如果需要市场份额、竞争情报等数据，可以从第三方市场调研公司获取。

行业报告。利用行业报告和统计数据，获取行业标准和趋势。

企业可建立一个数据库，将来自不同系统、应用软件的数据整合在一起，确保数据的一致性和可用性。

2. 规范数据来源的实操步骤

（1）明确绩效考核指标的数据收集管理权责。

人力资源部负责统筹考核指标的数据收集及计算公式解释，协调解决数据收集过程中出现的问题，协助审核数据的可靠性与准确性。

各部门负责提报本部门的数据，以及其他部门需要协助提报的数据，并初步审核本部门数据的可靠性与真实性。

绩效委员会负责制定数据标准，负责监督各部门按时提报数据并最终审核各部门所提报数据的真实性。

财务部负责公司层面及各部门相关财务数据的提报与审核，并依据人力资源部的提报要求配合核算相关数据。

（2）明确数据来源与形成过程。

各部门需清楚地知道本部门应提供哪些KPI数据，并为其他部门（科室及关键岗位）提供相关KPI数据。

数据采集部门、被考核部门及人力资源部须达成共识，明确各指标数据的定义、收集方法及时间期限等。

数据采集部门应提交KPI数据形成过程，供被考核部门及人力资源部确认，包括数据的采集方式、采集频率、原始数据来源及精确程度等。三方需达成共识，后续不可随意更改。

（3）构建数据采集程序。

人力资源部于每个考核周期开始前给有关职能部门或下一级人力资源部下达书面通知，对数据收集提出具体要求。有关职能部门或下一级人力资源部于考核周期结束后将员工绩效计划完成情况的数据报有关业务管理部门审核，审核完成后上报给人力资源部，由人力资源部负责统筹数据的收集与汇总。职能部门或相关业务部门负责业务指标数据的初审与确认，保证数据真实可靠，并将初审后的数据报人力资源部。

为了确保数据采集结果的准确性和可靠性，企业需注意以下几点：

严格核查各部门上报的指标数据。采取个别谈话、征求内外部客户意见、审查工作报告、调阅有关材料和数据、听取监督部门意见等方式，对采集的数据进行核查。

如要平衡调整某些数据，应按程序报批。

对弄虚作假等舞弊行为须及时调查核实，凡情况属实的，要采取果断措施及时予以纠正，并针对性构建防范机制。

（4）根据考核周期确定数据提交时间。

月度考核数据：数据提供部门在月度考核结束后3个工作日内将采集结果提交给人力资源部及被考核部门。

季度考核数据：数据提供部门在季度考核结束后5个工作日内将采集结果提交给人力资源部及被考核部门。

年底考核数据：数据提供部门在年度考核结束后7个工作日内将采集结果提交给人力资源部及被考核部门。

（5）进行数据查验与审核。

人力资源部、被考核部门和绩效委员会对收到的考核数据进行查验与审核，对有疑义的数据要求数据提供部门给出解释，获得双方认可后更改数据考核表内容并签字确认，同时知会被考核部门。

若被考核部门或员工个人对本部门的KPI数据有疑义，可提出绩效申诉，与数据提供部门、人力资源部和绩效委员会进行绩效沟通，并达成一致。

人力资源部和绩效委员会根据汇总数据和考核结果，对各个部门的关键绩效指标评分，并将考核指标评分和考核结果反馈给被考核部门。

（6）构建数据采集奖罚机制。

对未按规定时间提供考核数据的责任部门，进行相应的绩效处罚。比如：对责任人扣减绩效分1分/天，直到提交为止，如果数据超过1周还未提交，造成被考核部门因数据提报部门未及时提报数据而无法考核的，该项指标按原指标系数标准核算工资，由数据提报部门责任人承担。

对提供不真实或错误指标数据的责任部门，核查明确后进行相关绩效处罚。比如：对责任人扣除绩效分5分/个数据，若数据审核人已审核，则数据审核人扣除绩效分3分/个数据。

提报部门连续3个月无差错提交绩效考核数据的，给予相应的绩效奖励。比如：准时提交考核数据的部门，其提交数据责任人奖励绩效分5分、数据审核人奖励绩效分3分。

绩效考核数据采集流程如表8-8所示。

表8-8 绩效考核数据采集流程

收集时间	关键流程	流程标准	责任人
当月	数据记录	数据提报部门记录原始数据，持续跟踪，并进行分析改善	各部门
次月1~3日	数据初审	数据提报部门进行数据准确性的初步审核	各部门
次月4日	数据提报	数据提报部门初审后，在规定时间内将数据提报给人力资源部绩效主管登记	各部门
次月5~7日	数据审计	对所有数据进行审计，有不实数据需要数据提报部门重新提报再审	各绩效委员
次月8日	数据汇总	绩效经理对所有数据进行汇总，经人力资源总监审批确认	绩效主管
次月9~10日	数据反馈	经过审查的数据反馈给各部门主管确认	绩效主管
次月11~12日	考核工资测算	根据考核数据进行考核工资测算，测算结果报人力资源经理、财务经理审查	薪酬主管
次月13~14日	考核工资审批	考核工资部门会签后，报本部门上一级主管审核，财务总监、人力资源总监审核，最后报公司总经理审核、董事长审批	总经理、董事长
次月15日	数据保存	数据原始记录由部门保存，考核表及成绩汇总由绩效主管保存	绩效主管

第六节 定量定性：定量为主，定性为辅

从考核指标的类型来看，个人考核指标主要分为三类：数量型指标、任务型指标和行为型指标。其中，行为型指标又称素质型指标，这类指标和岗位素质模型紧密关联，适用于对能力、态度和价值观的评价。一般情况下，行为型指标的考核结果主要用于人才选拔、任用、发展培养等方面，不为业绩考核提供参考，真正用于业绩考核的指标是数量型指标和任务型指标。

数量型指标一般是关键业务指标，即KPI，与公司战略目标、部门职能和岗位职责相关。这类指标往往是定量指标，展现的是工作结果如何。任务型指标展现的主要是任务的行动计划，与团队"硬仗"相关。这类指标往往是定性指标，展现的是工作过程，是过程性指标。行为型指标关注员工的能力与态度，这些指标通常难以量化，是定性指标（表8-9）。

表8-9 三种指标类型的特点

指标类型	指标展现内容	定量定性
数量型指标	工作结果	定量指标
任务型指标	工作过程	定性指标
行为型指标	能力态度	

1. 定量指标与定性指标的优缺点

定量指标可以从多个维度进行表述，如从客户、产品、地区等进行汇总或分解，而定性指标则适用于那些难以量化的工作表现。如果定量指标侧重于考核工作的结果，那么定性指标则侧重于考核工作的过程。比如，研发部总经理的任务型指标"组织创新及研发管理优化"，行为型指标"管理能力""沟通能力"，需要考虑计划举措、员工能力与态度等，这些指标主要依据计划完成情况、员工工作表现，同时结合日常管理记录、面谈沟通、工作汇报、会议记录，以及同事和客户反馈等进行综合评价。

在绩效指标体系中，定性指标和定量指标各自发挥着不同的作用，它们各有所长，优劣势互补，缺一不可。在构建绩效指标体系时，应根据实际情况综合使用（表8-10）。

表8-10　定性指标和定量指标的优缺点

指标类型	定性指标	定量指标
优点	一般应用于组织年度"硬仗"描述或岗位员工能力态度描述，适用范围较广，对整个工作进程评价较深入	一般应用于业绩结果的描述，数据明确，说服力强，简单明了，易于操作，考评结果便于在个人和组织之间进行比较
不足	容易受到考核者的主观倾向影响，准确度不高，降低被考核者对考核结果的认同感和信服度	有些关键数据不易收集，难以确定工作性质

2. 指标应用三原则

（1）定量为主，定性为辅。

定量指标因其科学性和量化特性，为绩效评估提供了客观的数据基础。然而，要充分发挥其优势，企业必须构建一个全面的数据收集体系。定量指标应作为绩效考核的主要依据，可以确保评估的精确性和一致性。定性指标虽然较为主观，但在数据不充分或数据基础较弱的情况下，能够为绩效评估提供必要的补充，有助于从不同角度丰富绩效评估的内容，尤其是在评价那些难以量化的工作表现时。在构建绩效指标体系时，应明确定量指标的主导作用，并适当利用定性指标来提供更全面的评估视角，实现两者的有效结合。

（2）定量前置，快速发现问题。

在绩效管理中，首先通过定量指标衡量业务和工作的关键方面，快速发现问题和瓶颈；在发现问题后，再借助定性指标深入挖掘产生这个问题的原因，为解决问题提供更全面的参考。定量指标的前置应用能够迅速定位问题，定性指标则有助于发现问题的本质，为解决问题提供更有针对性的措施建议。当需要快速了解业务状况时，先采用定量指标；当面临问题时，引入定性指标帮助深入挖掘问题产生的根本原因。

（3）针对性问题采用定性评价。

当定量指标无法完全覆盖某些问题或需要深入了解某些方面时，可以引入定性指标，专门设计评价方案，以实现对问题的深入分析。定性评价的引入有助于对复杂问题进行刻度评价，更深层次地挖掘问题本质，从而提高问题解决的效果。在针对性问题较多，需要更细致地分析和评价时，引入定性指标可以提供更具深度的解决方案。

灵活运用这三个原则可以帮助企业建立更科学、全面的绩效指标体系，既保留了定量指标的客观性和简洁性，又充分发挥了定性指标在解决复杂问题和提供深层次信息方面的优势。

第七节　指标量化：用数据说话，简洁有力

企业要打胜仗，绩效目标的制定和分解很关键。然而，对许多企业管理者来说，制定目标容易，但在将考核指标分解与量化时就犯愁，苦恼于考核指标量化不够明确、可操作性不强。接下来，我们将着重介绍几种指标量化方法，企业管理者可参照选用。

1. 统计结果量化法

统计结果量化法，将任务或工作的结果以数字形式呈现出来，通过量化的指标来衡量绩效。具体到业务中，这种方法通过统计次数或数值来呈现任务的完成情况。在任务完成后，我们可以直接给出数字化的任务结果来评估绩效，例如产量、销售额、次数、频率、利润率等量化指标。

【示例】会计核算工作的量化指标"会计核算出错次数"。

第一步，定义指标。明确定义要统计的绩效指标，包括指标名称、指标定义等。

第二步，数据收集。开展相应数据的收集工作，包括核算过程中出现错误的次数。可以通过审计、系统记录等方式获得准确的统计数据。

第三步，数据分析。对收集到的数据进行分析，确定出错的次数，这可能涉及对具体错误的分类、程度等的进一步分析。

第四步，设定量化目标。根据历史数据和业务需求，设定合理的量化目标。例如，将"会计核算出错次数"设定为每季度不超过5次。

第五步，调整目标。根据实际情况和反馈，有需要时可以对目标进行调整，以更好地适应业务的变化和发展。

经过上述步骤，我们就可以细化出会计核算工作的量化指标"会计核算出错次数"的具体内容了（表8-11）。

表8-11 "会计核算出错次数"指标设置

指标名称	指标定义	评分标准	考核频率
会计核算出错次数	会计核算错误的次数	差错次数不超过5次，每多×次扣×分，出现×次及以上差错该项目分为0	季度

2. 目标达成情况量化法

目标达成情况量化法，通过将实际完成的任务结果量化，并与预期目标进行比较，获得目标达成的具体情况。量化指标包括计划达成率、销售目标完成率、落实率等。

【示例】"销售目标完成率"指标设置（表8-12）。

表8-12 "销售目标完成率"指标设置

指标名称	指标定义	评分标准	考核频率
销售目标完成率	某产品的销售目标实现情况	完成率目标值为×%，每降低×个百分点减×分，完成率低于×%时，该项得分为0	月度/季度/年度

3. 频率量化法

频率量化法是指通过观察和计算行为或任务的频次，将其量化为可比较的数值，用以衡量工作的完成程度。典型应用指标包括及时性、完成次数、周转速度等。

实操步骤：

第一步，定义行为或任务。明确定义需要观察的具体行为或任务，以便后续计数。

第二步，确定观察周期。观察周期可以是日、周、月等，具体取决于实际情况。

第三步，观察并记录。在设定的观察周期内，对目标行为或任务的频次进行观察并记录。

第四步，计算频率。将观察到的次数与观察周期进行比较，计算频率。比如，某任务每周完成3次，那么其周频率为3。

第五步，设定评分标准。根据历史数据及目标要求设定目标频率，使观察到的频率与目标频率能够进行比较并计分。

【示例】"客户拜访频率"指标设置（表8-13）。

表8-13 "客户拜访频率"指标设置

指标名称	指标定义	评分标准	考核频率
客户拜访频率	一定周期内销售代表拜访客户的次数	每周/月拜访客户×次。每少1次扣×分，拜访次数少于×次，该项得分为0	周/月

4. 行为锚定量化法

行为锚定量化法通过定义不同级别的行为表现，并将这些行为表现锚定在量化的刻度上，来衡量员工的绩效。这种方法试图将定性的行为描述与定量的评分结合起来，以提高评估的准确性和一致性。典型应用指标包括团队协作、领导力评估等。

实操步骤：

第一步，明确行为刻度。用量化的描述定义不同行为刻度，例如"团队协作"行为可以划分为主动沟通、知识分享、问题解决等行为程度来表述。

第二步，行为评估。在绩效评估过程中，将员工在工作中展现的具体行为匹配到相应的行为刻度。

第三步，刻度评分。根据行为刻度，对员工的行为进行评分，确保评估是基于具体的行为表现。

第四步，汇总分析。汇总所有员工的行为评分，可以通过图表或数据报告的形式直观地展示不同员工在不同行为方面的表现。

【示例】项目经理的"成本意识能力"指标设置（表8-14）。

143

表8-14 "成本意识能力"指标设置

指标名称	指标定义	评分标准		
		等级	行为锚定	得分
成本意识能力	运用各种管理手段控制项目成本的意识	1级	项目进度延误，未对项目成本进行合理预测，项目成本费用超支，现场出现浪费现象	0～3
		2级	能够合理安排项目资金，保证项目进度，关注项目相关价格对项目成本的影响，提出降低项目成本建议	4～6
		3级	配合企业进行合理的项目成本预测，积极关注项目成本的相关信息，采取一定的措施降低项目成本	7～8
		4级	对市场短期的总体趋势有较为准确的分析和判断，可指导当前工作；关注项目成本的相关信息，清楚地知道项目成本构成、比例及与其他相关成本的关系，可进行有效的成本控制	9～10

5. 关键行为量化法

关键行为量化法是一种给予直接带来结果的关键动作分值的计量方法。它注重从关键动作中找到任务成败的根源，通过量化关键行为，准确评估员工在任务中的表现。

（1）典型应用场景。

"销售业绩"，即对直接影响销售结果的关键行为进行量化评估，如客户拜访频率、销售谈判技巧等。"项目管理"，即对项目团队的关键项目推动行为进行量化评估，如计划执行、问题解决等，以评估项目管理效果。

（2）实操步骤。

第一步，明确定义关键行为。识别在特定任务或工作中，对任务结果有决定性影响的关键行为。

第二步，设定行为指标。对每个关键行为设定具体的量化指标，可以是频率、质量、效率等方面的指标。

第三步，行为评估。在绩效评估中，根据员工展现的关键行为，进行定量的评估。

第四步，计分规则。设定关键行为的计分规则，确保评估是公正、可量化的。

【示例】"来料检验准确性"指标设置（表8-15）。

表8-15　"来料检验准确性"指标设置

考核指标	关键行为	权重	评分标准	得分
来料检验准确性	来料检验出错次数		目标值为出错次数不超过×次，每超出目标值×次扣×分，出错×次以上本项得分为0	
来料质量合格率	来料质量合格次数		合格率目标值为×%，每低出目标值×%减×分，合格率低于×%时，本项得分为0	
来料检验完成及时性	来料检验延误次数		目标值为延误次数不超过×次，每超出目标值×次扣×分，延误×次以上本项得分为0	
合计				

（3）行为锚定量化法与关键行为量化法的异同。

共同点：

√关注关键行为。两种方法都关注员工在任务中展现的关键行为，认为这些关键行为对于任务成败至关重要。

√量化评估。都倡导将行为进行量化评估，通过数字化的方式对员工的表现进行客观的量化评估。

√任务导向。都是任务导向的评估方法，强调通过关键行为的表现实现对任务或目标的有效推动。

不同点：详见表8-16。

表8-16　行为锚定量化法与关键行为量化法的差异

维度	行为锚定量化法	关键行为量化法
定性定量	强调对定性指标的定量化，将定性的行为通过刻度表现出来，形成分值体系	注重对关键行为的定量评估，即对具体的行为指标进行量化
细致程度	关注员工行为的多样性和细致化，使各种行为都能通过刻度表现	专注于少数几项对任务成功起到决定性作用的关键行为
适用场景	适用于需要考察员工多方面行为表现的情境，如管理、沟通等	适用于强调任务结果直接关联到特定关键行为的情境，如销售、项目管理等
员工	侧重于员工行为的广度，希望覆盖员工在各方面的表现	侧重于员工行为的深度，关注员工在关键领域的卓越表现
评估	注重对员工的全面评估，适用于需要全面发展的员工	更注重任务导向的评估，适用于任务明确、结果直接的情境

行为锚定量化法与关键行为量化法并不是相互排斥的，而是可以根据不同的情境灵活地综合使用。在某些情境下，我们可以先通过行为锚定量化法对员工行为的广度进行评估，然后再使用关键行为量化法深入评估员工在关键领域的表现，以此让绩效评估更全面、更精准。

6. 时间维度量化法

时间维度量化法，是通过时间维度对任务或项目的推进过程进行控制和评估的一种方法。它重点关注任务的时间节点、完成时间，以及相对时间的进展情况，以确保任务或项目能按时完成。时间维度的考核指标包括完成时间、批准时间、开始时间、最早开始时间、最迟开始时间、最早结束时间、最迟结束时间、期限天数、及时性、进度、周期等。

进度量化法是时间维度量化法的一种，指完成任务过程中对事态发展（时间阶段）进行控制的一种计量方法，通过计量特定时间与行为之间的因果关系得出结果的分值。

实操步骤：

第一步，设定时间节点。确定任务或项目的关键时间节点，如开始时间、结束时间等。

第二步，设定期限。确定任务或项目的完成期限，即期望的完成时间。

第三步，量化进度。对任务或项目的进展情况进行量化，可以用百分比表示，也可以用其他合适的量化方式。

第四步，计算差距。如果任务或项目没有按期完成，计算实际完成时间与计划完成时间之间的差距。

第五步，设定及时性标准。确定哪些程度的延迟被认为是可以接受的，哪些是不可接受的。

第六步，评分规则。根据实际完成时间、延迟情况等因素制定评分规则，计算出指标得分。

第七步，周期考核。定期对任务或项目的进度进行考核，及时调整计划和措施。

【示例】"对账工作及时性"指标设置（表8-17）。

表8-17 "对账工作及时性"指标设置

考核指标	考核事项	评分标准	备注
对账工作及时性	及时完成与经销商定期对账工作，保持经销商账务清楚	每季度第一个月前5日，发出对账通知单，15天内完成对账工作。每延迟×天扣×分，延迟×天以上本项得分为0	如遇法定节假日，期限顺延

第八节　衡量标准设计：压力适度，标准稳定

在绩效管理体系中，衡量标准是绩效指标结构中非常关键的一部分，它直接影响员工的绩效评价和奖惩机制的执行。

1. 衡量标准定义

衡量标准是用于衡量员工绩效表现，即员工绩效目标达成程度的标尺。衡量标准包括绩效等级标准和计分规则。通过衡量标准，管理者可以明确员工在实现绩效目标时应该达到什么水平，什么水平是合格的、什么水平是优秀的、什么水平是不合格的。可以这么说，衡量标准是用来进行绩效评价的定量或定性规则集。科学合理的衡量标准设计，确保了绩效评价的公正性、客观性，并为员工提供了清晰的公司期望，指明了工作努力的方向（表8-18）。

表8-18 绩效指标"销售目标完成额"

考核指标	周期	目标值	权重	KPI定义	提供数据部门/责任人	指标计算方式	衡量标准		
							目标值（120分）	基准值（80分）	最低值（60分）
销售目标完成额	年度	21.5亿元	40%	本年度签订的订单和对应的实际出货金额	财务/陈××	统计本年实现销售额	21.5亿元	16.5亿元	15亿元

续表

考核指标	周期	目标值	权重	KPI定义	提供数据部门/责任人	指标计算方式	衡量标准		
							目标值（120分）	基准值（80分）	最低值（60分）

计分方法：
1. 当实际值低于或等于最低值，该项指标得分=0。
2. 当实际值在基准值和最低值之间，该项指标得分=60×（实际值-最低值）/（基准值-最低值）×权重。
3. 当实际值=基准值，该项指标得分=60×权重。
4. 当实际值在目标值和基准值之间，该项指标得分=[60+40×（实际值-基准值）/（目标值-基准值）]×权重。
5. 当实际值=目标值，该项指标得分=100×权重。
6. 当实际值超过目标值的5%，该项指标得分=100×权重+5。

一个完整的绩效指标通常包含多个构成要素，如指标名称、指标定义、指标权重、数据来源、目标值、考核周期及衡量标准等（表8-19）。其中，衡量标准包括了绩效等级、等级定义和计分规则等。考核指标确定了评价岗位工作的方法，指标权重明确了考核指标所指向的工作要素的重要程度，而衡量标准则规定了各项工作要素应该达到的水平、对应的绩效等级及指标计分规则。

表8-19 绩效指标"销售额增长率"

指标名称	销售额增长率（S）			
指标定义	企业本年销售收入增长额同上年销售收入总额之比			
指标权重	40%			
数据来源	财务中心			
计分规则	$S=\dfrac{本年销售额}{上年销售额}\times 100\%-1$			
绩效等级	优秀	良好	合格	不合格
等级定义	$S>15\%$	$10\%<S\leqslant 15\%$	$5\%<S\leqslant 10\%$	$S<5\%$

2. 绩效衡量标准的设定原则

（1）压力适度原则。

绩效衡量标准产生的压力要适度。绩效目标值应设定为大多数员工通过努力能够实现的水平，这样的绩效衡量标准带来的压力才是良性的，才能激发员工的潜能，促使他们更加高效地完成任务。如果目标过低，员工不用努力就可以达到，绩效考核就会失去意义；如果目标过高，可望而不可即，员工就会失去信心，产生沮丧的情绪，反而降低了员工的效率。因此，绩效衡量标准要坚持压力适度原则。

（2）标准稳定原则。

绩效衡量标准应保持相对稳定，避免频繁变更，以确保员工对目标有持续而稳定的认知。一般来说，绩效衡量标准一旦确定，就应在一段时间内保持稳定，不要在短期内出现太大变化。频繁变更的绩效衡量标准会给员工带来困惑，降低目标的可预测性和可信度，从而影响员工的绩效表现。但同时，在市场瞬息万变、技术快速迭代的今天，绩效衡量标准的修订也是必要的。注意，这种修订应是局部的，避免大范围的改动。在制定绩效衡量标准时，建议参考同行业成熟企业的做法，并结合本企业的管理实践进行适当的调整和改良。

这两个原则相互补充，一方面确保设定的目标既有挑战性又是可实现的，另一方面确保绩效衡量标准的一致性和稳定性，以保障绩效考核的公平性，增强员工的信任感。平衡这两个原则，有助于构建一个健康、可持续的绩效管理体系。

3. 定量指标评估标准设计

（1）目标值加减分法。

目标值加减分法是一种在绩效管理中用于评定员工绩效的计分规则。这种方法通过比较员工实际表现与设定的目标值之间的差距来加减分，从而量化员工的工作绩效。用目标值加减分法确定指标标准，一般适用于目标任务比较明确、技术相对稳定，同时鼓励员工在一定范围内做出更多贡献的情况（表8-20）。需要注意的是，用目标值加减分法设计指标值时，指标的最大值不应超过权重规定值，最小值不能是负数。

表8-20 绩效指标"销售额""客户满意度"

指标名称	权重	分值	评估标准
销售额	30%	30	100万元为标准销售额,得分20分。每增加10万元加1分,最多加10分;每减少10万元减1分,最少不能出现负值
客户满意度	20%	20	95%为标准客户满意度,得分15分。每增加1%加1分,最多加5分;每减少1%减1分,最少不得出现负值

（2）阶梯评分法。

阶梯评分法是一种对可量化的结果性指标进行分级的计分规则。这种方法将员工的绩效分为不同的等级,每个等级对应着一定的评分,通常按从低到高或从高到低的等级划分。阶梯评分法不仅在一定程度上解决了"指标值越高,难度值越大"的公平性问题,而且让员工明确企业的期望,找到努力的方向（表8-21）。

表8-21 绩效指标"目标达成度"

指标名称	目标达成度（S）			
计分规则	根据员工的实际表现与设定目标值的百分比来确定绩效等级			
绩效等级	优秀	良好	合格	不合格
等级定义	$S>100\%$	$80\%<S\leqslant100\%$	$60\%\leqslant S<80\%$	$0\%\leqslant S<60\%$

阶梯评分法实施步骤：

第一步,明确绩效指标的考核重点。明确绩效指标的考核方向与引导重点,以及结果性指标的阶梯设置要点。

第二步,划分不同的评分等级。可以是数字等级,也可以是用词描述的等级。这些等级可分为几个阶梯,比如,1~5级,或待改进、合格、良好、优秀等。

第三步,明确每个等级的评估标准。为每个评分等级设定明确的评估标准,确保评分的公正性和客观性。这些标准可以是定量的,也可以是定性的,但必须能够清晰表达不同等级之间的区别。

第四步,与目标对齐。评估标准需要与设定的目标对齐,反映员工在达成目标方面的实际表现,确保绩效评估的有效性。

（3）比例计分法。

比例计分法指的是根据员工实际完成值在各目标标准区间所处的位置确定员工的绩效结果。这种方法最关键的动作是设立目标标准值。比如，某企业将生产计划完成率指标标准分为3档：基准标准、达标标准和挑战标准（表8-22）。

√ 基准标准，即及格线，代表企业的最低期望值。达不到会被认定为不合格，不能够满足企业战略发展的需要。基准标准，原则上应该是大部分员工按照基本工作流程工作就能够达到的，对应绩效得分为80分。

√ 达标标准，即良好线，代表企业的目标期望值。在战略目标分解的情况下，如果每一个员工都能达到达标标准，企业的战略目标就能够实现。达标标准，原则上应该是大部分员工经过努力可以达到的，对应绩效得分为100分。

√ 挑战标准，即优秀线，代表远超企业的预期目标。挑战标准原则上是员工需要付出巨大努力才能够达到的，对应绩效得分为120分。

表8-22 绩效指标"生产计划完成率"

指标名称	指标定义	标准值设定		
		基准标准（A）	达标标准（B）	挑战标准（C）
生产计划完成率（S）	衡量企业或生产部门实际完成的生产计划与设定的生产计划之间的比率，通常以百分比的形式表示，用于评估生产计划的执行效果	80%	100%	120%

当$S<A$，考核得分=0分；当$S=A$，考核得分=80分；当$A \leq S<B$，考核得分=$80+20 \times (S-A)/(B-A)$；当$S=B$，考核得分=100分；当$B \leq S<C$，考核得分=$100+20 \times (S-B)/(C-B)$；当$S \geq C$，考核得分=120分。具体计算规则见表8-23。

表8-23 绩效指标"生产计划完成率"的计算规则

指标名称	生产计划完成率（S）			
计分规则	$X=\dfrac{\text{实际完成的生产任务数量}}{\text{计划完成的生产任务数量}}\times100\%$			
等级阶梯	$S<A$	$A\leqslant S<B$	$B\leqslant S<C$	$S\geqslant C$
绩效得分	0分	$80+\dfrac{S-\text{基准值}}{\text{达标值}-\text{基准值}}\times20$	$100+\dfrac{S-\text{达标值}}{\text{挑战值}-\text{达标值}}\times20$	120分

（4）直接扣分法。

直接扣分法的核心是对不符合标准或出现问题的行为或结果直接从员工的绩效得分中扣除分数，这种方法主要用于负向指标的评估标准设定（表8-24）。

表8-24 绩效指标"生产线故障发生次数"

指标名称	指标定义	指标标准	评分方法	信息来源
生产线故障发生次数	生产周期内发生生产线故障的次数	0次	每发生1次扣3分，扣完为止	生产部、技术部

直接扣分法实施步骤：

第一步，设定评估标准。明确期望达到的标准和行为规范。

第二步，识别问题。确定在绩效考核周期内可能出现的问题，包括不符合标准的行为、低效率的工作、错误的决策等。

第三步，设定扣分项。将出现问题或不符合标准的行为细分为具体的扣分项，每个扣分项都有相应的扣分标准。

直接扣分法必须明确问题和相应问题的具体扣分标准，让评分更具体和公正。直接扣分法能够刺激员工关注并采取措施改进存在的问题。

4. 定性指标评估标准设计

定性指标定量化是一种将定性指标转化为可量化数值的方法，通过设定具体的评估维度和量化方式，使得原本难以量化的指标能够在绩效评估中得到有效评估和比较，常用于设计定性指标评估标准。

每个定性指标都有其独特的评价维度。为了量化这些指标，我们可以根据工作的不同方面，如及时性、准确性、效果、完整性、系统性等，设置评估标准（分级量表）。

定性指标定量化的核心是找到指标的内在逻辑，这需要管理者对这个定性指标所指向的对象有系统的把握，了解这个对象涉及的各个因素，并能对其进行优化。

找指标的内在逻辑就是对这个指标所包含的因素进行分维与分层（图8-4）。分维就是将指标包含的因素分门别类；分层就是不同维度的因素以程度差异再次划分，形成相应层次。指标分解其实就是一个分维、分层再细分的过程。横向分维遵循MECE（Mutually Exclusive, Collectively Exhaustive）原则，即相互排斥且完全覆盖；纵向分层遵循层级足够清晰、能够区别不同程度的原则。

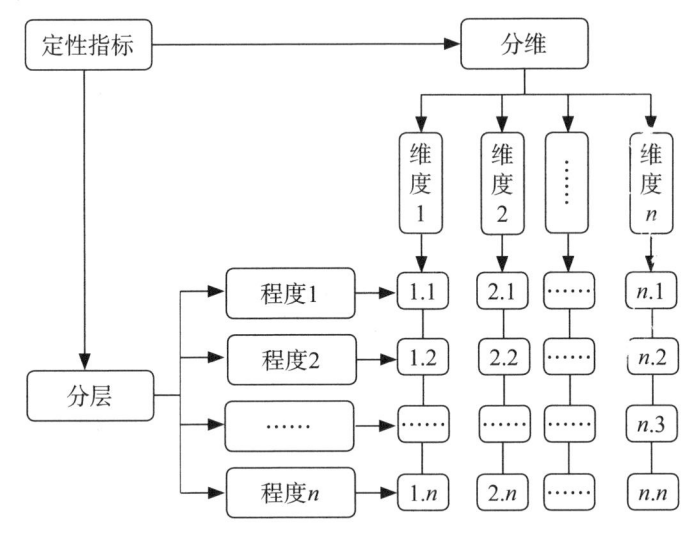

图8-4 定性指标的分维与分层

实操步骤：

第一步，明确定性指标想要衡量的具体事件是什么，比如"团队协作能力"。

第二步，设定评估维度。为每个定性指标设定明确的评估维度，并确保这些维度能够具体描述该指标的特征。比如，"团队协作能力"就可分解为频率、深度和效果三个维度。

第三步，量化评估维度。将设定的评估维度转化为量化的形式，包括各评估维度的权重、等级及等级对应的行为标准和计分标准等。

第四步，建立评估体系。基于量化的评估维度，建立评估体系，明确每个级别或分数所代表的含义。比如，采用分级评估，绩效等级可设计为不合格、合格、良好和优秀，然后对应设计各等级的分数（表8-25）。

表8-25 绩效指标"团队协作能力"

指标名称	指标分解	优秀（5分）	良好（4分）	合格（3分）	不合格（1分）
团队协作能力	频率（权重20%）	每周主动参与团队复盘与讨论≥5次，积极思考，主动发言	每周参与团队复盘与讨论3～4次，主动发言	每周能参与复盘与讨论3次，主动发言	每周参与复盘与讨论次数<3次
	得分	分值×权重			
	深度（权重30%）	深刻理解团队目标和团队工作问题	理解团队目标，明白团队工作问题	能够理解团队目标，了解团队工作问题	不能完全理解团队目标和团队工作问题
	得分	分值×权重			
	效果（权重50%）	发言内容有深刻见解，对问题的解决有关键性作用	发言内容具有参考价值，对问题解决有帮助	发言内容对问题的解决有帮助	对讨论三缄其口，主动性不足，不能提供有效意见
	得分	分值×权重			
合计得分					

定性指标定量化的难点在于如何分维，建议可以从及时性、准确性、效果、完整性和系统性等维度进行指标分维，表8-26为定性指标定量化的分维建议。

表8-26　定性指标定量化分维

指标类型	维度	描述	指标分解	衡量标准
定性指标	及时性	时效性工作，以时间为判断标准	×项工作及时完成	某项任务完成时间，晚1天扣×分	对时间要求较高，早1天加×分
	准确性	以工作准确度、精准度为考量标准	×项工作准确完成	出现重大差错扣×分	
	效果	以效果为准，如培训项目实施等	×项工作完成	接到相关投诉扣×分/次	视项目、任务完成情况酌情加×分
	完整性	以工作完成范围为准	计划完成情况	每少完成10%，扣×分或按完成比例得分	
	系统性	以工作任务的系统性、长远影响为准	对未来的影响	领导评价、任务打分（预期长远影响、效果、收益）	

定性指标定量化的过程不是一蹴而就的，一般需要经过三个阶段：分解→评分→汇总。首先，将需要定量化的定性指标按照指标内在逻辑分解成合适的组成部分；然后，对每个部分依照各自的标准进行评分；最后，将各部分的分数乘权重并相加，所得的分数即该定性指标的量化值。

【示例】定性指标"某产品在市场上的接受程度"的评估标准设计。

首先，将"某产品在市场上的接受程度"，根据产品的客户价值主张分解为品牌知名度、记忆度、质量、方便性和外观色彩5个维度；然后，按各自的重要性划分权重；最后，以"很好、好、一般、不好、差"5个等级分别对应"5、4、3、1、0"进行评分，每个部分的得分分别乘对应的权重，再相加即定性指标的量化值（表8-27）。

表8-27 绩效指标"某产品在市场上的接受程度"

指标名称	指标分解	很好	好	一般	不好	差
某产品在市场上的接受程度（S）	品牌知名度（S_1，权重X_1）	5	4	3	1	0
	得分	\multicolumn{5}{c}{$S_1 \times X_1$}				
	记忆度（S_2，权重X_2）	5	4	3	1	0
	得分	\multicolumn{5}{c}{$S_2 \times X_2$}				
	质量（S_3，权重X_3）	5	4	3	1	0
	得分	\multicolumn{5}{c}{$S_3 \times X_3$}				
	方便性（S_4，权重X_4）	5	4	3	1	0
	得分	\multicolumn{5}{c}{$S_4 \times X_4$}				
	外观色彩（S_5，权重X_5）	5	4	3	1	0
	得分	\multicolumn{5}{c}{$S_5 \times X_5$}				
合计得分	\multicolumn{6}{c}{$S = S_1 \times X_1 + S_2 \times X_2 + S_3 \times X_3 + S_4 \times X_4 + S_5 \times X_5$}					

定性指标评估标准设计要点：

（1）分解时，划分标准要统一，分类要精细，分层要清晰，但类别和层数不能过多，否则会造成计算过程过于烦琐，并且各层各类应规定一个权重，同层同类的各部分权重值总和为100%。

（2）在评分阶段，各个部分采取的方法应相同，量化标准也要保持一致。通常是将各部分定性为"很好、好、一般、不好、差"5个等级，然后再对应转化为"5、4、3、1、0"的分数。

（3）汇总就是将各部分的分数乘权相加为上一层类别部分的分数，再将类别部分的分数乘权相加得出总的分数，这个总分数就是量化值。

5. 行为型指标量化

行为型指标的衡量标准一般通过语言描述确定，也称为描述性标准。用这些描述性标准进行能力态度的考核，需要建立大量的行为标准，深入了解考核对象的工作，并长期跟踪、观察和记录考核对象的工作行为，然后从大量的记录中整理出具有代表性的、典型的、能够体现绩优者与绩差者差异的一系列行为，这就是行为事件观察法，也是对行为型指标进行量化最常用的方法之一。

【示例】"对某项工作的管理能力"指标衡量标准（表8-28）。

表8-28 绩效指标"对某项工作的管理能力"

定性KPI	考核维度	衡量标准					
		不合格	需改进	合格	良好	优秀
对某项工作的管理能力	监督××制度执行	发生严重违反××制度事件，给公司造成10万元以上重大损失	偶尔发生违反××制度事件，但损失较小	基本没有违纪事件，××制度运作基本正常	严格执行监控制度，××制度运作正常	及时准确地发现问题，避免了损失，××制度运作良好
	分数	0分	40分	80分	100分	120分

第九节 绩效合约签订：契约定责激活力

绩效合约的签订是企业绩效管理的关键环节，这不仅是员工与企业之间的契约，也是激励与约束的有效工具。绩效合约的格式有多种，但基本内容大同小异，包括签约人的基本信息、考核维度、考核项目、激励方案，以及每个考核指标的计算方式、计量单位、考核周期与目标等级。

绩效合约是明确员工工作目标、责任与义务的书面协议，有助于激发员工工作积极性、提高员工工作效率，同时也是管理者对员工工作情况进行量化考核的依据。

1. 绩效合约的内容

（1）绩效目标与考核指标。要有明确的工作目标和绩效指标，且确保员工能够理解并全面执行。

（2）考核周期与频率。要有明确的绩效考核周期和频率，如每季度、半年度或年度进行一次考核。

（3）计分规则。要有绩效指标的核算规则，让员工能够根据工作结果对照计分规则计算出自己的考核分数。

（4）考核激励方案。要有明确的不同绩效结果的奖惩机制，明确绩效达标的奖励和不达标的处罚。

2. 绩效合约的确定

（1）自下而上。

第一步，上级与被考核对象共同商议考核指标、目标、激励方案等。

第二步，达成一致后，将绩效合约提交上报公司审核、审批。

第三步，审批通过后，被考核对象对绩效合约内容进行确认，并签署绩效合约。

这种确定方式的优缺点是：

√ 员工参与度高，被考核对象对绩效合同更容易认同和接受，执行意愿也更强。

√ 较为耗时，且管理层压力较大，如果前期制定不合理，会出现与公司指标不对齐的情况。

（2）自上而下。

第一步，上级制定好下级的绩效合约，上报公司审核、审批。

第二步，审批通过后，上级与下级（被考核对象）沟通绩效合约内容，形成共识。

第三步，被考核对象签署确认。

这种方式的优缺点是：

√ 流程相对简单，效率较高。该方式适用于一些固定且统一的工作，员工无须深度参与合约的制定，减轻了员工的负担。

√ 员工参与度较低，可能出现被考核对象不认同、不接受的情况，绩效合同沟通和推动容易受阻，无法满足个性化考核的需求。

采用第一种还是第二种方式，要综合考虑企业文化和干部绩效管理能力。

如果企业文化倾向于军队式管理，强调层级关系，注重服从与执行力，那么自上而下的方式更合适。相反，如果企业文化倡导人性化管理，鼓励开放式沟通，强调团队协作和创新，则自下而上的方式可能更合适。

如果干部的绩效管理能力强，那么自上而下的方式更有效；反之，自下而上的方式则更为适宜。

绩效合约确定方式的选择应根据企业文化、员工特点和工作性质等多方面因素进行综合考量。在实际应用中，也可以采用自下而上和自上而下相结合的方式，以达到既有个性化又有统一管理的效果。

第十节　绩效目标发布：目标公示，自我驱动

绩效目标发布是绩效管理过程中的一个关键环节，它确保了员工对自身职责和期望目标的清晰认识。

1. 绩效目标发布的意义

（1）因为重要所以重视，因为重视所以要有仪式。绩效目标的发布象征着企业新一年度经营计划的正式启动。通过举办发布仪式，企业不仅向员工传达了目标的重要性，而且凸显了每个员工在实现企业战略中的独特贡献。这种仪式感的营造，激发了员工对目标的尊重和认真态度，同时增强了目标的权威性和指导性，为实现公司愿景奠定了坚实的基础。

（2）绩效目标公开宣布的背后是行动承诺。这一面向公众的承诺不仅向员工明确了期望，也向客户、合作伙伴及其他利益相关方传递了公司的决心和责任心。这种公开的行动承诺有助于提高企业在市场中的信誉，提高股东和客户的信任度。

（3）绩效目标发布会也是一场动员会和士气鼓舞会。在会上，企业管理者传递的不只是目标，更是对团队的信心和鼓励。通过分享公司的胜利经验、展望未来的美好前景，激发员工积极性，鼓舞员工士气。这不仅是一次绩效目标的发布，更是吹响了整个团队奋发向前的号角。

在这个过程中，仪式感、行动承诺和激励士气共同构成了绩效目标发布会的完整意义。它让绩效考核方案不只是指导员工工作的行动计划，更成为激发团队力量、共同追求卓越的有效工具。

2. 会前准备工作

成功的绩效目标发布会不仅有赖于绩效目标本身的合理性，还需要细致的会前准备，以确保仪式的顺利进行。会前准备工作有4个重点，具体如下：

（1）业绩目标已明确且经过公司审批。在举行绩效目标发布会前，企业需确立清晰、经过深思熟虑的业绩目标。这些目标必须与企业的战略目标紧密相连，具体、可衡量，并能够促进团队和个人的工作。此外，这些目标必须经过企业高层的审批，以确保它们符合企业整体的战略方向。

（2）绩效合约已事先沟通并达成共识。绩效合约不应是数字和目标的简单罗列，而应是通过有效沟通和协商达成的共识。在举行绩效目标发布会前，团队领导和员工之间需要进行深入的讨论，明确每个人的职责和贡献，确保绩效合约不仅符合企业整体目标，还能够被员工理解和接受。

（3）会议流程需明确并向与会人员提前发布。绩效目标发布会的流程应该在会议前确定，并及时向与会人员发布，这包括会议议程、发言人、互动环节等。明确的流程安排可以让与会人员有充足时间准备，确保会议高效有序地进行。

（4）为了使绩效目标发布会更具感染力和参与感，会议的形式设计至关重要。可以加入成功案例分享、明星员工经验交流等鼓舞性元素，这些设计有助于带动整个会议的氛围，增强员工对目标的认同感和投入感。

这些准备工作可以为绩效目标发布会的成功举办打下坚实基础，使整个过程更为顺畅和有序。这有助于在员工中营造积极的工作氛围，激发员工对完成新一年度目标的热情。

3. 绩效目标发布会流程

一场成功的绩效目标发布会需要一个清晰而有节奏的流程，以确保公司的目标得到有效传达，并让员工在新的绩效考核周期内有明确的方向和期望。以下是绩效目标发布会的常规流程：

（1）企业高层发言。简述企业的使命、愿景、理念和价值观，阐释战略目标的意义，为整个绩效周期设定基调。这一环节有助于将企业愿景融入员工的日常工作中，激发员工的积极性，增强团队凝聚力。

（2）公司层面目标发布。公司层面目标包括公司整体的绩效目标，以及每个层级的细分目标。

（3）各部门负责人上台发布自己的目标，并进行挑战性发言。部门负责人介绍自己团队的目标，用具有鼓动性的方式分享达成这些目标的计划与面临的挑战。这有助于确保每个团队成员都了解公司整体目标，并明白自己在实现这些目标过程中所扮演的角色。

（4）部门负责人在台上签署责任状和绩效合约，正式确认对所承担目标的责任，并为员工树立表率。

（5）公布激励方案。公布与绩效相关的激励方案，如奖金、晋升机会等。这一环节旨在激发员工的积极性，使他们更加专注和努力地追求目标。

（6）企业高层进行总结讲话，再次强调整体目标的重要性，表达对员工的信心，以及将为员工提供支持的承诺。

（7）唱响战歌。结束发布会的方式多种多样，可以选择一种鼓舞人心的方式，如唱响激励战歌，鼓动员工的热情与干劲，增强团队凝聚力。

整个流程紧凑而有序，确保了信息的清晰传达，加深了员工对企业目标的理解，并增强了他们对个人责任的认同。同时，这也为企业营造了一个积极向上的氛围，推动着整个组织向共同目标迈进。

第九章　考核评价："称重"打分，结果应用

本章将从绩效考核评价的三个关键方面——由谁考核、怎么考核和考核结果怎么应用，探讨绩效考核评价的实践方法与应用。

第一节　由谁考核

在企业绩效管理中，"由谁考核"这一问题涉及对企业管理理念和企业文化的深刻理解。受到西方企业管理理念的影响，直线考核机制已成为主流。然而，在具体实践中，企业仍需要根据考核指标的不同类型，明确各自的考核主体，以确保考核的全面性、公正性、及时性和有效性。

1. 直线考核机制

直线考核机制是一种由直接上级对下属进行考核的方式。在这种机制下，所有的考核权力都集中于直线上级。这种机制有以下几个显著特点：

（1）责任链清晰。每个员工都有一个明确的直接上级，由该直接上级对其工作表现进行评价。这种清晰的责任与权力关系提高了执行效率。直线上级拥有全权评价下属的权限，这对有效调动下属和行使工作监督权限起到了重要的促进作用。

（2）考核关系简洁。直线管理关系简化了信息传递流程，减少了决策层级，从而使考核目标管理、考核指标设置、考核数据收集、考核结果量化、考核评价打分等流程更加高效。

（3）强调个体责任。在这种机制下，每个员工仅对直接上级负责，汇报关系明确，绩效沟通更加高效。这种设置有助于激发员工的责任感及发扬团队协作精神。

2. 不同类型考核主体

尽管直线考核机制是主流，但并不是所有的考核都应该由直线上级来执行。考虑到企业绩效的多元性，我们应将不同类型的考核指标，分配给不同的考核主体，以确保考核的全面性、公正性和有效性。

（1）公司战略和经营性指标由绩效管理委员会执行考核。该委员会由公司高层领导和相关部门负责人组成，确保公司整体战略目标的达成。

（2）协同性和服务性指标由重要客户或合作伙伴参与执行考核，因为这些指标的实现往往需要外部利益相关者的积极配合和支持。

（3）监督性指标由指标的监督部门或数据提供部门执行考核。这些部门可以提供独立、客观的数据，监督公司运作，并确保考核的透明度和客观性。

在中国，特别是在民营企业，"一级对一级负责"的管理理念被广泛采纳。民营企业往往更强调个体的责任和效能，因此更倾向于使用直线考核机制进行考核评价。然而，一些企业也会在管理体制中融入一些具有中国特色的管理元素。例如，一些国有企业在考核中注重"德能勤绩廉"，还强调"群众的眼睛是雪亮的"，对行为型指标采用360度考核或积分制管理，这些做法使得企业对员工的考核更加全面和多元。

3. 影响考核主体选择的因素

（1）管理理念与组织架构。

绩效考核主体的选择深受企业管理理念和组织架构的影响。在西方企业管理模式中，扁平化管理和直线责任制是核心理念，而直线制或直线职能制组织架构因其清晰的责任链和高效的指挥系统，在单体企业中得到广泛应用。在这些组织架构中，直线上级自然成为绩效考核的主要主体，承担着评价下属工作表现的重要职责。尽管在中国，尤其是国有企业中，有实行多维度考核的趋势，如引入360度反馈等，这些多维度考核可以作为对传统直线考核的补充和改革，但它们在一定程度上仍然受到西方管理理念的影响。因此，在大多数企业中，直线上级作为考核主体仍然是主流，他们在绩效考核过程中发挥着关键作用。

（2）企业文化。

不论是直线上级还是其他考核主体，他们的考核行为都需要得到企业文化的支持和引导。强调个人权力和执行力的企业，更适合由直线上级直接全权负责考核下属；而强调团队协同、人文关怀的企业，则更适合用多维度的考核主体。此外，健康的企业文化应强调公正、客观、透明和激励的原则，鼓励员工积极参与考核过程，建立良好的激励机制，以促进员工的个人成长与企业目标的实现。

综上所述，绩效考核主体应根据企业的管理理念、组织架构和企业文化特点来确定，旨在实现公正、客观和激励的考核目标，为企业的持续发展和员工的个人成长提供有力支持。

第二节　怎么考核

绩效考核作为企业绩效管理的重要环节之一，对员工的工作表现进行客观评价，并据此制定激励措施，是企业实现目标和提升绩效的关键步骤。在进行绩效考核时，企业需要遵循一定的流程和方法，以确保考核结果的公正性、客观性和准确性。

1. 常规绩效考核流程

绩效考核的常规流程主要包括以下几个环节：

（1）提交数据。员工或数据提供部门在考核周期结束后，根据预先设定的考核指标和标准，提交相应的工作数据或报表。

（2）数据审核。考核数据由数据审核部门进行审核，确保数据的真实性、准确性和完整性，防范数据错误引起的考核失真。

（3）数据核算。审核通过的数据交由绩效核算部门进行核算，按照事先设定的指标计分规则，进行绩效分数的计算，得出初步考核结果。

（4）生成并公布绩效结果。绩效结果由绩效管理部门汇总生成，涵盖各项数量型指标、任务型指标和行为型指标的得分，并予以公布。

（5）绩效申诉。绩效结果公布后，员工或部门对绩效结果有异议的，可以提出申诉，并由专门的申诉处理机构进行审查处理。

2. 不同指标类型的考核流程

（1）数量型指标。

数量型指标主要通过数据进行考核，具体考核流程如下：

√ 数据收集。由相关部门提供数据，并确保数据真实和准确。

√ 数据计算。根据事先设定的计分规则，对数据进行计算，得出数量型指标的考核结果。

√ 结果通报。将考核结果告知员工，让其了解自己在数量型指标上的表现。

（2）任务型指标。

任务型指标主要关注任务的完成情况，具体考核流程如下：

√ 报告里程碑和关键节点的完成情况。员工根据设定的任务里程碑和关键节点报告任务的完成情况。

√ 数据核实。绩效管理部门通过相关数据核实任务完成情况的真实性。

√ 任务得分计算。根据任务完成情况计算出任务型指标的得分。

（3）行为型指标。

行为型指标关注员工的日常行为表现，具体考核流程如下：

√ 行为量表评分。上级或同事根据事先设定的行为量表对员工的日常行为进行定性评分。

√ 得分计算。根据行为量表的评分计算出行为型指标的得分。

通过以上流程，不同类型的指标都能够得到相应的考核结果。这些结果将作为绩效考核的依据，为后续的激励和管理提供科学依据。同时，绩效申诉机制的设置也保障了员工在对绩效结果的公正性有异议时，有途径进行合理的申诉。

在整个考核流程中,透明度和公正性是关键。各个环节的操作都需要有明确的规定和标准,确保每个员工都在同样的条件下接受考核。企业可以根据自身情况,灵活调整考核流程,以适应组织的管理理念和文化特点。

第三节 考核结果怎么应用

绩效考核结果的应用是确保绩效管理过程对组织产生实际影响并提高组织效能的关键。通过合理利用绩效考核结果,企业不仅可以鼓舞员工的士气,还能引导员工展现正面行为。当员工根据其绩效获得相应的物质奖励和精神上的荣誉时,这将进一步激发他们的工作积极性和内在动力,促进个人与组织的共同成长和发展。以下是绩效考核结果的一些常规应用。

1. 在绩效工资方面的应用

绩效工资可直接与员工的绩效考核结果关联。绩效考核结果在绩效工资方面的应用方法是:

(1)低于保底目标或合格水平的,给予负激励。

(2)达到保底目标或合格水平的,正常发放绩效工资。

(3)高于保底目标或合格水平的,实行正激励,给予额外的绩效工资奖励。

企业可参考表9-1进行绩效考核结果在绩效工资方面的应用。

表9-1 某公司绩效考核结果在绩效工资方面的应用

考核分数	120分以上	111~120分	101~110分	91~100分	80~90分	70~79分	70分以下
激励系数	1.5	1.3	1.2	1.1	1.0	0.5	0

2. 在绩效奖金方面的应用

通常情况下，公司为了激发员工的积极性和工作热情，会建立绩效奖金或提成制度。企业会根据员工业绩表现来发放奖金或提成，作为对员工努力工作的物质回报和认可。绩效考核结果在绩效奖金方面的应用方法是：

（1）根据公司或部门效益核算奖金总包。

（2）根据关键指标结果或绩效成绩核算绩效奖金。

企业可参考表9-2进行应用。

表9-2　某公司采购部绩效奖金发放的具体规则

考核指标	权重	奖金核算规则	单项奖金	绩效奖金总额
来料检验合格率	60%	单项奖金=当期绩效激励奖金×60%×（实际来料检验合格率/目标值）；注：当（实际来料检验合格率/目标值）＞1时，按1计算	××元	××元
采购及时率	40%	单项奖金=当期绩效激励奖金×40%×（实际采购及时率/目标值）；注：当（实际采购及时率/目标值）＞1时，按1计算	××元	

3. 在年终奖方面的应用

年终奖是对员工一年工作表现的综合评价，其中业绩类指标的考核结果直接关系到年终奖的多少。业绩优秀的员工通常能够获得更高额度的年终奖，以鼓励员工在业务目标上取得更好的成绩。绩效考核结果在年终奖方面的应用方法是：

（1）根据公司效益目标提取年终奖。

（2）设计岗位价值规则，计算岗位奖金包。

（3）根据绩效分数或年度贡献核算员工的年终奖。

表9-3为某公司普发年终奖的绩效考核结果应用规则，企业可根据自身情况参照应用。

表9-3　某公司普发年终奖的发放规则

1. 员工系数							
普工、文员、技工、初级工程师	专员、中级工程师	主管、工程师	高级工程师、经理	总经理助理	副总经理	总经理	
1.0	1.2	1.5	2.0	3.0	4.0	5.0	
2. 部门系数							
行政人事部	财务部	项目部	采购部	销售部	技术研发部	总经办	
1.0	1.0	1.5	1.1	1.5	1.5	1.5	
3. 个人基数=普发年终奖奖金包×个人系数（岗位×部门系数）/Σ全公司所有人系数（岗位×部门系数）							
4. 个人年终奖=个人基数×出勤天数/应出勤天数×考核系数							
5. 考核系数=综合考核成绩÷100； 综合考核成绩=年度绩效考核成绩（百分制）×60%+日常考核成绩（百分制）各月总分数/月数×40%							
6. 普发年终奖奖金包减去所有人的奖金，剩余金额作为调剂，由总经理针对业绩一般、奖金较少但表现较好的人调剂补发							

4. 在晋升降级方面的应用

晋升决策不仅基于当期的绩效考核结果，还可能考虑过往几期的绩效考核结果。对于表现持续优秀的员工，企业可提供晋升机会。相反，如果连续几个考核周期员工表现都不好，企业可以考虑将其降级或调整职位。绩效考核结果在晋升降级方面的应用方法是：

（1）绩效达成是晋升的基础，但非唯一条件。

（2）当期绩效对应降级范围，执行降级操作。

（3）降级也意味着降薪，企业需采用一定的设计技巧来执行，以确保符合劳动法规。

表9-4为某公司绩效考核结果在晋升降级上的应用案例，企业可根据自身情况参照应用。

表9-4　某公司晋升降级规则

岗位	岗位等级界定说明	晋升条件	
		基础条件	业绩/绩效
调试学徒	零经验，有专业基础	无时间限制	绩效连续3个月C级（以上）；完成2个项目的整机功能调试
调试初级工程师	会功能调试	在调试初级工程师岗位工作6个月以上	绩效连续3个月B级（以上），半年内没有D级；主导完成5个项目（验收）
调试中级工程师	能独立调试，会全部功能	在调试中级工程师岗位工作1年以上；培养出1名初级工程师	绩效连续1年内6个A级，没有C和D级；成功主导3次以上技术攻关（疑难杂症）
		在调试中级工程师岗位工作2年以上；培养出3名初级工程师	绩效连续1年内6个A级，没有C和D级

5. 在加薪方面的应用

加薪通常与员工的绩效考核结果直接相关。企业会设定不同的绩效等级，并将这些等级与加薪的百分比挂钩。这样，绩效好的员工可以看到他们努力工作的直接回报。绩效考核结果在加薪方面的应用方法是：

（1）应用原则是中高层大步慢走，基层小步快跑。

（2）根据绩效分数水平设计加薪标准。

（3）A、B级加薪人数占比需控制在一定范围内。

表9-5是某公司的绩效考核结果加薪应用案例，企业可根据实际情况参照应用。

表9-5　某公司绩效考核结果评级表

绩效分数	等级	绩效奖金系数	调薪级别（有薪级）	调薪比例（无薪级）	绩效考核结果评级说明
90分及以上	A	1.3	加薪2级	20%	90分及以上，A级（占比10%，升2级）
80～89分	B	1.0	加薪1级	10%	80～89分，B级（占比20%，升1级）
70～79分	C	0.8	不调薪	0	70～79分，C级（占比40%，不调整）
60～69分	D	0.6	降薪1级	-10%	60～69分，D级（占比20%，降1级）
50～59分	E	0.3	降薪2级	-20%	60分以下，E级（占比10%，降2级）

绩效管理新实战

　　企业通过在绩效工资、绩效奖金、年终奖、晋升降级和加薪等方面应用绩效考核结果，兑现公司对员工达成绩效目标的承诺，起到鼓励先进、鞭策落后、倡导竞争、优胜劣汰的作用。

管 理 篇

管理篇聚焦绩效的后续管理和优化，探讨绩效计划、绩效辅导、绩效面谈、绩效改进和绩效会议等环节。这一部分旨在帮助管理者建立和维护一个高效的绩效管理流程。通过这一流程，管理者可以实施有效的沟通、指导和反馈机制，这些机制对于促进员工的持续成长、提升个人绩效至关重要。

第十章 绩效计划：目标达成的路径

在绩效管理中，绩效计划的重要性不言而喻。正如古语所言："凡事预则立，不预则废"，绩效计划是实现既定绩效目标的管理机制，指导着行动的方向和步骤。绩效计划通常以短期战术计划的形式出现，管理者与员工根据既定目标制定考核目标和指标，确定评价标准，并规划实现目标的具体步骤。

绩效计划按照责任主体的层级从上至下划分为公司绩效计划、部门绩效计划和个体绩效计划。不同层级的责任主体拥有不同的绩效计划，而这些绩效计划又是相互关联、紧密衔接的。它们以由下至上的方式共同支撑公司总体计划的实施。绩效计划按照时间周期的维度划分为年度绩效计划、季度绩效计划、月度绩效计划以及周计划和日计划，其中年度绩效计划是公司中长期战略目标的具体呈现。

绩效计划的质量决定了绩效目标能否达成。如果绩效计划存在缺陷，那么后续的绩效评价、绩效辅导及结果应用等环节都可能受到影响，甚至可能导致整个绩效管理工作的失败。

第一节 什么是绩效计划

计划是指为了实现目标而提前制定的行动规划与安排。计划的内容通常可概括为"5W2H"，即"What、Why、When、Where、Who、How、How much"。

绩效计划是指为实现既定绩效目标所做出的行动安排和形成的管理文件，是绩效管理非常重要的组成部分之一。绩效计划是一个动态的过程，涉及考核人与被考核人之间的互动。这一过程要求双方共同商定并调整绩效目标，并根据这些目标制定相应的行动计划。在此过程中，双方需根据明确的绩效标准，清晰地定义期望的结果，以及实现这些结果所需的行为和技能。绩效计划不仅为被考核人指明了方向，也为考核人提供了评估和指导的依据。

在辅导企业进行绩效管理升级的过程中，我们注意到许多中小型企业的经营管理者过分重视绩效评价，而忽视了绩效计划的重要性，导致绩效评价无法达到预期效果，甚至导致整个绩效管理的失败。因此，充分认识绩效计划的作用至关重要。绩效计划的作用主要体现在以下几个方面。

（1）让员工与组织形成约定。

绩效计划明确设定员工和组织共同的期望目标及标准，形成一种具有约束力的约定。绩效计划既规定了员工的工作职责和任务，也明确了评价标准和奖惩措施。绩效计划为员工提供了清晰的工作目标和方向，同时也为管理层提供了评估员工绩效的依据。在形成约定的过程中，双方需充分讨论和协商，确保目标既具有挑战性又具有可实现性，并且符合组织的战略目标。

（2）加强员工和管理者双向沟通。

绩效计划的制定需要员工和管理者之间进行有效的交流和互动。通过双向沟通，双方能够了解彼此的想法、需求和困难。管理者能及时为员工提供必要的支持和资源，员工也能了解管理者的期望和要求，明确自己的工作方向和目标。

（3）为绩效评价提供依据。

绩效计划能为企业、部门和员工绩效评价提供依据。在绩效评价过程中，管理层可以根据绩效计划中设定的目标、任务和要求，对员工的工作表现进行客观、公正的评价。绩效优秀的部门或个人将获得奖励，而没有完成绩效计划的部门或个人，管理者可以帮助其分析原因并提供绩效改善计划。

（4）增强员工承诺意识。

绩效计划通过员工承诺增强了员工的责任感。在绩效计划制定过程中，员工可以表达对企业、对部门以及对个人绩效的观点及看法，这可以让员工的目标与企业目标保持一致，进一步增强员工的承诺意识，从而提高组织的稳定性和竞争力。

（5）使员工明确努力方向和行动步骤。

绩效计划为员工指明了具体的努力方向和行动步骤。绩效计划包括绩效目标、绩效指标权重、绩效评价等内容，对部门及个人提出了明确的期望及要求，员工可以明确自己的职业目标和提升路径。

（6）激发员工的积极性和主动性。

绩效计划能够激发员工的积极性和主动性。当员工清楚地知道自己的工作目标和期望成果时，他们会更有动力去实现这些目标。这种积极性有助于提高员工的工作效率和质量，为组织创造更大的价值。

（7）提升员工的自我管理能力。

员工参与设定目标、规划工作、监控进展及调整行动，有助于提升员工的自我管理能力，帮助员工更好地应对工作中的挑战，提高工作效率。

（8）促进组织文化建设。

绩效计划的制定和实施过程也是组织文化的建设过程。通过共同制定和实现绩效目标，组织成员能够更好地理解组织的价值观和理念，从而形成共同的信念和行为准则。这有助于增强组织的凝聚力和向心力，促进组织的长期发展和组织文化建设。

第二节　绩效计划的分类

从静态角度来看，绩效计划可以被视作一份契约，它详细阐述了员工在一定周期内的工作目标、预期成果及绩效评估标准。从动态的角度来看，绩效计划不仅是一份书面约定，更是一个持续互动的过程，要求管理者与员工不断地进行讨论和沟通。绩效计划可以根据不同的维度进行分类，如责任主体、时间周期等。

1. 按责任主体分类

在绩效计划的制定过程中，不同的责任主体——公司、部门和个人——各自承担着不同的绩效计划。这些计划紧密相连、相互衔接，确保每个部门和员工的绩效计划都是整体绩效链条中不可或缺的一环，共同构建起企业的宏伟蓝图。员工绩效计划的成功实施是部门绩效计划达成的基石，而部门绩效计划的实现又是公司整体绩效目标得以完成的关键。绩效计划确保了员工目标与组织目标的一致性，是实现企业战略目标的重要工具。根据责任主体的不同，绩效计划可以分为以下几类。

（1）公司绩效计划。

公司绩效计划以整个企业为责任主体，关注的是企业的整体战略目标、发展方向和预期成果。它是其他绩效计划的基础，确保企业各个层级的目标都能与整体战略目标保持一致。通过制定公司绩效计划，企业能够明确发展方向、提升整体绩效表现，进而实现企业的长期发展目标。

（2）部门绩效计划。

部门绩效计划以部门为责任主体，重点关注部门的工作目标、职责和成果。它有助于确保部门的工作目标与企业整体战略目标保持一致，提高部门的管理水平和绩效表现。通过制定部门绩效计划，企业可以更好地分配资源，协调跨部门工作，促进企业内部的协同发展。

（3）个体绩效计划。

个体绩效计划以员工个人为责任主体，关注员工个人的工作目标、职责、期望成果以及个人发展。通过制定个体绩效计划，员工能够明确自己的工作目标和要求，了解自己在组织中的角色和价值。个体绩效计划有助于提高员工的工作积极性和投入度，促进个人职业发展，并为组织创造更大的价值。

2. 按时间周期分类

根据时间周期的不同，绩效计划可以分为年度、季度和月度绩效计划。

（1）年度绩效计划。

年度绩效计划的制定主体通常是企业的管理层，其时间周期为一年。

年度绩效计划的目标是实现组织的长期和中期战略目标，以及员工的职业发展目标。年度绩效计划需要将组织的战略目标分解为具体的年度目标，并制定相应的行动计划和资源分配计划。

在制定年度绩效计划时，企业需要考虑市场环境、竞争态势、客户需求等多种因素，确保所设定目标的现实性和持续性。此外，年度绩效计划应与企业的财务预算和人力资源规划紧密对接，确保资源得到合理分配和高效运用。

（2）季度绩效计划。

季度绩效计划的制定主体通常是企业的中层管理者和团队负责人，其时间周期为一个季度。季度绩效计划的目标是实现年度绩效计划中的阶段性目标，以及员工的短期工作目标。季度绩效计划需要将年度目标分解为具体的季度目标，并制定相应的行动计划和资源分配计划。

季度绩效计划的制定应考虑企业的即时运营状况和市场变化，以便及时调整策略，确保目标的灵活性和适应性。

（3）月度绩效计划。

月度绩效计划的制定主体通常是企业的基层管理者和基层员工，其时间周期为一个月。月度绩效计划的目标是实现季度绩效计划中的短期目标，以及员工的日常工作目标。月度绩效计划需要将季度目标分解为具体的月度目标，并制订相应的行动计划和资源分配计划。

第三节　绩效计划制定"五步法"

为了确保绩效计划的制定既系统又全面，并为实现绩效目标提供清晰的路线图，我们总结出了绩效计划制定"五步法"，将绩效计划的制定分为以下五个关键步骤。

1. 明确问题

明确问题是绩效计划制定的起点,其关键在于准确识别组织当前面临的绩效问题和挑战。这一步骤要求对组织内外部环境进行全面分析,并与关键利益相关者深入沟通。通过数据收集、市场和员工访谈等手段,组织可以全面了解绩效现状。

(1)明确差距。

这些差距可能包括业绩与目标之间的差异、工作效率与最佳绩效表现之间的差距,以及服务质量与用户需求之间的不匹配。企业可以采取以下措施来明确差距:

√ 收集数据和信息。获取完整、准确的数据和信息至关重要,应涵盖经营数据、市场数据、客户数据,以及内部流程和管理机制等方面的信息。

√ 分析数据和信息。在排除重复、错误或不完整的数据和信息的基础上,对有效数据和信息进行必要的转换或标准化处理。运用描述性分析、探索性分析、诊断性分析等方法,深入挖掘数据和信息,揭示企业管理的本质,发现存在的问题和潜在的改进点。

√ 识别差距。通过审视各个维度,识别现状与期望目标之间的具体差距。例如,通过对比实际销售额、市场份额、利润等关键指标的现状与预期目标,分析不同产品、服务或市场的业绩差距,识别业绩趋势和变化,判断差距是否在扩大或缩小。

(2)获取关键人员的意见和想法。

√ 关键人员是指实现组织或个人目标的重要利益相关者。在明确问题的过程中,通过面谈、问卷调查和研讨会等多种形式,主动倾听他们的期望和建议,了解在目标实现过程中可能遇到的问题和挑战。

√ 建立有效的反馈机制,收集关键人员对目标实现的反馈和建议。

√ 深入分析及评估关键人员意见,运用SWOT分析、PEST分析等工具,准确识别实现目标过程中可能遇到的问题和挑战,为后续制定相应的解决方案奠定基础。

2. 分析问题

分析问题是绩效计划制定过程中的关键环节，它帮助我们深入理解问题的本质和根源，从而为制定有效的解决方案提供指引。常规方法包括5W1H法、头脑风暴法、鱼骨图法、重点聚焦法和四维六人法。

（1）5W1H法：探究问题根源。

这种方法通过系统地探索问题的各个层面，帮助我们深入理解问题的本质，从而为解决问题提供更具针对性的策略。5W1H法具体为：

√ "What"描述计划要实现的目标，明确计划的具体任务和要求，以及各个时期的中心任务和工作重点。

√ "Why"描述制定计划的目的，说明该计划对于实现组织目标有什么价值，激发组织成员参与计划制定的主动性。

√ "When"描述各项任务的时间进度，以便对任务进行有效控制，对部门和员工等人力资源及企业资源进行合理分配。

√ "Where"描述完成计划的环境条件限制，以便合理安排计划实施的空间组织和布局。

√ "Who"描述完成各项任务的责任部门或岗位，以及不同阶段的人员安排。

√ "How"描述完成任务的具体措施，包括任务的分配与执行、资源的协调与使用、过程的跟踪与管控、成果的形式与标准等。

通过5W1H法，我们可以逐步深入问题的核心，识别出组织内部流程、外部环境变化或员工能力等方面的根本原因（表10-1）。

表10-1 5W1H法分析表

要做什么					为什么做	如何做	何时做		谁来做	做成什么样	
季度指标	责任目标	分目标（月）			指标来源	关键举措	时间		责任人	预计产出与衡量标准	预计成本/资源
^	^	1	2	3	^	^	开始	结束	^	^	^

（2）头脑风暴法：激发团队的创新思维。

头脑风暴法是一种集体创意技术，旨在通过团队成员的合作产生大量的想法来解决特定问题。为了确保头脑风暴的效果，应遵循四个基本原则：不批评、意见多样性、自由联想和借鉴他人想法。在实践中，可以采用以下技巧：

√ 确定议题和参与者。明确问题和目标，邀请具有相关知识和经验的人员参与。

√ 制定规则和记录。确保会议顺利进行，记录所有想法和建议。

√ 激发创造力。鼓励参与者提出创新的想法和解决方案。

√ 平等发言。确保每个参与者都有平等的发言机会。

√ 分享和讨论。共同讨论和评估提出的想法。

√ 综合分类。对所有想法进行整理和分类，为后续分析做准备。

（3）鱼骨图法：对问题进行系统分析。

鱼骨图法是一种将问题分解为多个组成部分，并探索每个部分的可能原因和解决方案的方法。这种方法有助于全面理解问题，并找到更合适的解决方案。具体步骤为：

√ 确定问题的主要组成部分。根据问题的性质，将问题分解为多个主要部分。

√ 列出可能的问题和解决方案。针对每个部分，列出可能的问题和解决方案。

√ 分析问题和解决方案的关联性。理解问题如何影响组织的各个方面，以及不同解决方案的效果。

√ 评估和筛选解决方案。根据关联性评估解决方案的重要性和可行性，筛选出最佳方案。

√ 制定实施计划。明确责任人、时间表和实施步骤。

√ 跟踪和评估实施效果。收集数据和信息，评估解决方案的效果，并根据需要调整计划。

通过鱼骨图法，组织可以将问题分解成若干个组成部分，并找出可能的原因和解决方案。这有助于更全面地理解问题并找到更合适的解决方案。同时，这种方法还可以帮助组织进行系统性思考和分析，促进各部门之间的协作和沟通。

（4）重点聚焦法：提炼关键信息。

在收集了大量绩效问题后，需要进行重点聚焦，明确最核心的问题，并找出相应的解决方案。这可以通过以下步骤实现：

∨ 对所有绩效问题进行整理和分析，找出核心问题。

∨ 深入分析每个核心问题，寻找根本原因和潜在解决方案。

∨ 筛选出最有可能解决问题且实施性强的方案。

∨ 制定具体的实施计划，并跟踪评估实施效果。

（5）四维六人法：全面识别问题及其影响。

四维六人法是一种综合性问题分析方法，通过将问题分解为四个维度（态度技能、硬件条件、流程方法、环境资源）和六个角色（决策者、审核者、使用者、评估者、采购者、操作者），帮助我们全面地识别问题的各个方面及其对相关利益方的影响。

在四维六人法中，每个维度和角色虽然独立，却相互影响，共同构成了问题的全貌。例如，操作者的态度和技能直接影响生产效率和产品质量；决策者的决策则关乎组织的战略方向和资源配置。因此，全面考虑各维度和角色间的相互作用对于深入理解问题至关重要。

在分析问题过程中，企业可综合运用这几种方法，如先用头脑风暴，然后用鱼骨图法，最终以重点聚焦法分析问题；也可以在四维六人法分析的基础上，使用重点聚焦法分析问题。

3. 制定策略

制定策略是绩效计划制定的第三个环节，其核心在于依据问题分析的结果，制定相应的解决方案及措施。在此过程中，组织需综合考量诸如组织战略、市场需求、资源状况等多重因素，并确保策略具备可行性、有效性及持续性。

为激发员工的创造力与智慧，策略制定阶段鼓励员工积极参与，提出创新性的想法与建议。此外，对策略进行细致的评估与优化亦是确保其有效性与可行性的必要步骤。

4. 决策与优化

策略决策与优化是绩效计划制定的第四个环节，要求组织对已制定的策略进行评估、比较与筛选。在做出策略决策时，组织需权衡策略的有效性、可行性、成本效益等因素，并考虑风险与不确定因素，制定相应的应对策略。

在此过程中，员工的创新思维与专业见解发挥着至关重要的作用。组织应鼓励员工提出建议，通过集体智慧对策略进行评估与优化，确保策略的有效实施。

5. 编制行动计划

编制行动计划是绩效计划制定的最终环节，它要求组织依据选定的策略，制定详尽的行动步骤、时间表和明确责任分配。一个明确、具体的行动计划是绩效计划成功实施的基础与关键。

编制行动计划的具体步骤为：

（1）确定责任人。明确每项行动步骤的责任人，无论是内部员工还是外部合作伙伴，都需确保其具备完成任务所需的能力与资源。

（2）确定行动步骤。具体规划每步的名称、描述、时间表及资源需求，确保与组织的实际情况和目标相符。

（3）确定完成标准。为每项行动步骤设定明确的完成指标或质量要求，作为评估行动成效的依据。

（4）确定检查方式。确定具体的检查方法、时间，明确检查人员，确保行动计划的执行效果得到有效监控。

（5）编写行动计划。整合前述内容，形成书面的行动计划文档，确保计划的具体性、可行性和可衡量性。

（6）审核与评估。行动计划编制完成后，应进行详尽的审核与评估，以便发现并及时改进可能存在的问题与不足。审核与评估可由组织内部人员或外部专家进行。

编制行动计划时应注意计划的具体性、可行性和可衡量性，明确每项行动步骤的责任人、内容、完成标准及检查方式，这将有助于组织高效实现既定绩效目标。

表10-2为目标落地行动计划表示例。

表10-2 目标落地行动计划表

目标	寻找3家材料优质、价格低廉的新供应商进行合作			
策略	1.通过原材料供应网站寻找新供应商			
	2.参加原材料供应商展会寻找新供应商			
	3.公开招标寻找新供应商			
行动计划	做什么	网站上收集5家新供应商信息，分析评估	参加3次展会，收集5家以上供应商信息	发布招标信息	确定3家新供应商名单，签订合同
	谁负责	张立	王小	张立	张立
	完成时间	2—3月	5月前	6月前	6月前
	做到什么程度	供应商产能1亿元以上，有同行的评价意见	供应商产能1亿元以上，有同行的评价意见	至少有3家供应商投标	采购降价1%以上
	谁检查	王飞	王飞	王飞	王飞
	检查标准	供应商信息清晰、分析意见合理	供应商信息清晰、分析意见合理	招标信息清晰明确	签订合同

第四节 绩效计划公示

绩效计划公示是绩效管理体系实施的启动环节，它为员工提供了具体的工作指南。遗憾的是，许多企业在收到员工的绩效计划后，未予以适当的公示，导致员工缺乏践行压力。不少员工仅将绩效计划视作一种形式性的文档填写，完成后便置之不理，仍然遵循旧有模式来完成日常工作，最终导致绩效目标无法达成。

为了解决这一问题，绩效计划的公示与落实变得至关重要。企业应当在内部公示各部门的绩效计划，个人绩效计划则在各自部门内公示，确保员工理解绩效计划的重要性，并让部门同事担当起监督与评估的角色，共同推动绩效目标的达成。公示部门负责人的绩效计划能够帮助员工更清楚部门的发展目标，明确个人的工作方向，进一步实现组织、部门与个人目标的协同。绩效计划的公示方式及其优缺点见表10-3。

表10-3　绩效计划公示方式及其优缺点

公示对象	公示方式	内容及优点	不足
企业高层	文件公示	以正式通知的形式发布，具备权威性，方便管理层与员工监督，给管理者带来压力	保密性差，缺乏深入的沟通
	年度大会	年度大会参与人员众多，信息传递率高，企业高层在大会上做出公开承诺，能够激励员工士气，引导员工积极进取	缺乏沟通
部门负责人	中高层会议	召开中高层研讨会，企业各部门负责人和企业高层充分沟通，提前商议各部门目标实现可能面临的困难，以及需要其他部门协助的事项，有利于部门间协作，共同推动企业战略目标实现	会议时间长，后期疲软，容易虎头蛇尾，传播人数有限
基层员工	部门例会	会议上，各部门阐述绩效计划，有助于团队内部协同发展；员工公开承诺，增加实现目标的压力和动力	对部门凝聚力要求较高，需要良好的团队氛围
	内部邮件、宣传板报	操作简便，节省时间，传播范围广，能够对员工施加压力	保密性差，内容不具体

通常情况下，个人绩效计划书一式三份，即部门负责人、员工本人、人力资源部门各留存一份，以方便随时查阅，监督员工的工作行为及工作结果。在必要的时候，企业可以引导部门之间进行业绩PK，部门也可以通过鼓励员工之间进行PK，将两个竞争对象的绩效计划公示在企业内部，让大家都来做监督者，以此激发部门和员工的求胜欲，使他们调动一切资源更快、更好地完成绩效目标。但在这个过程中，必须把握好度，坚持良性竞争，抵制为了绩效不择手段的做法。否则，最后可能会损害企业、部门和员工三者的利益，造成无法挽回的损失。

第十一章　绩效辅导：赋能员工达成目标

绩效计划出来后，接下来的重点便是如何帮助团队成功实现绩效目标。在此过程中，首先需要解决的便是员工的绩效心态问题；其次是提升他们的能力和优化他们的工作方法，这是绩效辅导的核心内容。绩效辅导是指通过持续激励和指导员工，帮助他们提升技能、挖掘潜力，并最终实现最佳绩效表现的过程，是管理者和员工之间互动协作的重要环节。绩效辅导不仅要关注员工的个人发展，更要关注组织整体绩效的提升。

第一节　绩效辅导的底层逻辑

绩效辅导在企业管理中发挥着关键作用，它对于激发团队潜力和提高员工表现至关重要。其核心目标是通过提升员工的绩效，增强团队的竞争力，进而推动组织目标的实现。

1. 绩效辅导的基础框架

目标、策略、执行和方法，这四个要素共同构成了绩效辅导的基础框架，确保绩效辅导能够以系统化和目标导向的方式进行。

（1）目标：目标要有挑战性，要跑赢大盘和自己。

"目标要有挑战性，要跑赢大盘和自己"要求绩效目标的设定不仅要有激励性和挑战性，更要符合个人和组织的成长需求，可以推动员工超越常规和过去的自己，实现持续的业绩提升和职业发展。

目标的挑战性是激发员工积极性和提升绩效的关键因素。员工在面对那些需要额外努力才能达成的目标时，往往能够挖掘自身潜力，调动更多资源，发挥更大的创造力，并增强解决问题的能力。这种目标激励员工走出舒适区，探索新方法，从而带来创新能力和效率的提升。

"跑赢大盘"意味着目标的设定应超越行业平均水平，追求在行业中的领先地位。这种目标的设定不仅要关注内部绩效的提升，也要考虑外部竞争环境，确保企业策略与市场变化保持同步。企业需要根据市场的变化，适时调整以保持自身的竞争力。"跑赢自己"是鼓励员工不断超越自我，实现个人职业生涯的持续进步。这需要员工在个人能力、知识和技能上持续投资，通过学习和实践不断提升自我。绩效辅导在这一过程中起到关键作用，通过反馈和指导帮助员工识别成长领域，支持他们在专业技能和职业发展上取得明显进步。

为了确保这些挑战性目标的实现既具有激励性又不至于让员工感到压力过大，团队应该提供相应的资源和支持，如培训、辅导、适时的反馈及必要的物质和技术支持。通过这些措施，挑战性目标不仅能够推动员工和团队成长，还能提升员工的工作满意度，增强员工的归属感，进而营造一个积极向上的工作氛围。

（2）策略：常规打法常规业绩，新打法新业绩。

"常规打法常规业绩，新打法新业绩"强调的是在绩效管理和绩效辅导中，创新和变革在实现突破性业绩中的关键作用。换句话说，如果团队或个人坚持使用传统的工作方法和策略，那么他们可能只能达到一般水平的业绩，难以实现更高的业绩突破。相反，采用新的方法和技术能够开启新的可能性，有可能带来超越常规的业绩提升。

"新打法新业绩"提倡突破传统思维模式和习惯的束缚。在快速变化的商业环境中，仅仅依靠过去成功的策略是不够的。市场、技术和消费者行为的变化都要求企业和员工不断适应新的条件。创新打法可以更好地利用这些变化为组织带来竞争优势。

"新打法新业绩"的理念鼓励探索和实验。这可能涉及采用新技术、开发新产品、优化现有工作流程或重新设计服务流程以提高客户满意度，从而提升业绩。例如，使用数据分析改进市场营销策略，是实现业绩提升的新打法。

此外，创新打法不只是技术或工具的更新换代，也是组织结构的创新。例如，采用敏捷方法来增强团队的灵活性和提高响应速度，或通过建立跨职能团队增强不同部门之间的协同合作，这些都能带来新的业绩增长。

实施新打法不仅需要物质资源的投入，更需要文化和心态上的支持。组织应该鼓励创新精神，为员工提供尝试新方法的空间。这种文化背景能够激励员工积极思考，努力探索新的方法，最终带来新的业绩增长。

综上所述，采纳和实践"新打法新业绩"理念，不仅可以帮助企业和员工在竞争激烈的市场中脱颖而出，还能持续推动员工的创新和成长。

（3）执行：能突破自我和创新的人占比10%。

绩效辅导需要识别和培养那10%能突破自我和创新的员工，他们将是推动整体组织创新、实现卓越成就的关键。

绩效辅导要着眼于识别潜在的创新者。在绩效辅导过程中，首先需要通过细致的观察和评估来识别那些具有高潜力的创新者。这包括评估员工在面对新挑战时的反应、他们解决问题的方式，以及他们对待变革和新思想的态度。有效的评估工具包括360度反馈、绩效评价和潜力评估。识别出潜在创新者后，辅导者可以开始专注于解锁他们的创新潜力。

绩效辅导要为潜在创新者制定定制化的发展计划。一旦识别出潜在创新者，绩效辅导就需要为他们提供个性化的发展计划来培养他们的能力。这包括提供专门的培训，如创新管理、领导力发展和专业技能提升课程等。此外，实际的项目工作、挑战性任务和领导角色的承担都是促进潜在创新者成长的有效方式。

绩效辅导是为潜在创新者提供必要支持的过程。为这些创新者提供必要的支持，如时间、预算和技术支持，是至关重要的。在绩效辅导过程中，应帮助他们获得支持，以便他们可以自由地实验和测试他们的想法。此外，创造一个宽容的环境，让他们知道失败是创新过程的一部分，这也是支持他们发展的关键。

绩效辅导不仅可以帮助潜在的创新者实现自我突破，还能够促进整个组织的创新和进步。

（4）方法：指导和训练，让员工具备实现绩效目标的能力。

"方法"强调的是，绩效管理不仅是设定目标和期望，更关键的是为员工提供实现这些目标所需的工具和方法。通过系统地指导和培训，员工掌握了必要的技能和知识，能够达成既定的绩效目标。

首先，绩效辅导应该是个性化的指导。绩效辅导应当根据每位员工的具体需求、背景和职业目标进行个性化设计。这意味着辅导者需要深入了解每位员工的强项、弱点及他们的职业发展规划。通过一对一的会谈，辅导者可以制定具体的指导计划，聚焦于员工的成长点和提升区域，如领导力、时间管理、技术技能或沟通能力等。这种个性化的指导不仅能提升员工的工作能力，还能提高他们的工作满意度和忠诚度。

其次，绩效辅导的核心在于提供实用性培训。在绩效辅导中，培训内容应以目标为导向，并且具有高度的实用性。这表示培训内容应与员工的日常工作紧密相关，直接对标他们的绩效目标。例如，如果一个销售团队的目标是提高销售额，那么相关的培训可以包括销售技巧的提升、客户关系管理系统的使用及市场分析方法等。培训不仅要涵盖理论学习，还应包括实际操作学习，确保员工能够将学到的技能应用于实际工作中，有效促进绩效的提高。

最后，良好的绩效辅导体系鼓励员工积极反馈和进行自我评估。通过定期的绩效回顾和自我反思，员工可以更清楚地了解自己在哪些领域做得好，哪些领域还有提升的空间。辅导者应该提供一个安全的环境，让员工能够开放地讨论他们的挑战和失败，而不仅仅是分享成功。

通过这些方法，绩效辅导不仅可以帮助员工达成短期的绩效目标，更为他们的长期职业发展奠定坚实的基础。这种持续的投入和支持，能够显著提高员工的绩效，并促进个人与组织的共同成长。

2. 绩效辅导管理循环

绩效辅导的本质是对偏离轨道的工作、未来不能达成的目标，重新共识目标+找方法+定行动+赋能。即绩效辅导的本质在于通过系统的方法帮助员工调整和优化他们的工作路径，确保他们能够实现既定的绩效目标。特别是当员工在实现目标的过程中遇到难题或偏离预定轨道时，绩效辅导成为重新定位和给员工达成目标所需支持的关键过程。

绩效辅导可以帮助员工克服工作中的困难，优化工作方法，并最终实现绩效提升。这不仅可以促进员工的个人成长，也有助于提升整个组织的绩效水平。绩效辅导想要达到预期效果，就必须遵循绩效辅导管理循环，该循环包括四个相互衔接的动作要素，即重新共识目标、找方法、定行动和赋能（图11-1）。

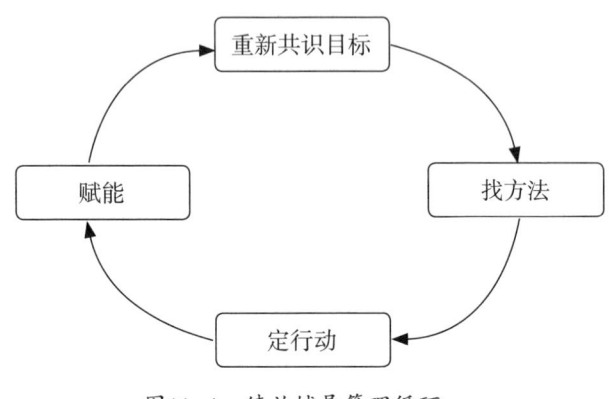

图11-1 绩效辅导管理循环

第二节 重新共识目标

当原定目标未能达成时，需要重新共识目标。重新共识目标首先必须深入了解目标未达成背后的原因，一般情况下，目标未达成的原因可以归类为目标设定问题、策略方法问题、心态情绪问题及能力问题。

1. 绩效目标未达成的四种情形和解决思路

（1）情形一：目标设定问题。

问题描述：如果目标未达成是因为目标本身设置不合理，如过于严苛或过于宽松，这将直接影响员工的绩效和动力。

解决思路：重新评估和调整目标，使之既具挑战性又实际可达成。通过与员工回顾目标的设定过程，分析行业标准、历史数据和团队能力，确定一个更加适合的目标。调整后的目标应确保员工认为是公正和可实现的。

（2）情形二：策略方法问题。

问题描述：目标是合理的，但是达成目标的策略或方法可能不正确或不适合。

解决思路：分析现有的工作策略和方法，找出不足之处。与员工一起探讨不同的策略选项，这包括改进工作流程、采用新技术和调整资源分配。通过引入新的策略或改善现有方法，帮助员工有效达成目标。

（3）情形三：心态情绪问题。

问题描述：员工因为心态情绪问题难以达成目标，例如缺乏动力、对失败的恐惧或抗拒变化等。

解决思路：首先要识别导致心态情绪问题的根本原因，然后通过绩效辅导解决它们。比如，可以组织动机提升训练、心理健康支持和团队建设活动。重要的是与员工建立信任关系，让他们感觉到被支持和被理解，从而增加他们的参与感和责任感。

（4）情形四：能力问题。

问题描述：员工因缺乏达成目标所需具备的能力而未能实现目标。

解决思路：首先，进行能力评估，确定员工在哪些方面存在差距。然后，根据评估结果为员工设计个性化的培训和发展计划，包括在职培训、在线课程和实操练习等。此外，确保员工能够获得充足的学习资源，并有足够的时间来提升自己的能力。

通过对这四种情形的详细分析，并制定针对性解决策略，管理者可以更有效地与员工重新共识目标，这不仅有助于提升员工的个人表现，也能提高团队的整体绩效。

2. 重新共识目标首先要卸掉员工的防御心理

重新共识目标首先要卸掉员工的防御心理，这就要求管理者必须明白绩效考核过程中员工为什么会有防御心理、有哪些常见的防御心理。只有弄清楚为什么会有防御心理并深入理解这些防御心理才能更有效地重新共识目标。

在绩效考核过程中，员工可能会因为多种感受和心态表现出不同的防御心理，这些防御心理可以概括为5种情感状态："没面子""不认同""不安全""压力大""不认输"。

（1）担忧被负面评价——"没面子"。

员工可能对绩效评估中可能的负面评价感到担忧，担心这会让他们在同事面前"没面子"。尤其是当他们认为自己已经尽力时，对可能的批评会更加敏感，担心这会损害他们的职业形象和自尊。

（2）对不公平的评价的恐惧——"不认同"。

许多员工对于绩效评估的公正性持怀疑态度，担心评估不公正。这种对评估标准或结果的"不认同"感，会导致他们在接受评估结果时产生抵触和防御心理。

（3）害怕职业发展受阻——"不安全"。

员工往往担忧一次不理想的绩效评估可能对他们的职业发展产生负面影响，这种对未来职业发展的"不安全"感可能使他们在评估过程中表现出较强的防御性。

（4）担忧失去工作——"压力大"。

在经济不景气或组织有裁员历史的情况下，员工可能会担心自己的工作岗位因绩效不佳而受到威胁。这种"压力大"的感受加剧了他们的不安和防御心理，担心每次绩效评估都可能直接关系到他们的职业生涯。

（5）恐惧面对自我不足——"不认输"。

面对可能的批评和指出的不足，员工可能因为"不认输"的心态而难以接受自己存在缺陷的事实。他们可能会防御性地回应批评，不愿意承认自己的弱点，因为在他们看来，这似乎是对自己努力的否定。

通过将防御心理与具体的情感状态相联系，管理者可以更深入地理解员工在绩效评估中的行为和反应，从而采取更有效的沟通和辅导策略，帮助员工克服防御心理，让他们更积极地面对评估，重新共识目标。

3. 通过员工的行为风格判断其心理习惯

判断员工行为心理的工具很多，管理者可以选择自己熟悉的工具，本书将介绍一种特别常用的行为风格识别工具：PDP。PDP作为一种行为风格测试工具以形象性、有效性和简便性而著称，它不仅帮助人们认识与管理自己，还助力组织做到"人尽其才"。

PDP 的全称是 Professional Dyna-Metric Programs，即行为特质动态衡量系统，它是一个用来衡量个人的行为特质、活力、动能、压力、精力及其变化的系统。PDP 根据人的天生特质，将人群分为五种类型：主导型、影响型、稳定型、适应型、顺从型。

为了将这五种类型的个性特质形象化，根据其各自的特点，这五类人群又分别被称为"老虎""孔雀""考拉""变色龙""猫头鹰"。通过用这些动物比喻，我们可以更直观地理解不同个体在职场上的行为模式和心理动机（表11-1）。这种分类方法有助于团队管理和个人发展，使我们能够更好地与不同类型的人合作，并发挥各自的优势。本书在这里不针对行为风格测试或相关内容做细致展开，有兴趣深入了解的读者可以自行搜索相关材料进行学习。

表11-1　五类人群的行为风格

类型	老虎型	孔雀型	考拉型	变色龙型	猫头鹰型
行为风格	为目标全力以赴，喜欢掌控全局	热情主动，喜欢表达	慢热、敏感、有耐力、温和、不愿冲突、平实稳健	综合风格类型，善于察言观色，遇事灵活变通	喜欢细节条理化，个性拘谨含蓄，讲究事实逻辑

4. 卸防御：针对员工的防御心理采取个性化卸防方法

了解员工的行为风格对于识别其防御心理、理解其心理逻辑至关重要，这有助于管理者更有效地消除员工的对抗情绪，建立有效的沟通并达成共识。以下是基于不同行为风格员工的防御心理分析和相应的沟通策略建议。

（1）识别不同类型员工的防御心理，掌握抵触背后的心理逻辑。

√ 老虎型（主导型）：他们可能因对权力和控制的需求而对限制和挑战产生防御心理。

√ 孔雀型（影响型）：对被接受和赞赏的需求导致他们对批评和冲突产生不适。

√ 考拉型（稳定型）：对变化和不确定性感到不安，害怕冲突和失去稳定。

√ 变色龙型（适应型）：追求和谐，避免直接冲突，对批评敏感。

√ 猫头鹰型（顺从型）：对细节和正确性有高要求，可能对数据或事实上的错误产生防御心理。

（2）消除对抗情绪，同频沟通。

识别出员工的防御心理，并了解其心理逻辑后，管理者可以通过调整沟通策略来消除员工的对抗情绪，保持同频沟通。具体建议如下。

√ 老虎型（主导型）：与他们沟通时，应明确、直接，强调目标和效率，同时给予一定的控制感和领导角色，让他们参与决策过程。

√ 孔雀型（影响型）：沟通时，应采用积极、热情的方式，赞扬他们的贡献，避免直接批评，委婉提出改进建议。

√ 考拉型（稳定型）：提供明确信息和保证，强调支持和团队合作，以温和、非对抗性的方式交流。

√ 变色龙型（适应型）：表现出开放和包容，鼓励他们表达意见，强调团队多样性和他们的独特角色。

√ 猫头鹰型（顺从型）：使用逻辑和事实沟通，准备数据和证据，确保讨论的准确性，尊重他们对规则和细节的关注。

通过这些策略，管理者可以更有效地与员工沟通，帮助他们克服防御心理（表11-2）。

表11-2　不同类型员工的卸防技巧

类型	老虎型	孔雀型	考拉型	变色龙型	猫头鹰型
特点	怕失控、不认输	怕被忽略、缺认可	怕变来变去、过大的责任压力	怕一成不变、机会主义	怕混乱无章、固执己见
沟通技巧	主线：人生就要奋斗。找外因，刺激赢的斗志；共识目标（非追责，是协助）	主线：做不平凡的人。找优点，肯定他的价值；提出对他的期待（未来在团队中的成就和价值）；多引导互动	主线：不要有压力，我们一起努力。沟通不要跳跃；表示会始终帮助和支持他；这是公司整体的目标，大家一样	主线：情义和价值（现在与未来，实的，非精神层）。谈情义、谈价值；多互动提问	主线：逻辑清楚，事实明白，原因合理。有负面情绪、一根筋时，要"顺毛捋"+肯定；多客观，少主观（主观只用正向）

5. 与员工重新共识目标的沟通策略与话术

成功卸掉员工的防御心理后，下一步管理者就要确定用什么样的策略和目标合理性说明来让员工理解并接受新的绩效目标，确保每位员工不仅理解而且接受新的绩效目标，从而提高他们的参与度和动力。以下是针对不同行为风格的员工采取的沟通策略和话术。

（1）员工类型：老虎型（主导型）。

行为风格：不认输，有权力欲望。

沟通要点：成长——人生就是要不断挑战高目标证明自己。

目标合理性说明：强调目标的挑战性和实现这些目标对他们个人职业发展的重要性。明确告诉他们，达成这些高目标将进一步证明他们的能力，巩固他们的领导地位，增强他们在组织中的影响力。

（2）员工类型：孔雀型（影响型）。

行为风格：好表现，求认可。

沟通要点：身份——优秀的人就得比别人做得好。

目标合理性说明：突出这些目标如何使他们在同事和上级面前显得更加卓越，如何通过达成这些目标来获取更多的认可和赞赏。强调成功实现这些目标将如何提升他们的社会地位和职业形象。

（3）员工类型：考拉型（稳定型）。

行为风格：避免冲突，寻求稳定。

沟通要点：安全——达到这些目标将确保你的职位更加稳固。

目标合理性说明：解释这些目标如何与他们长期的工作安全和稳定相关联。确保他们明白，通过努力实现这些目标，他们可以保持在一个稳定和支持性的工作环境中。

（4）员工类型：变色龙型（适应型）。

行为风格：应变能力强，灵活多变。

沟通要点：多样性——这些目标将使你能够在不同的工作环境中充分展现自己的能力。

目标合理性说明：强调实现这些目标将如何帮助他们适应不同的工作情况，提升他们的"多面手"能力，增强适应性，说明对于他们个人成长和职业发展的好处。

（5）员工类型：猫头鹰型（顺从型）。

行为风格：细节导向，遵守规则。

沟通要点：专业性——精通这些目标是你专业成长的关键。

目标合理性说明：强调这些目标的达成是他们在专业领域精进技能、增长专业知识的机会。确保目标设置符合行业标准和最佳实践，满足他们对规则和准确性的需要。

通过使用这些针对性的策略，管理者可以更有效地与不同类型的员工沟通，确保他们对新设定的目标感到既有挑战又可达成，从而激发他们的参与感和动力，共同推动组织目标的实现（表11-3）。

表11-3 不同类型员工重新共识目标的沟通策略

行为风格类型	动物象征	沟通要点	目标合理性说明
主导型	老虎	成长——人生就是要不断挑战高目标证明自己	强调目标挑战性，突出领导地位和影响力提升
影响型	孔雀	身份——优秀的人就得比别人做得好	突出社会地位提升和获得更多认可
稳定型	考拉	安全——达到这些目标将确保你的职位更加稳固	链接目标与工作稳定性，强调保持安全的工作环境
适应型	变色龙	多样性——这些目标将使你能够在不同的工作环境中展现自己的能力	提升"多面手"能力，增强适应性
顺从型	猫头鹰	专业性——精通这些目标是你专业成长的关键	突出目标对专业精进和行业标准的重要性

【案例1】

以下是一位管理者与员工重新共识目标的沟通案例，这位员工的行为风格为老虎型，管理者针对员工行为风格，卸防御，定沟通策略，围绕重新共识目标这一主题进行沟通，并最终达成共识。

1.场景

地点：办公室；

时间：周一早上；

参与者：部门经理（管理者）和老虎型员工（主导型，具有高度的自主和竞争精神）。

2. 沟通过程

管理者（M）：早上好，小李，感谢你今天来参加这次一对一面谈。今天我想与你沟通一下我们接下来的项目目标和你在这个过程中可能扮演的角色。

员工（E）：王经理，早上好。你知道我一直在寻找能够挑战自己的机会。

管理者（M）：很好，这也是为什么我认为你是实现这些新目标的关键人物。公司正努力在接下来的财年内增加市场份额，并且提高客户满意度。具体来说，我们的目标是将销售额提升20%。

员工（E）：这听起来好像有挑战性。你们有什么具体计划吗？

管理者（M）：我们确实有一些初步想法，但我更想先听听你的意见。基于你过往展现的领导能力和对挑战的热情，我认为你能带领你的团队实现这一目标。这不仅是一个提升业绩的机会，更是一个证明你们团队能力的机会。

员工（E）：嗯，我喜欢这个挑战。我能具体参与哪些部分？我有一些想法可能会对销售策略有所帮助。

管理者（M）：那太好了，我希望你能领导这个策略的制定和执行。你的主动性和创新思维正是我们需要的。同时，我想确保这些目标对你来说是刺激而不是负担——我们会全力支持你，包括提供必要的资源和培训。

员工（E）：明白了，我会草拟一个初步的方案。我认为我们可以从优化客户关系和增强销售团队的动力着手。

管理者（M）：很好。我们会定期回顾进展，并适时调整策略。我期待着你和你的团队将这一目标变为现实。你们有任何需要支持的地方，随时告诉我。

员工（E）：谢谢，我很期待这个项目。我确信我们能够达成目标。

管理者（M）：我也有同感。再次感谢你的努力和承诺，小李。我们一起努力！

第三节 找方法，定行动

"找方法，定行动"强调管理者与员工重新共识目标后，双方应共同探讨并发现切实可行的策略来实现这些绩效目标，管理者应辅导员工制定相应的行动计划，确保他们有清晰的方向和步骤去达成新设定的绩效目标。

1. 找方法：为重新共识的绩效目标寻找实现路径

在"找方法"之前，首先要梳理清楚当前业绩结果与原定绩效目标之间的差距，并找出产生这些差距的主要原因。一般情况下，目标差距产生的原因可以归结为两个方面：一是外因，在这个方面可能存在的问题包括业务流程效率低下、职能职责界定不清等；二是内因，在这个方面可能存在的问题包括员工实现绩效目标的方法不对、员工能力素质不足等。根据目标差距产生的原因，分析并找到解决这些问题的责任主体。一般情况下，外因由管理者主导分析和寻找解决方案，内因由负责完成绩效目标的员工来主导分析和寻找解决方案。"找方法"的具体操作步骤如下。

1）明差距——梳理绩效目标与业绩实现之间的差距

梳理目标差距是绩效辅导过程中的一个关键步骤，需要系统地收集和分析数据，以准确识别当前业绩与既定目标之间的差距。

（1）收集原定绩效目标。

原定绩效目标，指的是绩效管理循环开始前，管理者与团队或员工个人制定的某段时期内某个维度的绩效目标。管理者可以在内部CRM、ERP等系统上找到，也可以让人力资源部门提供。

（2）收集当前业绩数据。

收集涉及的所有团队和员工个人到目前为止的实际业绩数据，这是识别差距的基础。这些数据可以是销售额、生产量、客户满意度等具体指标，也可以是团队和个人的述职报告等。它们通常可以在内部CRM系统、ERP系统或其他业务运营系统中找到，也可以让销售部门、财务部门、客服部门等提供。

（3）分析绩效趋势。

利用已有数据分析业绩完成的趋势，识别任何异常变化或持续的问题点。这可以通过统计软件或绩效管理工具完成。分析绩效趋势包括了解历史绩效数据，以及对比当前周期与过去周期的业绩变化。

（4）计算绩效差距。

计算各个指标实际值与目标值之间的差距，确定哪些领域未达到预期、哪些领域的表现超出预期。

通过以上这几个步骤，管理者可以清晰地识别和梳理出业绩结果与绩效目标之间的差距，为"找方法"环节奠定坚实的基础。

2）分析原因——分析差距产生的原因

可以用一种结构化的方法来系统地区分绩效目标未能达成的内因和外因，从而确定主要原因。

（1）内因分析。

√ 工作方法不当。明确员工是否采取了合适的工作方法来实现绩效目标，可以通过问卷调查、员工访谈或小组讨论的方式进行。

√ 能力素质不足。评估员工的能力是否匹配其岗位职责要求，可以通过技能测试、绩效回顾或360度反馈收集相关信息。

（2）外因分析。

√ 业务流程效率低下。进行流程效率审计，识别流程中的瓶颈或冗余环节。

√ 职能职责清晰度不足。审核组织结构和职责分配，确认是否有职责重叠或职责不明确等问题。

针对这些不同类型的问题，管理者与员工本人需面对面深入探讨与验证。如果问题涉及团队的绩效差距分析，那么这个过程就需要扩展到团队的所有成员。在这种情况下，可以采用头脑风暴、鱼骨图法、工作坊、焦点小组讨论和访谈等方法来发挥集体智慧和深入分析。

（3）确定主要原因。

√ 整合信息。将内因和外因分析的结果综合起来，形成全面的视图，找到主要诱因。

√ 确定主要因素。分析哪些因素最频繁被提及，哪些最直接影响绩效差距。

通过这一系统的方法，管理者和员工共同参与到分析和解决问题的过程中，不仅可以确切地找出导致绩效差距的根本原因，还能根据这些发现制定有效的应对策略。这种方法确保了问题分析的全面性和行动计划的针对性，有助于重新共识的目标的实现。

3）找方法——寻找解决问题的方法

识别出导致目标差距的内因和外因后，找到解决问题的方法至关重要，这将有助于确保重新设定的目标能在更少的阻碍下被实现。

（1）针对内因的解决策略。

√ 知识增长与技能提升。包括：根据员工的具体需求和岗位要求，提供定制化的培训计划，如线上课程、研讨会或在职培训等；鼓励员工参加专业认证课程，通过获得行业认证，提高其专业能力和市场竞争力。

√ 工作态度与行为改进。包括：引导员工进行自我评估，识别在工作态度和行为方面的不足，这可以通过自我反思指南或绩效反馈来进行；提供定期且具体的行为导向反馈，明确指出哪些具体行为需要改进，以及如何改进。

√ 时间管理与优先级设置。包括：倡导员工使用日程规划软件或其他时间管理工具有效规划日常任务和优先级；组织工作坊，教授如何评估任务紧急性和重要性，合理安排工作顺序和配置资源。

（2）针对外因的解决策略。

√ 优化业务流程。包括：基于流程效率的审计结果，重新设计工作流程，消除瓶颈，简化复杂步骤，引入自动化工具来提高效率；确保所有关键流程都有清晰的文档化标准操作程序（SOP），并进行定期的审查和更新。

√ 明确职能和职责。包括：清晰定义各个团队和个人的职责范围，确保每个职位的职责都明确且具体，减少职责重叠；增强不同部门之间的沟通和协作，定期举行跨部门会议，以确保团队间的信息流畅和工作协同。

√ 提高员工工作效率。包括：定期组织工作坊和会议，分享行业最佳实践和成功案例，激励员工采纳这些方法；建立持续反馈机制，确保员工能够及时了解自己的工作表现并获得改进指导。

√ 动机与激励机制。包括：设计和实施有效的激励机制，如绩效奖金、晋升机会或其他非金钱奖励，以提高员工的工作积极性；改善工作环境，确保员工有一个积极和支持性的工作环境，提高员工的工作满意度。

通过这些针对内因和外因的解决策略，组织可以有效地处理导致绩效目标未达成的问题，从而更好地实现重新共识的目标，并提高整体绩效。这些措施不仅应对了短期的挑战，还为持续地改进和成功奠定了基础。

2. 定行动：制定行动计划

找到针对内因的解决策略后，管理者应与员工一起制定行动计划，具体步骤如下。

（1）明确行动计划的目标。

基于之前策略的讨论和分析，确定行动计划的具体目标，这些目标应符合SMART原则（具体、可衡量、可实现、相关、有时限）。比如，如果策略是提升技术技能，目标可以是"在3个月内完成Java编程课程，并通过最终考试"。

（2）列出必要的行动步骤。

将每个目标分解为具体的行动步骤，这些步骤应具体到足以让员工能够独立执行。比如，对于完成Java编程课程，步骤可能包括注册在线课程、每周完成特定的模块学习、参加每月的在线研讨会等。

（3）分配资源和确定责任人。

确定实现每个步骤所需的支持，包括时间、资金和其他必要的支持；为每个行动步骤指定责任人，确保每项任务都有人负责。比如，确定完成Java课程的员工需要从部门预算中获得资金支持，并由直接上司监督学习进度。

（4）设定时间表。

为每个行动步骤设定具体的完成时间，这有助于保证进度并及时检查。比如，设定"注册课程"的截止日期，每个学习模块完成的期限等。

通过这个过程，员工不仅能够学习如何将解决策略转化为行动计划，还能在实践中不断优化自己的规划和执行策略。这种方法使员工在追求个人和组织目标的过程中更加自主和高效（表11-4）。

表11-4 绩效辅导表

指标名称	目标	实际结果	差距	分析+对策+行动							预防措施	
^	^	^	^	影响维度	原因	对策		行动计划			是否能完成/达成目标	风险点	预防措施
^	^	^	^	^	^	方式	改善方案	所需支持	行动步骤	开始时间	结束时间	^	^	^
				外因		推动改善								
				内因		主动调整								

第四节　赋能：根据员工绩效短板个性化赋能

在前述目标差距分析过程中，我们针对导致原定绩效目标未能实现的内、外部因素进行了系统深入的分析。在这些因素中，内部因素是员工通过个人努力可以得到改善的主要方面。也就是说，通过员工个人努力，包括学习知识技能、转变工作态度、改善工作方法等措施，可以明显提升绩效。因此，在制定行动计划之后，有必要针对员工个人能把控的因素对其进行个性化赋能。我们将员工个性化赋能分为两类，一类是心态转变赋能，包括通思路和创动力两个部分；另一类是能力提升赋能，包括能力拆解与针对各细分能力提升的训练计划两个部分。

1. 心态转变赋能

心态转变赋能，指的是通过改变员工的心理通路，来改变其工作态度的一种方法。

【案例2】

1. 背景

李某是某企业的一名资深业务员,已在公司工作8年,年收入在15万~18万元之间,相比同期员工,这一收入处于较低水平。鉴于李某的潜力及经验,公司管理层认为他有能力实现更高的业绩。

2. 目标

公司为李某设定了年业绩增长30%的目标。为达成此目标,公司认为李某需要每月至少拨打100个电话并实现10次上门拜访。

3. 现状

两个月过去了,李某的业绩并未见任何提升。具体到执行层面,李某只拨打了大约10个电话,远未达到业绩提升计划的要求。

4. 问题分析

通过与李某的沟通以及对其工作态度的观察,发现问题的核心在于李某自身缺乏对于职业发展的满足感以及进取心。尽管领导层多次强调目标的重要性并提出具体要求,李某仍未能调整其工作策略和转变工作态度。

5. 解决思路

有效激发李某的内在动力和职业进取心,使其主动改变现状,并积极达成新的业绩目标。

6. 推荐措施

(1)心态转变训练:组织专门的工作坊和培训,专注于职业心态转变和动机激发,帮助李某重建职业目标和个人价值认识。

(2)一对一辅导:提供定期的职业辅导,通过一对一的辅导会议,探讨李某的职业抱负,识别阻碍其进步的心理和情绪因素。

(3)激励与认可机制:实施更具吸引力的激励机制,包括非金钱激励如职业成长机会,以及对达成小目标的即时认可和奖励。

(4)同事榜样示范:组织分享会,让业绩优秀的同事分享他们的成功经验和策略,激发李某的竞争精神和学习兴趣。

通过上面的案例我们知道，员工心态的转变是解决问题的关键。而员工之所以能转变心态，最根本的原因是转变了思路，也就是说通思路是心态转变的基础。通过感知和安抚员工情绪、改变观点立场、强化行为改变等一整套系统的通思路方法，有效转变员工工作心态，帮助员工从新的视角审视工作和挑战，提升工作效率和创造力。以下是通思路的具体步骤。

（1）感知和安抚员工情绪。

在管理团队的过程中，正确感知和有效安抚员工情绪是发挥领导力的重要一环。处理情绪的步骤应该具体且可操作，以确保员工得到应有的支持，维护团队的和谐氛围，具体如下。

①识别员工情绪类型。

根据员工表达情绪的方式，可以将他们分为情绪外泄型（Expressive）和"情绪内敛型（Reserved）。

情绪外泄型员工，在情绪高涨时倾向于表达出来，无论是正面还是负面的情绪。他们可能会通过言语、面部表情或身体语言明显展示自己的情绪状态。

情绪内敛型员工与情绪外泄型员工相反，这类员工倾向于压抑或隐藏自己的情绪。他们可能在面对压力或不安时保持沉默，面部表情和身体语言较少变化。

②感知员工的情绪点。

在识别出员工情绪类型后，可以根据员工的情绪类型感知他们的具体情绪点，即触发他们情绪反应的具体因素。具体方法如下：

∨ 对话和观察。通过日常对话和仔细观察员工的反应来了解他们的情绪触发点。注意他们在特定话题、任务或与特定人交流时的情绪变化。

∨ 一对一面谈。通过一对一面谈，给予员工一个更私密的环境表达自己的想法和感受。这对于情绪内敛型员工尤为重要，因为他们可能不愿在公开场合表达情绪。

③正面安抚员工的情绪。

根据员工的情绪类型和具体的情绪点，采取相应的安抚策略。

对于情绪外泄型员工：

∨ 积极倾听。给予他们足够的时间和空间来表达情绪，通过点头、目光接触等非言语方式显示你在积极倾听。

√肯定和支持。对他们的感受表示理解和肯定，如"我明白这对你来说很重要"或"你的感受是可以理解的"。

对于情绪内敛型员工：

√鼓励开放表达。通过提问引导他们表达内心的想法和情绪，如"你觉得这个项目的哪个部分最让你感到有挑战"。

√提供安全感。保证对话的私密性和非评判性，强调团队环境的支持性和包容性。

通过这样的方法，管理者可以更好地理解和应对员工的情绪，营造一个更健康、更积极的工作环境。

（2）改变观点立场。

在一对一的辅导环境下，管理者需要运用更为细致的交流技巧和深刻的心理洞察，具体方法如下。

①换位思考和理解。

√深入洞察。开启对话之前，管理者应尽量收集员工的背景信息，包括他们过去的表现、工作态度，以及员工个人生活中可能影响其工作的其他因素，这有助于更好地理解员工的当前心态。

√建立信任。在对话过程中，管理者需表示出关心和同理心，让员工感受到这是一个支持性交流，而不是评判。

√用心观察。用心观察员工如何表达他们的观点和立场，注意非语言信号，如肢体语言、面部表情，这些都是可以反映员工情绪和态度的线索。

②引入新视角。

√分享。管理者通过分享个人的职业经历或遇到的挑战，提供与员工工作直接相关的行业案例或企业内部的成功故事，激发员工的思考，鼓励他们从不同角度审视问题。

√讨论可能性。通过问答的方式引导员工思考如果采纳新的观点会有什么不同的结果。例如，"如果我们尝试这种方法，你认为会有哪些好的变化"。

√角色扮演。让员工在安全的环境中尝试不同的角色或情境。例如，假设自己是客户，从客户的角度评价服务或产品。

③加强新观点。

√逐步引导。不要期待立即看到大的改变,要逐步引导员工认识到新观点的价值。可以设置小目标,让员工有信心逐渐实践新观点。

√确认和重申。在对话结束时,总结员工可能接受的新观点,并重申这些改变将帮助他们达成个人目标,确认他们对行动计划的理解和接受程度。

(3)强化行为改变。

强化员工的行为改变是确保改变持久和有效的关键步骤。理解并利用正面和负面影响,以及增强行为承诺,可以大幅提升这一过程的成功率。以下是具体的实操方法。

①向员工说明正面和负面影响。

a. 正面影响:

√明确正面行为的具体益处。向员工具体说明采纳新观点或行为方式将如何帮助他们在工作中取得更好的成果,包括提升工作效率、获得更高的满意度和更好的职业发展机会。

√设立激励机制。根据员工展示出的积极变化,提供明确的奖励,如奖金、公开表扬、职位晋升机会或其他形式的认可。

b. 负面影响:

√讨论不改变的后果。在非威胁的方式下,与员工讨论如果不采纳新观点或行为方式,可能会对他们的职业发展、团队协作或个人目标实现产生哪些负面影响。

√清楚地表达公司对员工行为改变的期望,并说明如果未能达到这些期望,可能会遇到的管理措施或其他后果。

②行为承诺:让员工对未来行为表态。

a. 制定行为承诺协议:

√与员工一起制定一个详细的行动计划,其中包括员工将采取的具体行动,以及这些行动如何帮助他们实现个人和组织的目标。

√让员工在行动计划上签字,将行动计划作为对改变的承诺。这种形式化的承诺可以增强他们对行为改变的责任感。

b. 持续跟踪和反馈:

√组织定期的跟进会议,检查员工对行动计划的执行情况,并针对任何需要调整的地方进行讨论。

√ 给予员工正面反馈，强化他们正确的行为改变。同时，对未达到预期的行为提供反馈，帮助员工进行必要的调整。

通过上述方法，管理者可以有效地强化员工的行为改变，确保员工在接受新的观点和行为方式后，能够在实际工作中提高绩效。

创动力是激发员工和团队的动力与创新精神的关键环节，需要通过合适的激励和管理机制来支持。

（1）设置多元化的激励机制。

激励机制应多元化，确保满足不同员工的需求，激发其内在动力。激励通常包括物质激励和精神激励两类。

①物质激励：

√ 薪酬和奖金。确保薪酬具有竞争力，可根据市场标准进行适时调整。同时，设定可达成的业绩目标，并与奖金挂钩。

√ 福利和补贴。制定全面的福利计划，涵盖健康保险、交通补贴等基本福利。

②精神激励：

√ 职业发展。提供培训和发展机会，帮助员工提升职业技能，实现职业生涯的进步。

√ 工作自主性。增加工作的自主性和灵活性，允许员工在一定范围内自主选择如何完成工作。

√ 表彰和奖励。实施"员工表彰计划"，定期公开表彰优秀员工，增强其荣誉感和归属感。

（2）设置有效的管理机制。

有效的管理机制能够确保团队高效运行，并鞭策员工努力工作。

①淘汰机制：

√ 绩效评估。实施定期的绩效评估，根据评估结果决定员工的晋升、留任或淘汰。

√ 能力匹配。确保员工能力与岗位需求相匹配，不匹配时提供培训机会，或调整其岗位。

②奖罚机制：

√ 明确规定。设立清晰的奖惩标准和程序，确保员工明白哪些行为会得到奖励，哪些行为会受到处罚。

√ 公平执行。确保奖惩制度公正、公平地执行，无任何偏袒。

通过这些激励和管理机制的有效结合，从"推力"和"拉力"两个方面，激发员工的工作动力，确保团队目标的顺利实现和组织文化的健康发展。

2. 能力提升赋能

员工能力不足是导致绩效结果不佳的主要因素之一。这里的能力除了工作岗位所需的专业知识与专业技能外，还包括沟通能力、理解能力、人际关系处理能力和逻辑思维能力等。员工不同层面的能力欠缺都会影响其岗位工作绩效的提升。因此，根据员工实际情况进行个性化的能力提升赋能是提升员工绩效的重要措施。

【案例3】

1.背景

杨某是某制造公司的采购经理，以勤奋和敬业闻名，常常亲自前往供应商生产现场以确保物料的及时供应。尽管工作态度积极，杨某在绩效评估中却屡屡不达标，进一步分析发现，问题主要是其理解能力不足，导致频繁误解指令和协调失误。

2.具体情况

在一个关键的项目中，公司某领导要求杨某提供所有已下单但未交付的主板汇总数据，以便进行项目风险评估。然而，由于理解上的偏差，杨某的回应并未符合要求。

3.对话内容

某领导：杨经理，请把全部已下待交的主板的数据汇总给我。

杨某：我在××供应商（主板供应商）这儿，正在催他们进度，一会将他们的数据发给你。

> 某领导：怎么回事，我要全部的汇总数据。
> 杨某：我这部分数据一会发你，小李还有一部分，系统里我没权限，我让她直接发给你。
> 由于杨某没有正确理解该领导的指示，即需要整体的汇总数据而非分散的信息，这导致了信息的不完整和发送延误，影响了公司的决策效率。
>
> **4.问题分析**
> （1）理解力不足：杨某未能准确理解领导的全面需求，导致信息不全。
> （2）跨部门协调能力不足：对于涉及多部门的信息整合，杨某未能有效地协调资源，造成信息获取不全和响应滞后。
> （3）权限问题：杨某对自己的系统权限认知不清，未能提前安排或请求权限以满足任务需求。

在许多企业，案例中杨经理这样的员工并不罕见。问题在于，大多数企业对员工具体缺乏哪些岗位工作技能和相应的能力素质不清晰、不明白，也无感知，不知道怎么去补足。因此，明白员工具体缺乏哪些重要的工作能力是能力提升赋能需要解决的首要问题。能力提升赋能可以通过两个步骤来实施，即岗位工作所需能力的拆解，以及针对员工缺乏的能力项实施训练计划。

（1）岗位工作所需能力的拆解。

每个工作岗位都是企业工作流程中的一个节点，负责宏观流程中的某一环节。为完成岗位工作，岗位上的员工需要根据流程要求完成特定的动作。只有具备相应能力的员工，才能有效地执行并完成这些工作。基于这个逻辑，我们可以依据流程中的具体动作来拆解所需的能力。一般情况下，能力可以按知识、方法、步骤和技巧四个维度进行拆解。

能力拆解是一种系统化的方法，它帮助我们确定特定岗位所需的具体能力。通过详细分析岗位的每一个工作流程，并将其与所需的能力匹配，可以有效地帮助员工识别和补足自身的能力缺口。以下是具体的能力拆解步骤。

①分析岗位职责和工作流程。

√ 收集信息。搜集岗位描述、工作职责、日常任务列表等信息。这些信息通常可以通过查阅岗位说明书、咨询部门经理，或者直接与岗位员工访谈获得。

√ 定义工作流程。将岗位的工作任务分解成一系列具体的工作流程。例如，一个采购经理的工作流程可能包括供应商选择、价格谈判、订单处理、物流协调等。

②拆解所需能力。

按照知识、方法、步骤、技巧四个维度，对每一个工作流程所需的能力进行详细拆解（表11-5）。

√ 知识：员工需要掌握的专业或理论知识。例如，采购经理需要了解市场行情、拥有供应链管理方面的专业知识等。

√ 方法：完成任务所需的方法论或策略。如采购经理的谈判策略、评估供应商的方法等。

√ 步骤：执行任务时必须遵循的具体步骤。例如，订单处理的具体步骤包括审核订单、确认订单、下达订单等。

√ 技巧：执行任务过程中需要运用的技巧或能力，比如谈判技巧、沟通技巧、数据分析能力等。

表11-5 能力拆解表

复杂动作	动作1	动作2	动作3	动作4	动作5	动作6
所需能力	能力1	能力2	能力3	能力4	能力5	能力6
能力拆解	知识、方法、步骤、技巧	知识、方法、步骤、技巧	知识、方法、步骤、技巧	知识、方法、步骤、技巧	知识、方法、步骤、技巧	知识、方法、步骤、技巧

我们以订单处理能力拆解来示例能力拆解的具体做法。

订单处理能力的拆解过程应该是，从订单处理流程细化到可操作的最底层流程，明确最底层流程对应的各个岗位的工作动作，再根据动作明确做出这些动作需要具备哪些能力，再根据这些能力要求，明确需要具备哪些知识，用什么方法完成，需要哪几个步骤完成，完成这些步骤有哪些技巧可以应用等。为了使这个拆解过程更具体、实用，我们用表格的形式进行描述，覆盖从动作到所需能力、所需知识、所需方法和所需技巧的全面拆解，具体见表11-6。

表11-6 订单处理能力拆解

操作流程	动作	所需能力	所需知识	所需方法	所需技巧
订单接收	接收订单请求	细节识别能力	订单管理系统操作知识	电子邮件处理和系统录入	仔细检查订单信息的准确性
订单审核	核对订单信息、合同和库存	分析和对比能力	库存管理知识、合同条款理解	使用库存管理软件、合同数据库	精确核对产品型号、价格和条款
订单确认	跟客户确认订单细节	沟通能力	客户服务协议、产品知识	电话和电子邮件沟通	使用清晰、专业的语言
订单录入	将订单录入系统	数据输入能力	ERP系统操作知识	系统数据录入	准确快速地输入数据
订单处理	处理订单并监控进度	项目管理能力	订单履行流程、时间管理	项目跟踪工具、时间表管理	高效地协调资源，确保及时交付
订单变更处理	应对订单变更请求	适应变化的能力、问题解决能力	订单修改政策、操作流程	利用CRM系统管理变更	有效管理客户期望，避免误解
订单关闭	完成订单处理并关闭订单	关注细节和归档能力	归档和记录保存知识	使用文档管理系统和订单追踪系统	确保所有文件准确无误且易于检索

通过详细拆解最底层流程中的动作，明确每个动作所需能力、所需知识、所需方法和所需技巧，使能力提升赋能更有针对性，能够更好地帮助员工完成目标。这样的能力拆解也有助于后续识别培训需求和绩效提升点。

（2）针对员工缺乏的能力项实施训练计划。

能力拆解后，管理者与岗位员工需对照细分的能力项进行盘点，以明确员工缺乏的具体能力项，然后制定针对性的训练计划。实施训练计划通常有三个步骤：能力细项训练、定期回炉和验收通关。

①能力细项训练。

√目标设定：根据岗位员工的能力项盘点结果，明确训练目标，例如提升数据输入速度和准确性、增长库存管理知识等。

√训练内容：设计具体的培训课程和材料，如ERP系统使用培训、沟通技巧工作坊学习、库存管理案例研究等。

√ 实施方式：组织面对面教学、在线课程、互动式模拟操作等多种教学方式，以适应不同员工的学习偏好。

√ 进度监控：通过考试、实操测试等方式定期检查员工的学习进度和掌握情况。

②定期回炉。

√ 周期安排：定期（如季度、半年）安排复习和提升课程，以确保员工能力的持续提升和知识的更新。

√ 内容更新：根据业务变化和市场发展更新训练内容，确保员工知识技能与时俱进。

√ 交流分享：鼓励员工之间分享实操经验和学习心得，以促进团队内的知识传递和经验积累。

√ 问题解决：对于在实际工作中遇到的问题，组织专题讨论会，提供指导和解决方案。

③验收通关。

√ 考核方式：设计综合性考核，包括理论知识测试、模拟操作、实际操作等，全方位评估员工的能力提升效果。

√ 标准设定：明确合格和优秀的标准，确保员工达到岗位要求，优秀者可考虑给予晋升机会或其他激励。

√ 反馈机制：提供详细的考核反馈，指出员工的优点和需要改进的地方。

√ 持续改进：根据验收结果调整训练计划，确保每个员工都能持续进步。

通过上述三个步骤循环进行能力训练，可以确保员工能力的持续提升。此外，整个训练计划需结合实际工作环境和岗位要求不断调整，以达到最佳培训效果。

下面我们以制造型企业基层岗位——装配线操作员能力项训练计划为例进行具体说明。

装配线操作员岗位要求员工组装部件、操作机械设备，并确保产品质量。

①能力细项训练。

√ 目标设定：提升精确操作机械的技能，增强对装配流程的理解，提高产品质量检测的能力。

√ 训练内容：机械操作培训，了解机械原理和操作规程；装配技巧实操，通过实际组装练习，理解装配工艺和顺序；质量控制流程培训，学习如何检测产品质量。

√ 实施方式：通过视频教程和现场示范，讲解机械设备的操作方法；在工作现场设置模拟装配环节，进行手动和半自动装配训练；举行关于质量控制的研讨会，进行实际案例分析。

√ 进度监控：定期进行装配速度和质量的评估、设备操作考试和故障排除模拟测试。

②定期回炉。

√ 周期安排：每三个月进行一次技能复习和新设备使用培训。

√ 内容更新：依据最新的装配技术和设备更新培训材料。

√ 交流分享：定期组织经验丰富的操作员分享工作经验，为新员工提供指导。

√ 问题解决：分析常见的操作失误和产品缺陷，讨论如何避免。

③验收通关。

√ 考核方式：理论考核，如考核设备知识、装配流程、质量标准掌握程度；实际操作考核，如评估装配技能、速度、产品质量；现场解决问题能力评估，如是否快速识别和修正装配过程中的错误。

√ 标准设定：设定明确的考核标准，评定为合格、良好或优秀。

√ 反馈机制：提供针对性反馈，指导员工在工作中实际应用所学技能。

√ 持续改进：根据考核结果为每个员工定制后续提升计划。

这个训练计划旨在通过具体的教学内容、实际操作和持续的能力评估，确保装配线操作员能够有效地提高其操作技能和产品质量控制能力，同时能够适应新技术和流程的变化（表11-7）。

表11-7　装配线操作员的能力项训练计划表

阶段	内容	详细活动	验证方法
能力细项训练	目标设定	提升精确操作机械的技能、增强对装配流程的理解、提高产品质量检测能力	—
	训练内容	机械操作培训； 装配技巧实操； 质量控制流程培训	—
	实施方式	视频教程和现场示范； 模拟装配环节； 研讨会和实际案例分析	—
	进度监控	装配速度和质量评估； 设备操作考试和故障排除模拟测试	定期考核
定期回炉	周期安排	每三个月进行一次技能复习和新设备使用培训	—
	内容更新	更新培训材料以符合最新的装配技术和设备	—
	交流分享	经验丰富的操作员分享工作经验和提供指导	—
	问题解决	分析操作失误和产品缺陷，讨论预防措施	实际案例讨论
验收通关	考核方式	理论考核； 实际操作考核； 现场解决问题能力评估	综合考核
	标准设定	明确合格、良好或优秀的考核标准	—
	反馈机制	给予针对性的个人反馈和指导	—
	持续改进	根据考核结果制定个人后续提升计划	追踪进展

第五节　绩效辅导模型

在企业绩效管理实践中，绩效辅导的成功很大程度上取决于辅导方法的有效性。为了确保绩效辅导效果，并让整个组织保持一致性，管理者必须有一个可靠的绩效辅导模型。本节将介绍三种广受推崇的绩效辅导模型，帮助管理者利用恰当的工具进行高效的绩效辅导。

1. GROW模型：目标导向的辅导框架

GROW模型，以目标（Goal）、现实（Reality）、选择（Options）、

意愿（Will）为核心，旨在指导管理者更有效地支持员工。GROW模型主要包括以下几个步骤：

（1）目标设定。与员工一起确定可以激励其取得成就的目标，这些目标可能是他们希望达成的具体成果，或是他们希望改变的特定行为。

（2）现实分析。明确员工当前的状态，识别可能阻碍他们进步的现实因素。

（3）选择探索。考虑并讨论能够帮助员工向前发展的潜在选择和可用资源。

（4）行动意愿。将选择转化为具体的行动步骤，并设定时间表。在此过程中，员工需展现出对流程的承诺，并接受定期的责任检查。

2. FUEL模型：激发行为改变的动力

FUEL模型源自John H.Zenger和Kathleen Stinnett的著作《卓越教练：卓越领导者如何帮助他人成长》，旨在引导组织内的行为改变。该模型由框架（Frame）、理解（Understand）、探索（Explore）、制定（Lay out）四个部分组成，具体步骤为：

（1）构建对话框架。经理与员工共同讨论辅导的内容，避免预设问题或目标。

（2）理解当前状态。经理通过开放式问题了解员工的观点，挑战假设，并帮助员工深入理解当前状况。

（3）探索理想状态。双方共同展望成功的愿景，并就如何实现目标达成共识。

（4）制定成功计划。制定详细的行动计划，以达到理想状态。

3. CIGAR教练模型：商业场景的实用工具

CIGAR教练模型由Suzy Green和Anthony Grant提出，适用于多种商业和其他场景。首字母缩略词CIGAR代表Current（现实）、Ideal（理想）、Gap（差距）、Action（行动）和Review（审查）。CIGAR教练模型包含以下步骤：

（1）当前现实。管理者深入了解员工的当前状况，以发现潜在的问题。

（2）理想目标。鼓励员工构想期望的结果，并探讨实现目标后工作和生活的可能变化。

（3）差距分析。员工识别当前与理想状态之间的差距和障碍。

（4）行动计划。双方共同制定行动计划，明确弥补差距所需的步骤、资源和时间。

（5）定期审查。管理者与员工定期会面，评估进展情况，讨论是否要对行动计划进行调整。

第十二章　绩效面谈：问题复盘经验沉淀

绩效面谈是绩效考核的重要环节，不仅可以帮助企业了解员工的工作表现和需求，还可以促进员工的个人发展，提升团队整体绩效表现。然而，许多企业在执行绩效面谈时经常会遇到一些问题，如沟通不顺畅、评估不客观、改进计划不明确等。为了充分发挥绩效面谈的作用，企业需采取合适的策略和步骤，并运用有效的技巧来提高绩效面谈的效果。

【案例1】

1. 背景

张华，一位客服团队主管，正忙着收拾日常工作文件，准备结束一天的工作，并计划下班后去幼儿园接孩子。这时，李总走进办公室，提出想要讨论年度绩效考核结果。

2. 经过

李总：张华，你现在方便吗？我知道你已经看过绩效考核结果，我们需要谈谈这个问题。

张华：李总，我下班后还有安排……

李总：没关系，我今晚也有个约会，我们快点说。

张华（无奈接受）：好的，那我们现在讨论吧。

（张华在李总满是文件的办公桌前坐下，显得心神不宁）

李总：你看过绩效考核结果，我不多说过去的成绩……

（突然电话铃响，李总接起电话。几分钟后，他结束电话重新开始讨论）

李总：我们刚才说到哪里了？

张华：我的绩效考核结果。

李总：对，你去年的工作总体完成得还可以，但有些方面需要注意，比如团队沟通和客户维护。

张华：关于您提到的"团队沟通和客户维护"，能否具体说明？

（电话再次响起，李总匆匆接听，结束电话后继续）

李总：作为团队主管，你应该减轻我的负担，但事实却不是这样。

张华：但我的KPI都完成了，我想讨论的是……

李总：考核考的不仅仅是是否完成KPI，我对团队成员的了解不是只靠数据。

张华（感到不公）：我觉得您可能对我有些误解，比如上次我在会议上的建议……

李总：别猜疑，看看赵强，他是如何和团队成员相处的。

张华（心里想，难怪赵强的考核成绩比我好）：李总，赵强很随和，但我更重视独立工作和责任，这可能会得罪人……

李总：行了，我得走了，张总该催我了。你还年轻，要多学习，多体会！

张华（依旧困惑）：……

李总匆匆离开前去赴约，留下张华一人在办公室里思考。

3. 分析

此次绩效面谈最终未达到预期目的的原因是：

（1）准备不足。李总未提前通知张华进行面谈，导致双方均未充分准备。

（2）时间不当。在下班前夕安排会谈，导致张华心不在焉，无法专心讨论。

（3）中断频繁。电话打断了面谈，使得讨论断断续续，缺乏连贯性。

（4）缺乏具体性。李总未能提供具体的反馈和改进建议，导致张华无法明确自己需要改进的方面。

（5）不良的沟通方式。李总在讨论中未能展示出开放和支持性的态度，而是传达出批评和不满。

（6）未达成共识。面谈结束时，张华仍然感到困惑，未能明确理解问题所在，并找到改进方法。

4. 改进建议

（1）面谈前应预约合适的时间，确保双方均有足够的时间准备。

（2）确保面谈环境安静，避免干扰，以便双方可以专注对话。

（3）应提供明确的反馈细节，包括具体的实例和改进措施。

（4）应培养互相尊重和建设性对话的企业文化，确保面谈的目的是共同进步和发展。

第一节　绩效面谈者必须具备的两大能力

绩效面谈是管理者与员工之间的心理沟通与博弈，需要管理者具备两大能力：第一，共情能力；第二，共识推动能力。具备这两大能力，管理者才能更好地完成绩效面谈工作。

1. 共情能力

共情能力是业务管理者在绩效面谈中感受并理解员工情绪的能力，它包含以下几个关键方面。

（1）识别员工的情绪。

管理者需要密切观察员工的肢体语言、面部表情、音调和语速等非言语线索，这些线索可以帮助管理者感知员工内在的情绪状态。同时，管理者还要识别员工在对话中使用的关键情绪词汇，如"沮丧""困惑""兴奋"等，从而准确把握员工的情绪。

（2）安抚消极情绪。

当员工表现出消极情绪时，管理者可以使用"抱歉+这事让你+情绪词"这样的结构来表达理解和关心，如"我很抱歉这个项目让你感到受挫"。

（3）形成同伴或同盟关系。

管理者应寻找与员工共同的利益、经历或价值观，这有助于形成"我们在一起"的感觉，减少员工的对立情绪，增进理解和信任。

（4）在给任务、提要求时使用包容性语言。

在讨论任务和要求时，使用"我们"而非"你"，以减少命令的语气，让对话更具合作性，如"我们一起看看怎样才能完成这个目标"。

2. 共识推动能力

共识推动能力是在绩效面谈中推动双方达成一致意见和目标的能力，它包含以下几个方面。

（1）积极回应，卸防御。

管理者应当通过肯定员工的感受和看法来营造积极的对话氛围。同时，管理者还要展现开放的态度，允许员工表达不同意见，这会降低员工的心理防御，使其更愿意分享真实想法。

（2）信息交换共识或寻找权威共识。

管理者应通过分享信息，让员工感觉到被尊重和信任，进而更愿意与管理者达成共识。在某些情况下，管理者也可以引用外部权威（如行业标准、专家意见）的观点以帮助达成共识。

（3）价值牵引与目标共享。

管理者需要阐述目标达成对员工成长、收入、地位和成就感的正面影响，从而激发员工的内在动力。同时，管理者应与员工沟通，将员工的个人目标与组织的目标结合，形成共同的目标体系。

综上所述，共情能力帮助管理者理解员工的情绪和需求，共识推动能力通过沟通和协商，让员工感受到自己对于实现组织目标的贡献和价值，从而提升员工的参与度和绩效。这两大能力的结合，能够有效地提高绩效面谈的质量，实现共赢。

第二节　绩效面谈必须坚持的五项原则

绩效面谈是管理者与员工之间的重要沟通过程，目的在于回顾过去的工作表现、设定未来的工作目标和制定改进措施。以下是绩效面谈应遵循的五项原则。

1. 管理者要明确表达对持续改进的期望

（1）持续改进。管理者需传达一个明确的信息——组织始终在追求卓越，今天的最佳表现会成为明天的基本要求。这会鼓励员工持续进步，不断提升个人的绩效标准。

（2）设定清晰的预期和目标。确保员工明白组织的期望始终在提高，从而激励员工不断提升自我，追求更高的成就。

2. 员工是绩效管理的主人

（1）个人责任。员工需要意识到他们对自己的绩效负有主要责任，管理者的责任则更多是辅导和支持。

（2）自我管理。员工应该主动参与绩效管理过程，设定个人目标，自我监控进度，并在需要时寻求帮助，以确保他们的绩效符合组织的要求。

3. 绩效面谈不是秋后算账

（1）发展导向。绩效面谈的目的不是单纯地批评过去的错误，而是识别问题，并提供改进的方向和策略。

（2）前瞻性。绩效面谈的焦点应该是如何提升未来的工作表现，而不仅仅是回顾过去，这有助于员工以积极的心态接受反馈。

4. 绩效面谈要"丑话当先"

（1）直接沟通。管理者应该直接而诚实地提出工作中存在的问题，不回避敏感或尖锐的话题。

（2）提高透明度。直接的沟通方式可以提高透明度，帮助员工清晰地认识到自己工作的哪些方面需要改进。

5. 不要轻易被不重要的事情左右

（1）聚焦主要问题。绩效面谈应集中注意力在影响绩效的关键因素上，避免被日常琐事或不重要的问题分散注意力。

（2）优先级管理。管理者和员工应共同确定最重要的工作领域，并将精力投到能够产生最大影响的工作上，确保时间和资源得到有效的分配和利用。

绩效面谈应当是一个结构化、以发展为导向的沟通过程，旨在支持员工成长，提升他们的工作表现，并使员工的个人目标与组织的目标保持一致。这样，绩效面谈就不仅仅是一个评价机制，更是一个促进个人和组织发展的有效工具。

第三节 绩效面谈的基本逻辑

绩效面谈作为绩效管理的关键环节，开始之前需要系统性地思考为什么谈、谈什么、什么时候谈以及怎么谈的问题。

1. 为什么要进行绩效面谈

首先，绩效面谈是确保员工对绩效结果有正确认识的关键机制。通过面谈，员工能够清晰地了解自己在工作中的表现，包括成绩、成就以及可能存在的改进空间。这种及时反馈有助于员工更好地认识自己的工作表现，从而调整和改进工作方式，提高工作效率和绩效水平。

其次，绩效面谈为管理者和员工提供了一个共同探讨影响绩效的因素的机会。在面谈中，双方可以分析导致绩效不理想的根本原因，识别问题所在，并讨论解决方案，以提升员工未来的绩效表现。

最后，绩效面谈有助于管理者与员工之间形成共识，为下一阶段的工作指明方向。面谈中，双方可以就过去的绩效表现、目标达成情况及未来的工作重点进行深入讨论，形成一致的认识和期望。这种共识有助于管理者确立下一阶段的工作目标和计划，为员工提供清晰的指导和支持，推动组织整体绩效的提升。

综上所述，绩效面谈不仅可以帮助员工正确认识自己的绩效表现，还能促进管理者与员工之间的深入沟通与共识达成，为组织的绩效提升和持续发展奠定基础。

2. 绩效面谈要谈什么

绩效面谈是一种重要的沟通机制，需要围绕着目标共识、过程复盘和下期绩效计划展开深入的讨论，以确保有效的绩效管理和员工更好地发展。具体而言，绩效面谈需要完成以下内容。

首先，谈目标共识。管理者和员工应该就当前的工作目标进行深入的讨论，确保双方对工作目标的理解和期望达成一致。这包括明确目标的具体内容、完成标准和关键时间节点，以及员工在实现这些目标时可能面临的挑战和需求。通过达成目标共识，确保员工清晰地了解工作重点和期望，从而提高工作效率和绩效水平。

其次，对过程进行复盘。对员工过去一段时间内的工作过程和表现进行全面的回顾和分析，包括工作中取得的成就、存在的不足等。通过对过程进行复盘，及时发现和解决问题，提高员工工作效率和绩效表现。

最后，谈下期绩效计划。管理者应与员工就下一个绩效周期的工作目标等进行详细的讨论，共同制定下期绩效计划，并为员工提供必要的支持。通过制定下期绩效计划，为员工提供清晰的工作方向，提升其工作效率和绩效。

总的来说，绩效面谈需要以谈心的方式与员工进行沟通，以促进员工的个人发展和绩效提升，推动组织的持续发展和进步。

3. 什么时候进行绩效面谈

绩效面谈的时机选择对于提升面谈效果至关重要，恰当的时机能够显著提高沟通的效率和质量。在绩效管理中，有两个关键时机适合进行绩效面谈。

一个是在确认绩效打分时。在绩效评估周期结束后，管理者需要对员工的工作表现进行评估和打分。管理者可以利用这一时机与员工进行绩效面谈，可以向员工清晰地解释绩效评分及其标准，讨论评分背后的原因，同时为员工提供具体的反馈和改进建议。这种及时的反馈有助于员工理解自己的工作表现，并指导他们调整和改进工作方法以提高绩效水平。

另一个是在绩效成绩确认后。一旦员工确认绩效评估结果，管理者就可以安排进行绩效面谈，与员工就其在评估周期内的工作表现和绩效结果进行深入探讨，共同分析员工的优势和不足之处，并确定下一阶段的工作目标和计划。这样的面谈有助于及时总结经验、提出改进建议，并为员工未来的发展和绩效提升提供指导和支持。

优秀的管理者通常会利用这两个时机进行绩效面谈，及时地给予员工反馈和指导，促进员工的成长和绩效提升，进而提高组织整体的绩效水平。

4. 怎么进行绩效面谈

绩效面谈是一项需要技巧和方法的工作，可以从"面谈准备"和"面谈过程把控"展开。

1）面谈准备

面谈准备包括管理者面谈准备和岗位员工面谈准备。

（1）管理者面谈准备。

在进行绩效面谈之前，管理者要做好充分的准备工作，以确保面谈顺利进行，有效达成面谈目标。以下是管理者面谈前需要准备的内容。

①确定面谈时间。

√提前预约。管理者需要提前与员工协商，并预约好面谈的时间，确保双方都能安排好自己的日程，避免冲突和延误。

√不影响员工的重要工作。管理者在选择面谈时间时，应尽量避免影响员工正在进行的重要工作，确保员工能够专注于面谈的内容，提高面谈效果。

②确定面谈地点。

√提前确定。管理者应提前定好面谈的地点，确保有合适的场地进行面谈。

√环境宽松。选择宽松、舒适的面谈环境，这有利于员工放松心情，更积极地参与到面谈中，促进面谈的顺利进行，提高面谈效果。

③准备面谈资料。

√ 相关数据分析。管理者需要准备好员工在绩效周期内的相关数据，包括工作成绩、完成情况、绩效评价等，以便在面谈中进行分析和讨论。

√ 绩效考核结果。管理者需对员工的绩效考核结果非常了解，知道员工的优势和不足之处，为面谈提供依据和参考。

④制定面谈策略。

√ 管理者需要在面谈前思考员工的绩效评价情况，判断员工的绩效是优秀、良好还是有待提升，以确定面谈的主要内容和重点。

√ 管理者需根据员工的绩效情况制定相应的面谈策略，比如如何表扬和激励绩效表现优秀的员工，或者如何帮助和指导绩效表现不理想的员工。

（2）岗位员工面谈准备。

岗位员工面谈准备是员工自我评估和反思的重要过程，有助于面谈时有效地与管理者进行交流，并共同制定提升绩效的计划。员工在面谈前需做如下准备。

①分析绩效结果。

√ 好的方面。员工应该诚实地评估自己的工作表现，并列出自己绩效周期内的亮点和成就，这可能包括超出预期完成工作任务、成功的项目、创新的提案和团队合作方面的贡献。员工可以准备一些量化的成果，比如销售额的增长、客户满意度的提升等。

√ 不好的方面。员工需要识别并承认那些未能满足预期的领域，包括未完成的任务、未达成的目标和工作中出现的错误。员工应该对这些情况进行深入思考，准备好详细的案例和情境描述，以便面谈时能够具体讨论。

②分析原因。

√ 为什么做得好。员工需要思考自己在某些方面表现良好的原因，这可能是由于特定的工作方法、团队支持或个人努力等。准备这部分内容时，员工需要列出具体的行动或策略，这些是成功的关键因素。

√ 为什么没达成。对于未达成目标的部分，员工要分析失败的原因，可能包括缺乏资源、外部环境变化、个人能力不足或时间管理问题等。员工需要识别这些原因，并思考如何在未来解决或避免类似问题。

③制定后期绩效计划。

√下一期绩效目标、指标。员工应根据企业战略方向和个人职业发展规划，设定下一个绩效周期的具体目标和指标。这些目标和指标应该是具体的、可衡量的，并有适当挑战性的。

√达成目标的计划。员工需要制定一个实现目标的行动计划。这个计划应包括所需的资源、执行的时间表、必要的支持和培训等。员工在面谈时应该详细阐述这一计划，以及如何追踪进度和效果。

通过上述准备，员工在绩效面谈中可以展示出自己对个人工作的深刻理解、对过去绩效的清晰分析，以及对未来发展的积极规划，不仅有助于提升面谈质量，而且能够体现员工的自我驱动力和职业发展意识，为绩效提升和个人成长打下坚实基础。

2）面谈过程把控

管理者可以依据当期员工的绩效结果，选择不同的面谈路径。

（1）与绩效结果好的员工进行绩效面谈的路径。

与绩效结果好的员工进行绩效面谈是一种激励和认可的过程，遵循"表扬→鼓励→复盘→计划→上价值"的面谈路径（图12-1）。

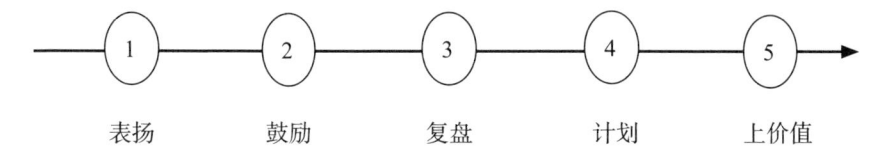

①—表扬　②—鼓励　③—复盘　④—计划　⑤—上价值

图12-1　与绩效结果好的员工进行绩效面谈的路径

①表扬。

开始面谈时，首先应对员工在上一绩效周期内的优秀表现给予明确、具体的表扬，包括对其成果的认可，以及这些成果对团队和组织的积极影响。认可的方式应当具体到某个行动或结果，以显示管理者的关注和深入了解。

当然，表扬也要遵循一套逻辑与方法，即岗位员工的需求层次。在进行员工表扬时，管理者需根据对员工需求层次的了解，采用不同的方式，让表扬这一动作发挥更好的作用。以下是三个不同层次的表扬方式。

a.硬表扬（基本层次）。

这是最基本的表扬方式，通常是简单的、直接的正面反馈。例如，"做得好"或"我很赞赏你完成了这个任务"。虽然这种表扬比没有要好，但往往是泛泛而谈，没有针对具体情况或行为给出反馈，因此不会完全满足员工对个人贡献认可的需求。

b.行为+表扬（进阶层次）。

这种表扬方式关注具体的行为，并将其与表扬结合。这要求管理者不仅要表达赞赏，还要详细说明员工的哪一项具体行为做得好，并解释为什么这种行为值得表扬。例如，"你在项目A中展现出的数据分析能力非常出色，你的这项工作帮助我们提升了决策的精准度。"这种方法能够让员工明确知道其表现优秀的具体行为，进而增强其继续保持相关行为的动力。

c.行为+表扬+价值（高级层次）。

这个层次的表扬不仅明确指出了具体的行为，而且链接到了这些行为对团队或企业价值的贡献。这种表扬方式能够更深入地激发员工的自尊心和归属感，提升他们对工作的意义感。例如，"你的分析不仅准确，还极大地提高了我们团队的工作效率。你的专业技能和对细节的关注是我们团队不可或缺的资产。"这种表扬方式能够使员工感受到自己的工作对公司的重要性，有助于提升他们的自我价值感和对组织的忠诚度。

从这三个不同层次的表扬方式可以看出，表扬技能的深度和效果是递增的。在实际管理中，主管应当根据实际情况和需要，灵活运用不同层次的表扬方式，以达到最佳的激励效果。

②鼓励。

表扬之后，管理者应鼓励员工继续保持其优秀表现。这一步骤包括对员工展现的特定技能或能力表达赞赏，并鼓励他们继续发挥这些优势。同时，管理者也可以和员工讨论其职业发展的可能性，明确表达公司对其长期发展的支持和信心。

③复盘。

在绩效目标达成的情境下，绩效面谈的复盘是一个系统回顾和分析的过程，旨在让员工深刻理解其成功的关键因素，并将这些因素转化为可复制和可持续的行为模式。

在复盘时，管理者要与员工一起详细回顾整个绩效周期内的关键行为和决策过程，进行行为建模。具体步骤为：

√ 准备过程。了解员工在目标设定之初的准备工作，包括询问员工制定了哪些计划、采取了哪些措施，以及如何确保资源和支持到位。

√ 实施过程。分析员工在执行过程中的具体行为，包括如何划分重点、如何管理时间，以及在执行过程中采取了哪些有效的工作方法。

√ 遇到问题。讨论在实施过程中遇到的具体问题和挑战，员工如何识别这些问题，采取了哪些应对措施。

√ 调整策略。探讨在项目或任务执行过程中，员工如何根据情况变化做出灵活调整，这些调整有哪些，为什么有效，如何评估调整的结果。

在对行为进行建模分析之后，管理者需要引导员工总结出可转化为未来行动指南的经验。

对于相同或类似情境，管理者应鼓励员工基于目前的成功经验，构建一套行动指南，形成未来面对类似情况时的行动方案。例如，如果团队协作是成功的关键因素，员工就要思考如何维持和强化团队沟通和协作。

对于相关但不同的情境，管理者应考虑成功经验中哪些是可以泛化的，并引导员工将这些经验应用到不同但相关的任务或项目中。例如，时间管理技巧在多个项目中都可能适用，员工应考虑如何将这些技巧应用到不同的工作环境中。

在整个复盘过程中，管理者应保持积极的沟通态度，鼓励员工分享自己的想法和感受，并提供具体的、有建设性的反馈。此外，管理者还可以分享自己的观察和见解，帮助员工深刻认识到自己的行为与团队和组织目标的关联。

④计划。

在与业绩表现良好的员工进行绩效面谈时，关注的重点应该是他们未来的发展和潜在的职业机会。以下是一些细化步骤，可以帮助管理者进行更为有效的绩效面谈。

a.谈下期的指标。

√ 与员工一起回顾其上期的表现，并基于此设定下一期的工作指标，指标应与组织的长期目标和短期需求保持一致。

√ 确保员工参与到指标设定过程中，提高他们对指标的认同感和责任感。

b.谈具体的绩效目标。

√ 转化指标为具体可执行的绩效目标，让员工清楚知道自己需要完成的任务。

√ 识别这些绩效目标的优先级，确保员工了解关键任务和次要任务的区别。

c.谈现有水平与目标的差距及策略。

√ 评估员工当前的技能和经验水平与达成新目标所需的水平之间的差距。

√ 根据差距分析的结果，制定个人发展计划，包括必要的培训和学习资源。

√ 讨论并确定实现目标所需的具体策略，比如工作方法的调整、时间管理、资源分配等。

通过上述步骤，管理者可以与员工合作，共同规划其发展路径，确保员工的个人目标与组织目标保持一致，同时为员工提供成长和成功所需的资源和支持。

⑤上价值。

在绩效面谈的末尾，为了激励员工在下一轮绩效周期内努力完成目标，"上价值"是一个关键环节。"上价值"的引入旨在为员工提供更深层次的动力和意义。管理者可以通过以下具体且与实际工作情境相关的方式来"上价值"。

a.向员工阐述新绩效目标的意义。

√ 职业成长："我们的新目标不仅是公司的需要，更是你提升个人职业技能的机会。比如，如果目标是提升客户满意度，你会努力提升客户服务技能，增强解决问题的能力。"

√ 认可与奖励："这些目标的设定与你过往的表现是相符的，你的努力和成绩会通过实现新目标得到认可，这也将直接关联到你的奖金和晋升机会。"

b.向员工承诺支持。

√团队协作:"完成这些目标不是你一个人的任务,我和团队都会支持你。我们将一起分配任务,确保你有足够的资源和支持去完成目标。"

√管理者承诺:"你不仅有团队的支持,还有来自我和公司的承诺。我们会定期检查进展,提供反馈,并在必要时调整策略以支持目标的实现。"

通过这样的方式,管理者能够更有效地激发员工的工作热情,给予他们完成目标的信心。

(2)与绩效结果不好的员工进行绩效面谈的路径。

在与绩效结果不好的员工进行绩效面谈时,需要遵循"面谈共识→绩效结果回应→复盘→计划→鼓士气"的路径(图12-2),以帮助员工找到绩效表现不佳的原因,讨论如何进行改进,并激发他们对下一步行动计划的信心和积极性。

```
① 面谈共识   ② 绩效结果回应   ③ 复盘   ④ 计划   ⑤ 鼓士气
```

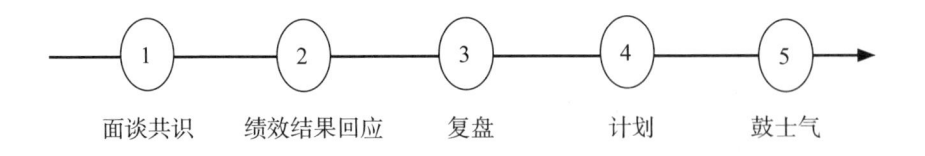

图12-2 与绩效结果不好的员工进行绩效面谈的路径

①面谈共识。

与绩效结果不好的员工进行绩效面谈时,要卸掉员工的防御心理,让员工明白绩效面谈"不是秋后算账,而是找到改进方向",你是在帮他,而不是在找碴。以下是管理者在开展绩效面谈时常用的面谈话术。

√表述面谈意图:"这次我们坐下来谈话,并不是为了追究过去的问题,而是为了一起探讨如何在未来的工作中取得更好的成绩。我希望这次对话能成为我们共同进步的起点。"

√打造安全环境:"我希望你在这里感到舒适和安全,可以畅所欲言。你的意见和感受对我来说至关重要,这有助于我们找到最佳的解决方案。"

√强调团队精神:"我们是一个团队,团队的力量在于相互支持。我们的目标是确保每个人都能发挥出自己的最大潜能,这样整个团队才能成功。"

√ 共同分析问题："让我们一起来看看数据和反馈，这不是为了指责，而是为了理解背后的原因。我们的目标是找到影响绩效的根本问题，并一起努力解决它们。"

√ 以未来为导向："我们关注的是未来。过去的数据对我们来说是一个学习的工具，让我们知道在哪些领域可以做得更好。"

√ 设定共同目标："通过这次对话，我希望我们能够设定一些实际的目标和行动计划，帮助你在下一个绩效周期取得显著的提升。"

√ 表达支持："我在这里不仅仅是作为你的主管，还是你的支持者。我会提供必要的资源和支持，帮助你达到这些目标。"

√ 建立持续的对话："这将是一个持续的对话，而不是一次性事件。希望你随时向我反馈进展，我们可以一起调整计划以确保成功。"

通过上述步骤，主管可以与员工达成以改进为中心的绩效面谈共识。这种方法有助于消除员工的防御心理，建立信任，并将注意力集中到共同的发展和进步上，而不是停留在过去的错误和失败上。

②绩效结果回应。

√ 客观陈述：提供客观的绩效数据和具体的事项，说明哪些方面未能达到预期标准。

√ 倾听反馈：给予员工表达自己观点的机会，了解他们认为可能影响绩效的因素。

√ 共同分析：确认员工对绩效表现不佳的认识，并且理解他们所面临的挑战。

③复盘。

这里的复盘方法可以参考前面与绩效结果好的员工进行绩效面谈的复盘方法，因此不再赘述。

④计划。

√ 制定改进计划：基于复盘结果，与员工一起制定一个具体的改进计划，包括短期目标和长期目标。

√ 资源和支持：确定实现目标所需的资源和支持，以及管理层帮助员工的方式。

√ 行动步骤：将计划分解为可操作的步骤，明确时间表和责任分配。

⑤鼓士气。

"鼓士气"的方法与前面与绩效结果好的员工进行绩效面谈的"上价值"的方法基本一样。只是这里"鼓士气"的对象是绩效结果不佳的员工，需要强调"绩效结果只能说明过去，相信经过努力可以取得更好的绩效结果"等内容。

√ 积极鼓励：强调员工的潜力和以往的成就，相信他们有能力改进不足并达成新目标。

√ 强化信心：表达对员工改进和成功的信心，并承诺成为他们的支持者。

√ 持续关注：确保员工知道这是一个过程，管理层将持续关注他们的进展，并提供必要的帮助。

通过这样的面谈路径，绩效表现不佳的员工可以得到清晰的指导和支持，同时感受到管理层的关怀和期待。这有助于将绩效表现不佳转化为学习和成长的机会，提升员工未来的绩效表现。

第四节　绩效面谈实操

下面以一次成功的绩效面谈实操过程为例展示绩效面谈的整体逻辑与操作流程。

1. 面谈前准备

在进行绩效面谈之前，管理者必须进行充分的准备，包括以书面形式通知员工，以确保记录留存。通知应包括以下内容：

（1）时间。什么时候面谈，预估时间多久。

（2）目的。面谈的目的是什么，期望达成什么结果。

（3）地点。在哪里面谈，如果是多个人需要面谈，也要带上其他员工。

（4）材料。需要员工配合提交的材料。

注意：面谈者需要提前收集一些基本资料，比如员工的基本信息、绩效结果、工作表现、出勤情况等，并事先做个简单的分析，防止员工耍赖，或者在面谈者问到一些敏感信息的时候避而不谈。

2. 面谈开场白：开门见山

在绩效面谈开始时，管理者应直截了当地说明面谈的目的和重要性，以确保员工理解并投入面谈中。开场白应包括以下内容：

（1）公司的政策，即说明面谈的背景和意义（不要忽略）。

（2）准备的说明材料，包括管理者和员工准备的材料。

（3）面谈的目的，即说明此次面谈期望达成的结果。

【示例】主管：××你好，根据公司的绩效管理办法，在充分了解你上期工作成果的基础上，对你在考核期的工作绩效做评估。通过本次面谈将达到两个目的：一是与你沟通上期考核得分，二是针对你上一期的工作表现，共同寻找绩效改进的方法……

3. 面谈中：倾听员工自我评估

在面谈正式开始后，管理者应先倾听员工的自我评估，不要着急亮出自己的结果和结论，这有助于了解员工对自己绩效的认知和态度，为后续讨论提供线索。根据员工的自我评估，可初步判断员工的类型。

（1）成熟型员工：这类型员工的绩效表现一般没什么问题，主要关注他们的过高期望（比如涨薪、晋升等），不要随便"画大饼"，许诺后一定要兑现。

（2）赖皮型员工：这类型员工在面谈时容易产生冲突，是最难做面谈的一类人。他们在谈到自己的优秀成果时会很开心，但在谈到不足时容易找外因，把自己的原因都排除在外，因此在与他们面谈的时候要做好引导。

（3）迷茫型员工：这类型员工在进行自我评估时话不多，属于被动接受型员工，不妨直接给予明确的工作改善指示或指导。

无论是哪种类型的员工，管理者都要先倾听，再判断，然后根据员工的类型有针对性地展开面谈，这样可以有效减少面谈的阻力。

4. 面谈中：向下属告知评估结果

管理者在倾听完员工自我评估后，针对其优秀和需要改善的地方，恳切直白不回避地告诉员工自己真实的看法。

注意这里要简单直白，不能模棱两可，要说清楚，但不需要做过多解释。

【示例】如何向下属告知评估结果？

主管：对于你刚才的自我评估，许多方面我表示认同。纵观你上期的工作表现，回顾下我们当初设定的目标。一是……；二是……；三是……。

其中……完成了，做得很好；……没完成，差距是……。综合来看，上期绩效结果良好，但没有完成的那部分一定要想办法解决，有困难找我，我们一起想办法解决。

接下来可以针对未完成目标的原因及解决方案谈谈你的看法……

5. 面谈中：商讨员工不同意的方面

如果员工对管理者所阐述的绩效事实不认可或者对于此次绩效评价有异议，则需要进行这一步。

注意：

（1）不要刚开始面谈就直击主要矛盾，先从相对没有那么尖锐的问题开始。

（2）不要带情绪辩论，带着事实和依据阐述说明即可。

（3）避免极端化的字眼，如"你总是""你从来""你经常"等。

6. 面谈中：商讨改进和发展计划

面谈最后一步，管理者需要和员工一起商讨改进和发展计划，并将此次探讨内容全部记录下来，防止事后遗漏或者忘记（表12-1）。

表12-1　绩效面谈与绩效改进表

被考核人姓名		考核期	
部门		岗位	
面谈人		面谈日期	
上期绩效总结及问题回顾	1.回顾上个考核周期考核指标与当前工作内容的匹配度； 2.对考核的感受； 3.你觉得最满意的方面有哪些？ 4.你最不满意的方面有哪些？		
员工自我评价	（个人需要提升的地方）		
上级对下属下阶段工作的期望	（下阶段的期望）		
下阶段工作目标和计划	（下阶段的工作方向、目标、实施计划、希望获得的支持）		
被考核人签名		签名日期	

【案例2】

1.场景

一家中型企业的办公楼内，人力资源主管王经理与客户服务部门的员工张小明进行了一次绩效面谈。

2.角色设定

人力资源主管——王经理；客户服务部门员工——张小明。

233

3.面谈对话

王经理：张小明，谢谢你抽出时间来参加这次绩效面谈。在开始之前，我想先和你确认一下，你对绩效考核的理解是什么？

张小明：我理解的绩效考核是评估员工在工作中的表现，从而更好地促进个人成长和组织发展。

王经理：很好，你的理解很到位。实际上，绩效考核的目的是提供一个反馈和改进的机会，帮助员工了解自己的优点和不足，并制定未来的发展计划。

王经理（微笑着）：在过去一年中，你在工作上做了很多努力，我们都很欣赏。不过，有一些地方我们可以共同努力改进一下。

张小明（微笑回应）：是的，我也意识到自己还有很多需要提高的地方，期待您的指导。

王经理（鼓励地）：非常好，我们都处在不断成长和学习的过程中，所以互相支持是很重要的。

（接下来，王经理与张小明逐项讨论了张小明的工作表现，包括成绩、工作态度、团队合作等方面。在讨论过程中，王经理对张小明的优点给予了肯定，同时也提出了一些需要改进的地方，并和张小明共同制定了未来的发展计划。）

王经理（赞许地）：张小明，你的团队合作精神值得称赞，但我认为在沟通方面还有进步的空间。不过，我相信通过我们的共同努力，你会越来越优秀。

张小明（感激地）：谢谢您的反馈和指导，我会认真对待并努力改进。

王经理（微笑）：很好，我相信你会有很大的进步。最后，如果你有任何问题或需要帮助，随时都可以来找我。

张小明（自信地）：谢谢您，我会的。感谢您的支持和鼓励。

（面谈在和谐、积极的氛围中结束，双方都感到满意，并对未来充满信心。）

绩效面谈需要遵循一定的方法与逻辑，需根据员工的个性、业绩结果、内心期待及需求层次等，选择不同的面谈路径与面谈过程把控方法，并提前分析面谈员工的业绩数据、个性特点，在面谈中用数据说话、用情感感化，营造良好的面谈氛围与环境，只有这样才能真正达到绩效面谈的目的。

第十三章 绩效改进：明确短板，赋能补足

在现代企业中，绩效改进是企业管理的重要环节之一。通过数据分析，企业可以更好地了解员工的工作表现和流程情况，进而制定相应的改进措施，从而提高企业的整体效率和竞争力。这一章我们将详细介绍如何利用数据分析优化绩效，如何利用绩效问题推动结果的持续改善。

第一节 利用数据分析优化绩效

数据分析是实现绩效改进的重要手段之一。通过对员工的工作数据进行分析，企业可以了解员工的工作表现和流程情况，发现存在的问题和不足，从而制定相应的改进措施。以下是一些利用数据分析优化绩效的方法。

1. 明确分析目标与需求

在进行数据分析前，企业需要明确分析的目的。这有助于选择合适的数据来源和分析方法，确保分析结果的准确性和有效性。例如，如果企业希望了解员工的工作效率情况，可以选择分析员工的工作日志、任务完成时间和质量等数据。

2. 收集与分析绩效数据

根据分析的目的，企业需要收集与此相关的绩效数据。这些数据可能包括员工的工作量、工作效率、工作质量等指标，以及流程的运作情况、资源

使用情况等。同时，企业还要运用合适的分析方法对数据进行深入挖掘和分析。例如，使用描述性统计分析可以了解员工工作效率的平均水平、最高值和最低值；使用回归分析可以探讨员工工作效率与其影响因素之间的关系。

3. 制定改进措施

根据分析结果，企业可以制定相应的改进措施。例如，对于工作效率低下的员工，可以提供个性化的培训；对于流程中存在的问题，可以优化流程设计以提高效率和质量。同时，企业还可以根据数据分析结果，制定更具针对性的激励措施，如为高效率的员工提供奖励或为低效率的员工提供辅导和支持。

4. 持续监测与调整

制定改进措施后，企业需要持续监测和评估其实施效果。例如，定期收集和分析员工的绩效数据，观察改进措施是否产生了积极的影响。如果改进措施未能达到预期效果，企业应及时调整和优化。同时，企业还需要对整个数据分析过程进行持续改进和优化，包括提高数据收集的准确性和分析方法的有效性。通过不断监测、评估和调整，企业可以实现持续的绩效提升。

（1）收集与分析绩效数据的方法与技巧。

为了确保绩效数据准确可靠，企业需要采用适当的方法和技巧进行数据收集和分析。以下是一些有效的数据收集与分析策略。

①选择合适的收集方法。

企业可以根据实际情况选择不同的数据收集方法。例如：

∨定期考核法。定期对员工进行考核，收集员工的工作表现数据。

∨观察法。观察员工在工作中表现出的行为和态度。

∨问卷调查法。通过问卷调查了解员工对工作的满意度、工作体验等情况。

∨关键指标法。通过制定关键绩效指标（KPI），收集员工的绩效数据。

②确保数据准确可靠。

为了确保数据的准确性，企业可以采用以下技巧：

√建立数据收集标准。制定统一的数据收集标准,确保数据的规范性和可比性。

√培训数据采集人员。对负责数据采集的人员进行专业培训,确保他们掌握准确收集和整理数据的方法。

√审核数据质量。对收集到的数据进行定期审核,发现并纠正错误或异常数据。

③运用合适的分析工具和方法。

企业可以根据实际情况选择合适的分析工具和方法。例如:

√描述性统计分析。对数据进行整理、分类和概括性描述。

√因素分析。探讨各因素之间的相互关系。

√趋势分析。对时间序列数据进行比较和分析。

√聚类分析。将相似的对象组合在一起进行分析。

√主成分分析。提取影响对象的主要特征。

④建立数据驱动的决策文化。

为了更好地利用数据分析结果推动绩效改进,企业需要建立数据驱动的决策文化。以下是一些建立数据驱动决策文化的技巧。

√提高管理层的数据素养。管理层是企业数据的最大用户,他们需要充分了解数据的价值,掌握数据分析的方法和技巧,并做出数据驱动的决策。因此,企业需要为管理层提供数据培训和指导,帮助他们更好地利用数据分析结果。

√制定数据驱动的绩效指标。企业需要制定数据驱动的绩效指标,以便更好地衡量员工的绩效表现。这些指标应该具有可测量性、可比较性和可改进性,以便评估员工的工作效果和流程的运作情况。

√建立数据分析团队。企业需要建立专业的数据分析团队,负责收集、整理、分析和解读绩效数据。这些团队应该具备专业的数据分析和统计学知识,能够熟练运用数据分析工具,以便为企业提供准确可靠的数据分析结果。

√强化数据驱动的决策意识。企业需要强化员工的数据驱动决策意识,鼓励员工在工作中运用数据分析结果。同时,企业还应该建立相应的奖励机制,对能够充分利用数据分析结果、做出优秀决策的员工给予奖励。

√推动跨部门协作。企业需要推动不同部门之间的跨部门协作，以便更好地利用数据分析结果。不同部门之间的数据可能存在差异，因此需要相互协调和整合。通过跨部门协作，企业可以更好地了解整个组织的绩效表现，制定更为有效的改进措施。

总之，建立数据驱动的决策文化是利用数据分析优化绩效的关键之一。通过上述技巧，企业可以更好地利用数据分析结果优化绩效、提高效率和竞争力。

（2）数据驱动的绩效决策与改进方法。

数据驱动的绩效决策是指基于数据分析结果进行决策，以推动绩效改进。

①根据数据分析结果制定策略。

企业应根据数据分析结果制定相应的策略以改进绩效。例如，如果数据分析结果显示某部门效率低下，则制定相应的改进计划来提高该部门的效率。此外，数据分析结果还可以指导企业调整战略方向、优化流程设计等。

②运用数据可视化呈现分析结果。

数据可视化是指将数据分析结果以图表、图像等形式呈现出来，从而更直观地展示绩效状况，便于企业更清晰地理解员工的绩效表现和流程的运作情况等。这种直观的展示有助于企业快速识别问题和机会，制定更为有效的改进措施。

③运用预测模型进行预测与决策。

企业可以利用预测模型，来预测员工未来的绩效表现并制定相应的策略。例如，通过运用回归分析等预测模型，企业可以预测员工未来的工作效率、销售额等指标，进而制定个性化的激励计划或培训计划。

④建立持续改进机制。

为了确保数据驱动的绩效改进持续进行，企业需要建立相应的改进机制。例如，建立定期分析数据的制度、制定改进计划的执行与监督机制等。同时，鼓励员工积极参与改进过程，并提出自己的建议和意见。

总之，数据驱动的绩效决策与改进方法需要结合数据分析结果和实际情况综合考虑。通过运用数据可视化、预测模型等数据分析技巧，企业可以更好地优化绩效，提高效率和竞争力。

第二节 利用绩效问题推动结果改善

除了数据分析，企业还可以利用绩效问题推动结果改善来进一步提高整体效率和竞争力。以下是一些利用绩效问题推动结果改善的方法。

1. 绩效问题推动流程改进

当发现绩效问题时，企业在流程层面采取措施进行改进。以下是一些绩效问题推动流程改进的方法。

（1）分析流程瓶颈。

当出现绩效问题时，企业需要对相关流程进行深入分析，找出导致问题的流程瓶颈。这可能涉及对流程中的各个环节进行细致的梳理和分析，从而发现哪些环节的效率低下、哪些环节的资源浪费严重等。

（2）优化流程设计。

找出流程中的瓶颈后，企业需要针对性地优化流程设计。这可能涉及对流程中的各个环节进行重组或简化，调整资源分配方式等。通过优化流程设计，企业可以提高整个流程的效率和效果。

（3）引入自动化工具。

为了进一步提高流程的效率和准确性，企业可以引入自动化工具。例如，使用自动化设备、软件等替代传统的手工操作，减轻员工的负担，提高工作效率。

（4）建立监控机制。

改进后的流程需要建立相应的监控机制，确保流程的高效运行。这可能涉及对流程中的各个环节进行实时监控和反馈，及时发现和解决问题。同时，还需要定期对流程进行评估和优化，不断完善流程，提高效率和质量。

2. 绩效问题推动能力提升

当发现员工在能力方面存在不足时，企业需要采取措施提升员工的能力水平。以下是一些绩效问题推动能力提升的方法。

（1）提供培训和发展机会。

企业可以针对员工的能力差距提供相应的培训和发展机会。例如，组织内部培训、外部培训、在线课程等，帮助员工提高技能和能力水平。同时，还可以为员工提供职业规划和发展路径指导，激发员工的自我提升动力。

（2）实施激励计划。

为了鼓励员工提升自身能力，企业可以实施激励计划。例如，对于表现优秀的员工给予奖励或晋升机会，激发员工的积极性和创造力。同时，还可以采取设立员工进步奖等激励措施，鼓励员工不断提高自身能力和素质。

（3）加强团队建设与沟通。

企业可以加强团队建设与沟通，促进员工之间的合作与交流。例如，可以组织团队活动、定期召开团队会议等，增强团队凝聚力和合作意识。同时，还可以鼓励员工分享经验和知识，促进团队成员之间的互相学习和成长。

（4）建立学习型组织。

企业可以建立学习型组织，营造良好的学习氛围和文化。例如，通过鼓励员工不断学习和自我提升，提供学习资源和平台等，提升员工的学习能力和综合素质。同时，还可以定期组织知识分享和交流活动，促进知识的传播和应用。

总之，通过上述方法，企业可以提升员工的能力水平，进而推动绩效改善。

3. 绩效问题推动管理改进

当企业在管理方面存在不足时，需要采取措施进行管理改进。以下是一些绩效问题推动管理改进的方法。

（1）深入分析问题根源。

当出现绩效问题时，企业需要深入分析问题的根源。这可能涉及对业务流程、组织结构、管理制度等方面进行细致的梳理和分析，发现管理上的不足和漏洞。通过深入分析问题根源，企业可以找到管理的瓶颈和改进方向。

（2）调整组织结构和管理流程。

为了提高管理效率和绩效水平，企业可以对组织结构和管理流程进行调整。这可能涉及对管理层次、部门设置、权责划分等方面进行调整和优化。通过调整组织结构和管理流程，企业可以更好地协调和管理各项业务活动，提高整体的绩效水平。

（3）引入先进的管理理念和方法。

为了进一步提高管理水平，企业可以引入先进的管理理念和方法。例如，采用精益管理、全面质量管理、敏捷管理等先进的管理理念，结合企业实际情况进行管理改进。

（4）建立持续改进机制。

为了确保管理改进能够持续进行，企业需要建立相应的持续改进机制，如定期分析管理制度、改进计划的执行与监督机制等。同时，企业还要鼓励员工积极参与改进过程，提出自己的建议和意见。通过建立持续改进机制，企业可以不断完善管理制度和提高管理水平。

第十四章　绩效会议：开会是个技术活

绩效会议是绩效管理的重要抓手，不同类型的绩效会议串联起绩效管理的各个阶段，形成绩效管理闭环。以绩效管理过程的闭环思维，将绩效管理过程划分为设定绩效目标阶段、执行绩效计划阶段、监控绩效进展阶段和评估绩效结果阶段。每个阶段都要有相应类型的绩效会议来支持和促进绩效管理的顺利进行。

绩效指标讨论会：这类会议通常在设定绩效目标阶段举行，旨在讨论和确定绩效评价所需的具体指标、权重和评定标准。

绩效目标发布会：这类会议通常在企业确定执行绩效计划的开始阶段举行，在这个阶段，绩效目标发布会有助于员工明确目标，激发他们的工作动力和责任感，促使他们积极执行计划。

月度绩效总结会：通常在绩效周期内的每个月召集。这类会议的作用是对上一月份的绩效情况进行总结和评估，及时发现问题并调整工作方向，监控绩效目标的执行效率，确保工作质量符合预期标准。

年度绩效总结会：年度绩效总结会通常是在绩效周期结束后举行，用于对整个年度的绩效表现进行全面评估和总结。会议公布员工绩效排名、个人发展建议和奖惩措施，为下一阶段的目标设定提供参考。

这些类型的绩效会议构成了一个闭环的绩效管理体系，每个阶段的会议都有特定的目标和议程，以支持绩效管理过程的连续性和有效性。通过这种绩效会议的分类和规划，企业可以确保各个阶段的绩效管理工作顺利进行，并不断优化和改进组织的绩效管理实践。如何有效地召开这些会议，以推动企业目标的实现和员工的个人成长，是绩效管理者的必修课。

第一节　绩效指标讨论会怎么开

绩效指标讨论会通常在新的绩效周期开始之前举行，目的是通过讨论确定公司、部门及各核心岗位在该周期内的绩效考核指标、指标权重及评估标准。表14-1介绍了部门绩效指标讨论会标准化会议议程，企业可参考该议程来设计和实施自己的绩效指标讨论会。

表14-1　部门绩效指标讨论会标准化会议议程

会议主题	绩效指标讨论，明确下一个周期对应部门或岗位的绩效考核指标
召集人	部门负责人
主持人	部门负责人
会议周期	每个绩效周期开始前进行一次
会议时间	某工作日上午
会议时长	2~2.5小时
会议地点	公司会议室或在线会议平台
参会人员	部门全体人员、绩效管理负责人、相关专家或顾问
具体会议议程	1.开场与介绍。主持人致欢迎词，并简要介绍会议目的和议程安排。（预计耗时5分钟） 2.上一阶段绩效指标执行情况回顾。回顾本部门在本次考核周期内各绩效指标的达成情况，分析各项指标的优势与不足。（预计耗时25分钟） 3.绩效指标调整建议。针对下一个考核周期的绩效指标提出调整建议，包括对原有绩效指标的优化和新指标的增加。（预计耗时30分钟） 4.绩效指标、指标权重和评估标准确定。确定各项绩效指标的权重，并制定评估标准，确保评估结果公平公正。（预计耗时30分钟） 5.问题解答和讨论。解答与绩效指标相关的问题，并讨论任何存在的疑虑和争议点。（预计耗时20分钟） 6.总结与下一步行动计划确定。总结会议讨论的内容，并确定下一步的行动计划，同时分配相应的任务和责任。（预计耗时20分钟） 7.会议结束。感谢会议参与者的贡献，并强调会议成果的重要性。（预计耗时5分钟）

第二节 绩效目标发布会怎么开

绩效目标发布会是企业在每个考核周期开始前举行的一项重要活动，旨在向全体员工公布绩效目标，并激励大家朝着共同的目标努力。在绩效目标发布会上，公司领导层将宏观的战略目标分解为具体、可操作的年度任务，并进一步分解为季度目标和月度目标，确保每一位员工都能明确自己所在岗位的责任和目标。表14-2介绍了绩效目标发布会标准化会议议程，企业可参考该议程来设计和执行自己的绩效目标发布会。

表14-2 绩效目标发布会标准化会议议程

会议主题	发布下一年度的绩效目标，鼓舞员工士气
召集人	总经理（企业CEO）
主持人	绩效管理负责人或其他指定人员
会议周期	新年度绩效周期开始前
会议时间	某工作日上午
会议时长	2～2.5小时
会议地点	公司大会议室或酒店会议大厅
参会人员	全体员工
具体会议议程	1.签到及入座。全体参会人员签到并入座。（预计耗时10分钟） 2.会议开场与介绍。主持人进行简短的开场致辞，介绍会议议程和重要事项。（预计耗时5分钟） 3.领导讲话与目标公布。总经理（企业CEO）发表讲话，并宣布本年度的绩效目标。（预计耗时20分钟） 4.目标设定。参会人员撰写个人下一年的目标，行政人员负责收集并复印这些目标。（预计耗时15分钟） 5.绩效目标设定背景宣讲。主持人宣讲绩效目标设定背景和依据，帮助员工更好地理解目标的重要性和实现路径。（预计耗时10分钟） 6.高层目标承诺仪式。高层管理人员通过军令状/承诺书的形式，对新年度的绩效目标做出承诺。（预计耗时15分钟） 7.部门目标承诺仪式。各部门负责人通过军令状/承诺书的形式，对新年度的绩效目标做出承诺。（预计耗时30分钟） 8.全体宣誓。（预计耗时5分钟） 9.会议总结。总经理进行大会总结性发言。（预计耗时20分钟） 10.合影。全体参会人员进行大合影。（预计耗时5分钟）

第三节 月度绩效总结会怎么开

月度绩效总结会如同企业运营的"月度体检",旨在及时审视过去、规划未来,确保企业稳健前行。在这个会议上,参会人员将围绕绩效这一核心,展开深入的讨论与决策。月度绩效总结会的目的是为各部门各岗位提供一个发现不足、分析问题、讨论问题、解决问题、协调工作、总结经验的沟通平台,以持续改进员工个人绩效,提升部门和企业整体绩效。

月度绩效总结会一般按部门召开,部门月度绩效总结会后如有必要,由绩效管理委员会或人力资源部门组织召开公司层面的月度绩效总结会。尽管会议的层面不同,参加人员、所需材料、会议议程可能略有区别,但会议的议程或框架基本一致。月度绩效总结会主要包含以下四个方面的内容:

(1)总结上个月的工作。会议前,部门负责人应与员工进行充分的沟通和交流,了解员工上个月的工作情况和新问题,并收集员工的反馈和建议。同时,部门负责人需要准备好会议材料,包括上个月的工作总结、重点任务和措施等。会议中,部门负责人应对上个月的工作进行全面总结和分析,对完成情况进行评估,并识别存在的问题和不足。

(2)分析问题并制定改进措施。会议中,部门负责人应分析上个月工作中存在的问题,找出原因和解决方法。同时,与员工进行互动交流,鼓励员工提出自己的看法和建议,并针对问题制定改进措施,如调整工作计划、优化工作流程、提高效率等。

(3)安排下个月的工作。会议后,部门负责人应与员工共同确定下个月的工作计划和重点任务,明确工作计划、时间安排、责任人等;同时,为员工提供必要的支持和帮助,确保任务顺利完成,并根据下个月的工作计划做好安排和部署。

(4)持续跟踪与反馈。在整个考核周期内,部门负责人应及时跟踪员工的工作进展,了解员工在工作中遇到的问题和困难,并提供必要的反馈和支持;同时,根据实际情况调整和优化工作计划,以确保工作顺利进行,提高部门整体绩效水平。

月度绩效总结会标准化会议议程见表14-3。

表14-3　月度绩效总结会标准化会议议程

会议主题	发现不足、分析问题、讨论问题、解决问题、协调部门工作、总结经验
召集人	部门负责人
主持人	部门负责人
会议周期	每个月末或月初
会议时间	某工作日上午
会议时长	1～1.5小时
会议地点	公司会议室或在线会议平台
参会人员	部门全体人员
具体会议议程	1.上个月工作总结与分析。部门负责人对部门上个月的工作情况进行总结和分析。（预计耗时15分钟） 2.识别、分析问题并制定改进措施。识别和分析上个月存在的问题，并制定改进措施。（预计耗时20分钟） 3.下个月工作计划安排。共同讨论并制定下个月的工作计划和重点任务，确保团队目标一致，行动有序。（预计耗时20分钟） 4.会议总结与行动计划制定。部门负责人总结会议要点，并基于讨论结果制定下一步的行动计划，明确任务分配和执行标准。（预计耗时10分钟） 5.会议结束。感谢会议参与者的贡献，并强调会议成果的重要性。（预计耗时5分钟）

第四节　年度绩效总结会怎么开

年度绩效总结会是每个绩效考核周期结束后由企业高层管理人员组织召开的年度工作总结会。会议旨在对过去一年的工作进行总结和分析，并对未来的工作进行规划和部署。年度绩效总结会主要包含以下内容：

（1）总结全年工作情况。会议前，高层管理人员应与员工进行充分的沟通和交流，了解过去一年的工作情况和新问题，并收集员工的反馈和建议。同时，准备好会议材料。会议中，对过去一年的工作进行全面的总结和分析，对完成情况进行评估，并找出存在的问题和不足。

（2）分析成果与不足。会议中，高层管理人员应对过去一年的工作成果进行深入分析和总结，明确成绩和亮点。同时，对存在的问题和不足，进行分析和反思，找出原因和解决方法，并据此确定改进措施和发展计划。

（3）关注员工发展。会议中，高层管理人员应关注员工个人的发展情况，了解员工的职业规划和发展需求，并提供培训和发展机会，以帮助员工提升自身能力，实现个人和企业的共同发展。

（4）规划未来工作。会议后，高层管理人员应与员工共同制定未来的工作计划和设定长远发展目标。针对未来工作计划做好相应的安排和部署，明确工作计划的时间安排、责任分配，确保工作的顺利进行。

（5）激励与奖励。会议中，高层管理人员要对过去一年中表现优秀的员工进行表彰和奖励，以激励员工继续努力工作。同时，还要与员工进行互动交流，鼓励员工提出自己的看法和建议。

表14-4为年度绩效总结会标准化会议议程，企业可参考该议程来设计和实施自己的年度绩效总结会。

表14-4 年度绩效总结会标准化会议议程

会议主题	年度绩效总结
召集人	高层管理人员
主持人	人力资源部负责人或绩效管理负责人
会议周期	绩效考核周期结束后
会议时间	某工作日上午
会议时长	2~2.5小时
会议地点	公司会议室或在线会议平台
参会人员	高层管理人员、部门负责人、核心岗位员工
具体会议议程	1.开场与介绍。主持人介绍年度绩效总结会的目的与意义，为会议设定基调。（预计耗时10分钟） 2.全年绩效目标完成情况总结。高层管理人员展示并分析各部门全年绩效目标完成情况，量化各部门成就。（预计耗时30分钟） 3.绩效亮点与问题分析。共同分析过去一年的绩效成果，识别亮点和存在的问题，以便从中吸取经验教训。（预计耗时30分钟） 4.下一年工作规划。共同探讨并规划下一年度的工作重点，确保目标的明确性和实现路径的可行性。（预计耗时30分钟） 5.激励与奖励环节。对表现出色的员工进行表彰和奖励，以激励团队成员在未来的工作中继续努力。（预计耗时20分钟） 6.会议结束。感谢会议参与者的贡献，并强调会议成果的重要性。（预计耗时5分钟）

后记 Afterword

1 人工智能技术在部门绩效管理中的应用

在当今快速变化的商业环境中，绩效管理是企业成功的关键。随着人工智能（AI）技术的不断进步，其在部门绩效管理中的应用已成为提升企业竞争力的重要策略。AI技术不仅可以提高绩效评估的准确性和效率，还能为员工的个人发展和企业的长期战略规划提供支持。

AI技术在绩效管理中的优势与实践案例

AI技术在绩效管理中的优势主要体现在以下几个方面。

精准的数据分析和预测：AI技术可以分析大量历史数据和实时数据，识别员工绩效的规律和发展趋势，提供精准的预测。这有助于企业更准确地评估员工的表现和发展潜力，从而做出更明智的人事决策。

自动化的绩效跟踪：AI技术能够自动化跟踪员工的工作进度和绩效指标，减少人力资源部门的手动工作量，提高管理效率。这种自动化不仅节省了时间，还减少了人为错误，提高了绩效管理的一致性和可靠性。

个性化的反馈和建议：AI技术能够根据员工的个人特点和历史表现，提供定制化的反馈和改进建议。这种个性化的方法有助于员工更好地理解自己的优点和发现需要努力提升的地方，从而更有针对性地提升自己的工作表现。

实时的绩效监控：AI技术可以实现对员工绩效的实时监控，从而及时发现问题并提供解决方案，提高工作效率和质量。这种实时监控和反馈机制使得员工能够及时了解自己的工作状态，快速调整。

【实践案例1】

广州某制造企业通过采用基于AI技术的绩效管理系统，实现了对员工绩效的全方位管理。该系统不仅能够自动生成绩效报告，还能根据员工的表现提出合理的晋升和加薪方案。此外，系统还能够根据员工的工作表现和个人发展目标，提供个性化的改进建议，帮助员工不断提升绩效。

【实践案例2】

智能工厂：中国南车集团公司的"智能工厂"项目，通过集成AI和大数据技术，实现了对生产过程的全面监控和管理，提高了生产效率和产品质量。

如何逐步引入AI技术提升绩效管理水平

为了充分利用AI技术提升绩效管理水平，企业可以采取以下步骤。

评估当前绩效管理体系：企业需要对现有的绩效管理体系进行全面评估，确定需要改进的领域和可以应用AI技术的机会点。这包括分析现有的绩效评估流程、数据收集方法和反馈机制。

设定明确的目标和预期成果：明确引入AI技术的目标，这些目标应与企业的整体战略和人力资源目标相一致，如提高评估准确性、增强反馈实时性等，并设定可衡量的预期成果。

选择合适的AI技术和工具：根据企业的具体情况和需求，选择适合的AI技术和工具。这可能包括数据分析软件、自动化跟踪系统、个性化反馈平台等。在选择时，应考虑技术的成熟度、成本效益和与现有系统的兼容性。

逐步实施和集成：分阶段引入AI技术，先从小规模试点开始，逐步扩展到整个组织。确保AI技术与现有系统的无缝集成，避免对日常运营造成干扰。

持续培训和支持：为员工提供必要的AI技术培训和支持，确保他们能够有效地使用新系统，并从中受益。培训内容应包括如何解读AI生成的报告、如何根据反馈进行改进等。

监测效果并优化：持续监测AI技术在绩效管理中的应用效果，根据反馈和数据分析结果进行优化调整。这包括定期评估AI系统的准确性、员工满意度和整体绩效的提升情况等。

2 适应灵活工作模式的部门绩效管理

在数字化时代，灵活工作模式已成为企业运营的新常态。随着远程办公和弹性工作制度的兴起，传统的绩效管理方式也面临着新的挑战与机遇。在这个背景下，AI技术的崛起为绩效管理提供了新的工具和方法。

远程办公与绩效评估的平衡

远程办公为员工提供了更大的工作灵活性和自主权，但同时也给绩效管理带来了新的挑战。在这种环境下，如何确保员工的工作效率和产出质量，成为管理者面临的关键问题。要解决这个问题，企业需要做好如下几个方面的工作。

建立明确的目标和期望：在远程办公环境中，管理者应与员工进行充分沟通，明确工作目标和期望成果。这有助于员工清晰了解自己的工作职责，更好地规划自己的工作时间和进度。

利用AI技术辅助绩效评估：借助AI技术，管理者可以实时跟踪员工的工作进度和成果，为绩效评估提供更为客观的数据支持。例如，项目管理软件和时间追踪工具可以清晰展示员工的实际工作量和效率。

保持定期的沟通与反馈：远程办公容易导致沟通不畅，因此管理者需要定期与员工进行视频会议、电话沟通等，了解员工的工作状态、困难和需求，及时给予指导和支持。

弹性工作制度下的绩效管理实操建议

设定可量化的绩效指标：为了确保弹性工作制度下的绩效评估具有客观性，管理者需要设定明确、可量化的绩效指标。这些指标应与员工的实际工作成果紧密相关，如项目完成时间、客户满意度、销售额等。

强化结果导向的评估：在弹性工作制度下，管理者应更加注重员工的工作结果，而非过程。只要员工能够按时完成工作任务并达到预期目标，就应给予认可和奖励。

利用AI技术进行数据分析：AI技术可以帮助管理者收集和分析员工的工作数据，如工作时长、任务完成情况等。这些数据可以为绩效评估提供有力支持，使评估结果更加客观公正。

培养员工的自我管理能力：在弹性工作制度下，员工的自我管理能力尤为重要。企业应通过培训和指导，提升员工在时间管理、任务分配和自我激励等方面的能力，从而提高企业整体绩效水平。

综上所述，在远程办公和弹性工作制度环境下，绩效管理需要更加灵活和多样化。通过上述方式，管理者可以有效地平衡灵活工作模式和绩效评估之间的关系，促进企业的持续创新和发展。

3 展望未来：全面数字化的绩效管理体系

利用数字化工具优化绩效管理流程

数字化工具为绩效管理带来了前所未有的便利和高效率。通过这些工具，企业可以更加精确地监控员工的工作表现，实现更为客观、全面的绩效评估。

自动化数据采集与分析：数字化工具可以自动收集员工的工作数据，如任务完成情况、工作时间等，减少人为输入的错误和延迟。此外，这些工具还能对数据进行深入分析，为管理者提供更为准确的员工绩效报告。

实时反馈与调整：数字化工具使管理者能够实时了解员工的工作状态，并及时给予反馈和指导。同时，根据员工的实际表现和市场环境的变化，管理者可以迅速调整绩效目标，确保企业的运营始终保持在最佳状态。

提高员工参与度：数字化工具还可以提高员工的参与度。例如，员工可以通过移动应用或在线平台查看自己的绩效数据，了解自己的工作表现，从而更加主动地参与到绩效改进的过程中。

企业中层管理者在数字化时代的绩效管理角色

在数字化时代，企业中层管理者在绩效管理体系中扮演着举足轻重的角色。他们不仅需要熟练掌握数字化工具，还需要具备前瞻性的战略眼光和卓越的领导能力。

企业中层管理者应是数字化工具的倡导者和实践者。中层管理者应积极推动数字化工具在绩效管理中的应用，并身体力行地参与到这一过程中，通过实际操作展示这些工具如何提高工作效率和准确度。中层管理者可通过参加培训、在线学习等方式来提升自己的数字化素养和技能水平。

企业中层管理者应是员工发展的指导者和支持者。中层管理者应密切关注员工的成长和发展，利用数字化工具为员工提供个性化的指导和支持。中层管理者需要与员工保持紧密的沟通，了解员工的需求和困难，帮助员工制定切实可行的绩效改进计划。

企业中层管理者应是组织文化的传承者和创新者。中层管理者还需承担起传承和创新组织文化的重任。中层管理者需要通过数字化工具传播企业的核心价值观和愿景，同时鼓励员工积极探索新的工作方式方法，以适应不断变化的市场环境。